成人式を社会学する

元森絵里子＋ハン・トンヒョン 編

Doing
Sociology
on

COMING-OF-AGE CEREMONIES

有斐閣

| **はしがき** |

成人式を社会学する──。本書を手にとったあなたは，「なるほど！」と思っただろうか。それとも「なんで？」と思っただろうか。

　本書のねらいは2つある。ひとつは，成人式にまつわる素朴な疑問に答えを提供する，成人式の概説書となることだ。成人式はいつなんのために始まったのか，他の国にもあるのか，外国ルーツの人はどうしているのか，18歳成人になって成人式はどうなったのか，いつから振袖を着るようになったのか，一時期騒がれていた「荒れる成人式」ってなんだったのか，よく報道で目にする北九州や沖縄の成人式ではいったい何が起きているのか，そもそも大人になるってどういうことなのか──。こうした疑問に，本書はそれなりの答えを用意していると思う。

　もうひとつは，それを通じて社会学という学問を体験してもらう，社会学入門的な読み物であることだ。成人式にまつわる素朴な疑問に答えていくことは，大人や若者，成人の日や式典のあり方や是非をめぐる議論に結論を出すことではない。調べれば調べるほど，結論探しは無意味とわかり，代わりにこのイベントの曖昧模糊とした性質，そこで交錯する様々な人生こそが，浮かびあがる。本書はこれを，社会学の視角と方法で，より鮮明に描き出すことをめざした。

　この一見マニアックなテーマは，若者やファッション，文化，社会意識，逸脱，地域や階層，ジェンダー，エスニシティといった，社会学の幅広い領域のアプローチを一覧することを可能とする。記事分析や計量分析，インタビューといった各章の多彩な手法は，レポートや卒論でも参考になるだろう。だから，社会学に関心のある様々な読者に，ぜひ読んでほしい（そうでない人も，これをきっかけに社会学に興味を持ってもらえるとうれしい）。成人式のときの自分を，頭の片隅に思い浮かべながら……。

　　　　　　　　　　　　　　　　　　　　　　　　　編 者

『成人式を社会学する』目次

序章 「成人式」への社会学的アプローチ …………………1
社会のしくみの襞を浮かび上がらせる

1 成人式の奇妙さ 1

2 根拠の希薄な線引きとしての「成人」 3
2-1 曖昧に決まった「20歳」 3　2-2 問われ続ける「20歳」 6　2-3 残り続ける「20歳」 7

3 批判されながら規範化する成人式 10
3-1 当初よりの融通無碍な性質 10　3-2 問い直されながらなくならない成人式 12　3-3 規範化する21世紀の成人式 15

4 成人式を社会学する 18

第1章 成人式言説の変遷と青年・若者観 ………………21
年齢をめぐる普遍性と階層性の忘却

1 成人式言説はいかにして若者の差異を忘却したか 21

2 時代区分 23
2-1 政治経済状況と青年・若者の教育状況の変遷 23　2-2 成人式言説の変遷 25

3 ノンエリート向けだった成人式──敗戦後の模索期 27
3-1 当初より迷走する成人式 27　3-2 社会教育という文脈 29　3-3 青少年問題という文脈 31

4 普遍性と階層性の交錯──ルーツとしての戦前期 33
4-1 「大人になる」イメージのルーツ 33　4-2 「青年」イメージのルーツ 34　4-3 農村青年教化の手段としての社会教育 35　4-4 勤労青少年の不良化予防のための青少年行政 37　4-5 階層性を捨象した戦後民主主義の理念 38

5 普遍性を志向する成人式──高度成長期における定着 39
5-1 成人式と言説の「定着」 39　5-2 階層差の自覚の後景化 41　5-3 全青少年の「健全育成」 42　5-4 序列化された学校

教育への「包摂」 43　　5-5　戦後日本型青年期と「標準的ライフコース」 45

6　目的を見失った成人式──安定成長期以降のアノミー　47

6-1　成人式のアノミー 47　　6-2　「荒れる成人式」モラル・パニック 49　　6-3　「青少年」への批判的まなざし 51　　6-4　「子ども・若者」への反省的まなざし 53

7　相対化されつつ続く成人式──格差の自覚と「標準」の根強さのあわいでの再編　54

7-1　格差自覚期における人生前半期支援の機運 54　　7-2　成人式言説のささやかな再編 57　　7-3　20歳を集める機会としての成人式 58　　7-4　戦後日本型青年期の呪縛のなかで 60

第2章　成人式と着物をめぐる欲望 …………………………65
「買う」から「借りる」のなかで

1　成人式と着物をめぐる欲望への問い　65

2　成人式と着物の遭逢　68

2-1　非日常の盛装としての着物 68　　2-2　成人式と「正しい」着物 73　　2-3　着物の購入と所有をめぐる幸福と不幸 77

3　成人式と着物の再会　83

3-1　振袖と成人式の先鋭化 83　　3-2　ママ振というモノ語り（物語）87　　3-3　レンタルという社会的行為 90

4　レンタルに込められた欲望　95

第3章　現代社会における人びとの
…………………………101
「大人である」という認識
計量分析から見る主観的評価と客観的条件

1　成人式と「大人である」こと　101

1-1　筆者の成人式経験 101　　1-2　成人期への移行の変容と新たなライフステージの出現？ 102　　1-3　現代社会と人びとの「大人である」という認識 104

2　3つの問いと計量分析によるアプローチ　106

目　次＿iii

2-1　本章の問い　106　　　2-2　東大社研若年・壮年パネル調査データ　107

3　「大人である」という主観とその条件　109

3-1　自分は「大人である」という認識と性別・年齢との関連　109
3-2　「大人である」ことの条件とその共通性　111

4　誰がその条件を挙げるのか　114

4-1　分析方法――二項ロジスティック回帰分析　114　　4-2　社会的属性とライフイベントの経験の影響　115

5　誰が自分を「大人である」と考えるのか　119

5-1　社会的属性が自己認識に与える影響　119　　5-2　「大人である」ことの客観的条件が自己認識に与える影響　122　　5-3　「大人である」ことの条件の実現が自己認識に与える影響　124

6　「大人である」ことへの意識から見た現代社会　125

第4章　「荒れる成人式」とは何だったのか……………129
「大人になれない」新成人をめぐるモラル・パニック

1　「荒れる成人式」とは何だったのか？　129

1-1　「荒れる成人式」という社会問題　129　　1-2　成人式は本当に荒れたのか？　131

2　全国紙と週刊誌　132

2-1　新聞記事　132　　2-2　週刊誌記事　134

3　記事分析の視角と背景　135

3-1　モラル・パニックとは何か？　135　　3-2　モラル・パニックの継起モデル　137　　3-3　青少年問題という文脈　138　　3-4　「荒れる成人式」問題の背景　139　　3-5　「荒れる成人式」の分析に向けて　140

4　2001年成人の荒れ　141

4-1　「荒れる成人式」の誕生　141　　4-2　2001年の「荒れる成人式」の概観　143　　4-3　新成人への批判　145　　4-4　成人式への批判　149　　4-5　2001年の成人式から2002年の成人式へ　150

5　2002年成人の荒れ　151

5-1　「荒れる成人式」への対応　151　　5-2　まだ少し荒れる本社

版　153　　5-3　もう荒れない週刊誌，地方版　157　　5-4　「荒れ
る成人式」の終焉　159　　5-5　「荒れる成人式」のその後　160

6　負の象徴としての「荒れる成人式」　163

第5章　「鏡」としての沖縄の成人式 ⋯⋯⋯⋯⋯⋯⋯⋯167
階層とジェンダーから見た共同性との距離

1　沖縄の成人式における階層とジェンダー　167
1-1　問題意識　167　　1-2　分析の視点──階層とジェンダーから
見た沖縄的共同性との距離　169

2　沖縄の「荒れる成人式」論の批判的検討　171
2-1　沖縄の成人式の歴史的変遷　171　　2-2　論じられてこなかっ
たのはどの層か？　172

3　成人式調査の概要　175

4　中間層の男性たちにとっての成人式　178
4-1　派手なパフォーマンスに参加する経緯とその内容　179　　4-2
事前準備にかかるコスト　181　　4-3　派手なパフォーマンスが「か
っこいい」　184　　4-4　パフォーマンスの後──家族や親族に顔を
出す　186

5　中間層以外の男性たちにとっての成人式　188
5-1　中間層周辺の男性たち──出身中学内の複数の袴　189　　5-2
安定層の男性たち──袴を着る選択肢の不在　191　　5-3　「語り方」
の違い──エピソードの具体性と多寡　193

6　女性たちにとっての成人式　194
6-1　成人式とのそれぞれの距離①──式参加を当然視する女性　194
6-2　成人式とのそれぞれの距離②──式から距離をとる女性　198
6-3　顔を見せる──家族・親族をめぐる共同体規範　199　　6-4
女性固有の経験①──「振袖を着ること」に着目して　200　　6-5
女性固有の経験②──出産と育児に着目して　202

7　「鏡」としての成人式とライフコース　205

第6章　在日コリアン2大民族団体と「成人式」……211
　　　　同化を差異化で上書きする「自分たち」の行事

1　エスニシティ論から考える　211
　　1-1　問題意識　211　　1-2　方法と仮説　213

2　前提と背景について　216
　　2-1　在日コリアンと民族団体　216　　2-2　在日外国人と成人式　219　　2-3　時期区分　224

3　2大民族団体の「成人式」①——1960〜70年代　225
　　3-1　1960年代から開催していた民団傘下の青年団体　225　　3-2　地域組織から始まった総連系の祝賀行事　228

4　2大民族団体の「成人式」②——1980〜90年代　230
　　4-1　民団成人式，最盛期から過渡期へ　230　　4-2　総連，1987年に「在日朝鮮青年の日」制定　237

5　2大民族団体の「成人式」③——2000年代〜　242
　　5-1　模索し再帰化，拡散していく民団成人式　242　　5-2　同窓会化，身内イベント感強まる総連成人式　249

6　同化と差異化のはざまで　252
　　6-1　「成人になる」という儀式の普遍性と利便性　252　　6-2　差異化するツールとしてのチマ・チョゴリ　254

終章　奇妙なものにあふれたこの社会で …………………259
　　　　「成人式」という対象と「社会学」という方法

1　「狭くて広い」本書成立の経緯　259

2　「社会学」とは何か　261
　　2-1　自身がかかわる社会事象を正面から　261　　2-2　「常識をうまく手放す」ために　262

3　「成人式を社会学する」　264
　　3-1　差異と変化を追う　264　　3-2　イメージとリアリティに迫る　268

4　社会の「鏡」としての成人式　272

索　引　277

執筆者紹介

（執筆順。◆は編者）

◆元森絵里子（もともり えりこ）　　　　　　　　　　　［序章，第 1 章］

1977 年，東京都生まれ。明治学院大学社会学部教授。

専門は歴史社会学，子ども社会学。東京大学大学院総合文化研究科博士課程修了。博士（学術）。著書に『多様な子どもの近代——稼ぐ・貰われる・消費する年少者たち』（2021 年［共著］，青弓社），『子どもへの視角——新しい子ども社会研究』（2020 年［共編著］，新曜社），『語られない「子ども」の近代——年少者保護制度の歴史社会学』（2014 年，勁草書房），『「子ども」語りの社会学——近現代日本における教育言説の歴史』（2009 年，勁草書房）など。

小形道正（おがた みちまさ）　　　　　　　　　　　　　　　　　［第 2 章］

1985 年，長崎県生まれ。大妻女子大学家政学部専任講師。

専門は文化と芸術の社会学，社会理論，現代社会論。東京大学大学院総合文化研究科博士課程満期単位取得退学。著書に『戦後日本の社会意識論——ある社会学的想像力の系譜』（2023 年［分担執筆］，有斐閣），『ドレス・コード？——着る人たちのゲーム』（2019 年［共編著］，京都服飾文化研究財団），論文に「ファッション・デザイナーの変容——モードの貫徹と歴史化の行方」（2016 年，『社会学評論』67［1]），「贈与・所有・変身——衣服をめぐる欲望の相乗性と相剋性から」（2023 年，『思想』1192）。

林　雄亮（はやし ゆうすけ）　　　　　　　　　　　　　　　　　［第 3 章］

1980 年，北海道生まれ。武蔵大学社会学部教授。

専門は計量社会学，性科学。東北大学大学院文学研究科博士課程修了。博士（文学）。著書に『格差社会のセカンドチャンスを探して——東大社研パネル調査でみる人生挽回の可能性』（2024 年［分担執筆］，勁草書房），『若者の性の現在地——青少年の性行動全国調査と複合的アプローチから考える』（2022 年［共編著］，勁草書房），『少子高齢社会の階層構造 1　人生初期の階層構造』（2021 年［分担執筆］，東京大学出版会），『青少年の性行動

はどう変わってきたか──全国調査にみる 40 年間』（2018 年 [編著]，ミネルヴァ書房）など。

赤羽由起夫 （あかはね ゆきお）　　　　　　　　　　　　[第 4 章]

1983 年，長野県生まれ。北陸学院大学社会学部准教授。

専門は犯罪社会学。筑波大学大学院人文社会科学研究科博士課程修了。博士（社会学）。著書に『少年犯罪報道と心理主義化の社会学──子どもの「心」を問題化する社会』（2022 年，晃洋書房），『社会病理学の足跡と再構成』（2019 年 [分担執筆]，学文社），論文に「犯行動機の理解不能性の社会学──『心の闇』と『意味不明』の比較分析」（2021 年，『犯罪社会学研究』46），「『心の闇』を理解する意味はあるのか？」（2022 年，『現代思想』50 [9]）など。

上原健太郎 （うえはら けんたろう）　　　　　　　　　　[第 5 章]

1985 年，沖縄県生まれ。大阪国際大学人間科学部准教授。

専門は社会学，沖縄研究。大阪市立大学大学院文学研究科博士課程単位取得退学。博士（文学）。著書に『ふれる社会学』（2019 年 [共編著]，北樹出版），『社会再構築の挑戦──地域・多様性・未来』（2020 年 [分担執筆]，ミネルヴァ書房），『地元を生きる──沖縄的共同性の社会学』（2020 年 [共著]，ナカニシヤ出版），『沖縄の生活史』（2023 年 [分担執筆]，みすず書房）など。

◆ハン・トンヒョン （韓 東賢）　　　　　　　　　　　[第 6 章，終章]

1968 年，東京都生まれ。日本映画大学映画学部教授。

専門は社会学，ネイション・エスニシティ論。東京大学大学院総合文化研究科博士課程単位取得退学。著書に『ポリティカル・コレクトネスからどこへ』（2022 年 [共著]，有斐閣），『平成史 [完全版]』（2019 年 [共著]，河出書房新社），『ジェンダーとセクシュアリティで見る東アジア』（2017 年 [分担執筆]，勁草書房），『チマ・チョゴリ制服の民族誌（エスノグラフィー）──その誕生と朝鮮学校の女性たち』（2006 年，双風舎）など。

序 章

「成人式」への 社会学的アプローチ
社会のしくみの襞を 浮かび上がらせる

元森絵里子

1 成人式の奇妙さ

　成人年齢を引き下げた改正民法が施行されてはじめての「成人の日」だった 2023 年 1 月 9 日，多くの自治体は，18 歳ではなく 20 歳を祝う式典を引き続き開催した。三重県伊賀市など，同年 5 月の連休や夏休みに 18 歳を対象として開催した自治体もあるが，「20 歳がよかった」との声が報道された。高校を卒業して間がないことや，飲酒年齢は 20 歳が維持されて式後に飲酒できないことが，20 歳の祝典を支持する理由として語られている。

　ウェブ調査会社マクロミルが 2022 年 12 月に 20 歳のモニター会員 500 名に行ったアンケートによれば，2023 年の成人式に「参加する」66.2%，「参加を迷っている」11.8%，「参加しない」18.4%，「まだ決めていない」3.6% であった（マクロミル 2023）。式典に当然のように参加する若者は少なくない。成人の日のワイドショーやニュース番組では，毎年，出演者が自身の成人式の思い出を語っている。式に行く行かないにかかわらず，節目として，その日，その時期をどう過ごしたかを語らされるイベントが，成人式であり，成人の日なのである。

　しかし，人類学的な意味での通過儀礼とは別に，自治体ごとの式

典というかたちで「成人」を祝う慣習は世界でもめずらしい。その
あり方をめぐっては，着物コンテスト状態である，同窓会化して式
典の意味が失われているといった批判が，かなり前から繰り返され
ている。成人式のほうが時代に合わせて変わるべきだという意見も，
いっそ廃止をという声も，けっしてここ 10 年 20 年といった新し
いものではない。

　にもかかわらず，成人式は今も続いている。ひとりの人生ではた
だ 1 回経験するにすぎないこのイベントは，18 歳に動かすことに
当面抵抗が見られる程度には，この社会に組み込まれている。何か
問題が起きると，成人式は必要かという調査がなされたり，その是
非が論じられたりしつつも，全国各地で成人式は毎年開かれている。

　そもそも成人式とは何なのか。20 歳という節目はなぜ定着した
のか。

　調べればすぐわかることだが，実は，20 歳という基準も，成人
式というイベントが何を目的とするものだったのかも，当初から一
貫して曖昧である。つまり，成人式の是非やよりよい成人式のあり
方を論じようにも，そもそもの成人式とは何かが定まっていないの
である。成人式には，まじめな議論を骨抜きにしてしまう性質があ
る。

　序章では，この曖昧さを確認しつつ，それにもかかわらず続いて
いる成人式というイベントの奇妙さをたどり，成人式に対して社会
学的なアプローチをとる意味を述べたい。

　なお，成人式にあたる式典の名称は，自治体によってばらつきが
ある。さらに，成人年齢の変更にともない，「はたちのつどい」の
類に名称変更した自治体が多い。また，開催日も 1 月の「成人の
日」ではなく，5 月の連休や夏休みに行う自治体もある。しかし，
本書では，全国各地で「成人の日」を 1 つの根拠に開かれる若者

2

の成長を祝うイベントを，一律に「成人式」と呼んでおくこととする。

2　根拠の希薄な線引きとしての「成人」

2–1　曖昧に決まった「20歳」

　そもそも「成人」の基準が20歳に定まった理由ははっきりしない。

　江戸期から明治初期の「一人前」は，20歳よりはるかに前に訪れている。1880年の各地の慣例を調べた『全国民事慣例類集』では，一人前を意味する「丁年」とそれ以前の「幼年」の境は，15歳から22～23歳と各地でばらつきがあるものの，最多は15歳と報告されている（生田 1880: 317–27）。明治初期はそれに倣う法も多く，棄児養育米給与方（1871年）は15歳未満の捨て子を養育する者への給付を定め，生活保護法制にあたる恤救規則（1874年）では15歳以下を救済基準の一つに定めている（ともにのちに13歳に引き下げられる）。1872年の学制（学事奨励ニ関スル被仰出書）では，学齢（就学年齢）は6歳から14歳と定めており，当時は，庇護が必要な年齢は10代前半までで，それ以降は自分で何とかせねばならないというリアリティがあったといえる。

　しかし，並行して，近代的諸制度とともに，20歳というずいぶん高い線引きが入り込んでいる（以下，**表序–1**も参照）。1873年の徴兵令が徴兵検査を20歳と定めた。これを昭和期の兵役法が引き継ぎ，20歳は男子の人生の節目として定着することになる。さらに，1876年太政官布告41号によって，「自今満弐拾年ヲ以テ丁年ト相定候」と通達される。民事法制では，明治民法がこれを踏襲す

表序-1　各法制度上で「大人」と「子ども」を分かつ線の変遷

1876（明9）**太政官布告41号**　丁年＝20歳

兵　役　1873（明6）**徴兵令**　徴兵検査20歳

1927（昭2）**兵役法**　徴兵検査20歳

→1943（昭18）19歳に引き下げ

→1945（昭20）廃止

民　法　1896（明29）**明治民法**　成人年齢20歳，婚姻年齢男子17歳・女子15歳

→1947（昭22）**民法**　成人年齢20歳，婚姻年齢男子18歳・女子16歳

→2022（令4）**民法改正**　成人年齢18歳，婚姻年齢男女とも18歳

義務教育　1907（明40）**第三次小学校令**　義務教育6年制，12歳まで

→1941（昭16）**国民学校令**　初等教育8年が義務，14歳まで

　　　　　　　　　　　　　　＊ただし実施前に戦争激化

→1947（昭22）**学校教育法**　義務教育9年制，15歳まで

労　働　1911（明44）**工場法**（15名以上雇用の工場）　12歳未満雇用禁止（軽易な作業10歳以上可）＋15歳未満＆女子深夜業不可・労働時間12時間以内

→1923（大12）**改正工場法＋工業労働者最低年齢法**　14歳未満＋16歳未満＆女子深夜業不可・労働時間11時間以内

→1938（昭13）**商店法**（50名以上雇用の店舗）　16歳未満＆女子労働時間11時間以内

→1947（昭22）**労働基準法**　全産業で15歳未満の雇用禁止，18歳未満は「年少者」として制限あり

→1998（平10）雇用禁止を「満15歳に達した日以後の最初の3月31日が終了するまで」に修正

選　挙　権　1889（明22）**衆議院議員選挙法**　直接国税を15円以上納める25歳以上の男子

→1900（明33）10円に変更→1919（大8）3円に変更

→1925（大14）男子普通選挙の実現，25歳以上

　　　　　　　　　　　　＊議論の中心は無産者で年齢ではない

```
        →1945（昭20）男女普通選挙の実現，20歳以上
                    ＊議論の中心は女性で年齢ではない
        →1950（昭25）公職選挙法
        →2015（平27）公職選挙法改正　選挙年齢18歳
                    ＊高校生と政治が話題に
  少年司法　1908（明41）刑法　責任年齢14歳→現在も変更なし
        →1922（大11）大正少年法　少年＝18歳未満（収容能力の問
         題で成人年齢より下に）
        →1948（昭23）少年法　少年＝20歳未満
        →2022（令4）少年法改正　18, 19を特定少年とする
  児童福祉　1933（昭8）児童虐待防止法　児童＝14歳未満　軽業・曲馬・
         見世物等禁止
        →1947（昭22）児童福祉法　児童＝18歳未満
         1994（平6）国連児童の権利条約批准　児童＝18歳未満
  飲酒喫煙　1900（明33）未成年者喫煙禁止法
        →1922（大11）未成年者飲酒禁止法
        →2022（令4）二十歳未満喫煙禁止法・二十歳未満飲酒禁止法
```

（出所）筆者作成。

る。この民事上の成人年齢20歳は，2022年の18歳への引き下げまで維持されたということになる。

　ただし，この「丁年」を20歳とした理由は適当なものだったと，広井多鶴子の研究が明らかにしている（広井2001）。西洋式の各種法制度を導入せねばならないなか，「丁年」「成丁^{せいてい}」の年齢を法令で定める必要が生じる。当時，西洋諸国では18歳を徴兵年齢，21歳を成人年齢としている国が多かった。法制局が，線引きを一定にしないと不都合が多いが，早く区切ると子どもに害があり，遅すぎると独立を妨げ保護のつもりが束縛になると論じたうえで，20歳ではどうかと提案する。審議を行った元老院では，権利を持ち義務を負うべき年齢としてどのくらいが妥当か慎重に検討しようという声はかき消され，とにかく早く一般的なルールを定める必要がある

からと，「ほとんど議論もなされないまま，満 20 歳を丁年とすることが決ま」ったという（広井 2001: 5）。この勇み足の決定が，今に続く私たちの「20 歳＝一人前」というリアリティの大本といえる。

2–2　問われ続ける「20 歳」

　ただし，現行民法上の成人年齢の指し示すものは，日常的感覚の「成人＝大人」よりはるかに限定的である。保護者の同意がなくとも契約ができ，父母の親権に服さなくてよいという程度の意味である。しかも，民法は，2022 年の改正まで，婚姻年齢は成人年齢とは別に設定してきた。明治民法の婚姻年齢は，男子 17 歳，女子 15 歳（男子 30 歳，女子 25 歳から親の許可不要）であり，戦後の新民法でも，男子 18 歳，女子 16 歳であった。

　民法や徴兵令・兵役法の外に目を向ければ，20 歳という線引きの適用範囲はさらに狭いことがわかる。戦前期の義務教育は，1907 年に 6 年間と定められて以来，1947 年までこれが続いている。就労制限は，工場法の 12 歳未満の雇用禁止に始まるが，適用範囲は限定されていた。選挙権は，納税額による制限を廃した普通選挙法に至っても，25 歳以上の男性のみであった。

　戦前期の日本は，階層格差が今よりはるかに自明な社会であった。義務教育以降も長く教育を受け，徴兵免除の特権を得て参政権を握る層と，そうではない層の「一人前」のリアリティには差があったであろう。女性はそもそも別扱いだった。戦後，女性参政権も認められ，選挙権は 20 歳に引き下げられて成人年齢と一致することになるが，義務教育は教育基本法，学校教育法で 9 年 15 歳までとされ，雇用は労働基準法で 15 歳以上と定められている。

　これに対して，現代も「成人」の証のようにとらえられている飲

酒・喫煙年齢は，戦前期から成人年齢と揃えられてきた。これは，未成年者喫煙禁止法と未成年者飲酒禁止法が，「未成年」という民法と連動する呼称で禁止対象を定めてきたことによる。諸外国の類似法制に沿わせたかたちでさしたる審議もなく可決された喫煙禁止法に対して，飲酒禁止法のほうは反対が多く，可決までになんと22 年を要している[1]。しかも，21 世紀転換期になって，受動喫煙や飲酒運転事故などが問題化して取り締まりが厳しくなるまで，長らく違反がかなり見逃されてきた法でもある。

　少年法の対象が 20 歳未満となったのは，戦後からである。大正少年法の制定時には，対象は 18 歳未満と定義された。一方，戦後に制定された児童福祉法は，当初より対象を 18 歳未満と定義しており，民法上の成人になるまでの 2 年間の支援が課題になってもいた。

　結局，「20 歳」という線引きは，法制度上ですら確固たる基準ではなかったといえる。もちろん戦前期に男子の徴兵検査の持つインパクトは大きかったため，20 歳が大きな節目という感覚は，早い段階で日本社会に根付いていたとはいえよう。しかし，階層格差の大きい戦前期から高度経済成長期まで，就労，結婚，飲酒・喫煙などの現代日本で「大人のメルクマール」と思われていることを早く経験する層も少なくなかった。

2–3　残り続ける「20 歳」

　このように，「20 歳＝大きな節目」というリアリティは，けっして確固たる根拠があるものではない。にもかかわらず何となく定着

　1　未成年者喫煙禁止法については，林（1995）を，未成年者飲酒禁止法については，元森（2014）の第 4 章を参照されたい。

表序-2　選挙年齢から始まる法改正

2000（平 12）	**「21 世紀日本の構想」懇談会**（小渕首相の私的諮問機関）選挙年齢の引き下げに言及
2006（平 18）	**憲法改正国民投票法案**の審議開始
2007（平 19）	**憲法改正国民投票法**　3 年以内に 18 歳選挙権を実現するという附則
2009（平 21）	**法制審議会**　選挙権にあわせて民法の成人年齢も引き下げるのが妥当と答申
2014（平 26）	**憲法改正国民投票法の一部を改正する法律**　2018 年から 18 歳と決定
2015（平 27）	**公職選挙法改正**　選挙年齢 18 歳　高校生と政治が話題に（2016.6 施行）
2018（平 30）	**民法改正**　成人年齢 18 歳, 婚姻年齢男女とも 18 歳と決定　消費者問題が課題に（2022.4 施行） →同時に, 飲酒喫煙年齢は据え置き決定　未成年者飲酒禁止法を, 二十歳未満ノ者ノ飲酒ノ禁止ニ関スル法律, 未成年者喫煙禁止法を二十歳未満ノ者ノ喫煙ノ禁止ニ関スル法律に変更
2021（令 3）	**少年法改正**　20 歳未満据え置き　「可塑性」の実感　「特定少年」(18, 19 歳) の創設（2022.4 施行）

（出所）筆者作成。

したこのリアリティを揺さぶったのが,「18 歳成人」とする民法の改正である。この成人年齢引き下げの議論はどのような経緯で始まったのか。

　まず, 18 歳成人は世界的な動向である。20 世紀半ばまで, 欧米諸国の多くは 21 歳を成人年齢としてきた。ところが, 学生運動やベトナム戦争を契機として, 選挙権がないのに徴兵されることが問題視され, 選挙年齢および成人年齢の 18 歳への引き下げが世界的機運となる。1979 年は国際児童年, 1985 年は国際青年年と国連総会で宣言され, 子ども・若者の社会参加促進の機運も高まった。

日本は，この世界的潮流に乗り遅れた。ずいぶん遅れて，2000年の「21世紀日本の構想」懇談会で選挙年齢の引き下げが言及され，2006年から始まる憲法改正の国民投票に関わる法案の審議の過程で真剣に議論されることになる。翌年の日本国憲法の改正手続きに関わる法律（憲法改正国民投票法）は，3年以内に18歳選挙権を実現するという附則つきで可決される。そのために，2014年に憲法改正国民投票法が，2015年には公職選挙法が改正され，国民投票権も選挙権も18歳からとなった（**表序-2**）。

　この過程で，民法の成人年齢も一致させるという議論が登場し，2018年に民法が改正される。同時に女子の婚姻年齢が男子と同じ18歳に揃えられた。当初は，あわせて飲酒・喫煙年齢や少年法の適用年齢も引き下げることが想定されていた。

　ところが，基準は揃えたほうがいいという発想で始まった一連の法改正に，ここでブレーキがかかる。成人年齢引き下げの際にも高校生・大学生の消費者被害などが懸念されていたが，飲酒・喫煙年齢は，世界的にも健康への悪影響が周知されるなか，20歳という基準を維持することが決定された[2]。

　より議論が紛糾したのが，少年法である。非行少年の可塑性を信じ，保護・矯正を期待する論者のみならず，社会防衛を重視する論者からも，対応件数の多い18～19歳を対象から外して成人同様に対処することは再犯予防にならないという懸念が寄せられる。結果として，対象年齢は20歳未満という定義を維持しつつ，18～19歳を「特定少年」として，重大犯罪の原則逆送や実名報道を認めることで決着した。

　法律ごとに立法趣旨が異なるため，線引きは一定でなくともかま

　2　このとき，公営ギャンブルも20歳解禁に据え置かれている。

わない。しかし，「子ども」と「大人」，「保護」と「自立」の境として，選挙，契約，飲酒・喫煙ができるようになり，少年法で守られなくなる「20 歳」という認識は，あまりにも日本社会に定着してしまっていた。成人式をめぐっても，飲酒・喫煙や少年法に保護の要素がいまだ残り，高校在学中にあたる 18 歳の成人の日よりも，20 歳のときのほうが式典の実施に都合がいいと，祝われる側と祝う側双方が思っているのが現状である。「成人」とも「成人の日」とも関係のはっきりしない 20 歳を招く式典が続けられるという，不思議な状況となっている。

3　批判されながら規範化する成人式

3-1　当初よりの融通無碍な性質

　このような空虚な節目である「20 歳」を「祝う」儀式が，戦後に全国的に定着したのが成人式である。

　1948 年制定の国民の祝日に関する法律（祝日法）第 2 条は，「成人の日　一月十五日　おとなになつたことを自覚し，みずから生き抜こうとする青年を祝いはげます」と定めている[3]。これが成人式の根拠法だが，実は，「成人」を民法の成人年齢である 20 歳と同一視する必要はなく，「祝いはげます」ために各自治体が式典を行うことも書かれていない。

　「成人の日」が祝日になった理由に定説はない。国家神道に由来する戦前の祝日体系との決別が要請される占領下，「子供の日」な

　3　2000 年のハッピーマンデー導入にともない，「一月の第二月曜日」と改訂されている。

ど，比較的中立に見える慣習とともに「若人の日」(9月23日)や「成人の日」(戦前の元始祭にあたる1月3日)が検討され，最終的になぜか1月15日が「成人の日」に落ち着いたという事実のみがわかっている（所 2008: 25；田中 2020: 15-9）。

これを式典へとつなげていったのが，各都道府県教育委員会に宛てた1949年1月5日文部次官通達「『成人の日』の行事について」に記された，「全市区町村挙げて成年者を祝福する」「適当な日を定めて記念事業及び勤労奉仕の記念事業等を行うことが望ましい」という文言である。各都道府県教育委員会に宛てた1956年12月10日文部事務次官通達「『成人の日』の行事について」には，「該当者（成人に達した者）の年齢は，現在全国的に見るとおおむね満20歳となっている」と記されており，20歳を対象とする行事が定着していることがわかる。

(提供) 埼玉県蕨市。
写真序-1　第1回成年式（蕨町）

式典のルーツとしてしばしば言及されるのは，埼玉県北足立郡蕨町（現，蕨市）の成年式である。1946年11月22日，蕨町と蕨町青年団主催で，第1回「青年祭」の一部として行われた[4]（**写真序-1**）。遡れば，1933年11月22日に，名古屋市連合青年団主催の青年団成人式が開かれているという指摘もある（室井 2018: 67-8；

4　蕨市の成年式のその後については，松橋（2023）参照。

田中 2020: 8–10）。

　青年団とは，戦前期由来の青年組織である。地方のノンエリート（男子）青年の主体的組織として組織化が期待されたが，やがて補習教育や徴兵準備教育機関として，国家の管理体制に組み込まれた歴史を持つ（第 1 章参照）。つまり，徴兵年齢として重要な節目だった 20 歳を，青年団をとおして祝い鼓舞する戦前の行事との継承関係が，成人式には潜んでいるといえる。

　社会教育学者の田中治彦は，『成人式とは何か』（2020）のなかで，成人の日制定に際して国家再建のための人材養成の観点を強調した衆議院議員の発言を引き，「成人の日」は，「元服などの日本の『通過儀礼』を受け継ぐという側面と，戦後民主主義の新制日本の担い手を育てるという側面」の「二重の性格」を持つに至ったと読み解いている（田中 2020: 18-9）。だが，ここでは，そこまで強い解釈は留保しておきたい。

　事実としては，成人式は，戦前期の徴兵制や青年団，伝統的通過儀礼という感覚，未来の社会の担い手を育てるという感覚などが，ごちゃ混ぜになって誕生したのである。むしろ，ごちゃ混ぜだからこそ，成人の日は占領下に国民の祝日として成立することができ，正当性をさまざまに調達できる。この融通無碍な性質があるからこそ，各地で式典が続いてしまっていると考えるほうが，成人式の歴史と現在を正確に観察できるように思われる。

3-2　問い直されながらなくならない成人式

　20 歳という節目も，成人式という行事も，確固たる理由なく，定着した。そして，その曖昧で融通無碍な性質ゆえに，成人式はつねに何らかの問題を指摘される存在となっている。田中（2020）が通史として描き出しているものに，筆者が雑誌記事検索や新聞記事

検索で把握した情報を加えただけでも，以下のような問題化の歴史が描き出せる[5]。

祝日法が制定され，各自治体に記念行事の実施が要請された直後の 1950 年代前半には，報道も少なく，低調・参加者不足の旨が報告されていた。1956 年 9 月に，中央青少年問題協議会会長から総理大臣宛ての意見具申「『成人の日』の運営等について」が出され，応答として，同年 12 月 10 日に先に見た各都道府県教育委員会宛ての文部事務次官通達「『成人の日』の行事について」が出されている。

1950 年代後半に行事が定着してくると，成人式への若者の関心を高め，式典を盛り上げることが期待される。青少年の「健全育成」を目的として 1966 年に発足した青少年育成国民会議が，同年 12 月 8 日に会長から文部大臣宛ての『成人の日』のあり方の改善とその普及に関する要望書」を送り，これが，12 月 22 日に文部省から各都道府県知事・都道府県教育委員会教育長に宛てた「『成人の日』の行事等について」として回覧されている。1960 年代には，社会教育関係者から，参加型にするなどの式典の刷新の提案も見られるようになる。

1960 年代には女子の晴れ着（振袖）が広まり，新聞や雑誌記事には，その是非をめぐる議論が見られるようになる。「伝統行事」に和装を着用することは望ましいという感覚がある一方，華美で衣装比べのようになってしまうことが公的行事にふさわしいのか，不平等が際立つのではないかなどの問題が指摘される。

5　田中（2020）は，本書が依拠する社会学的観点とは異なる教育的視点で書かれているが，成人式に関する貴重な通史として，おおいに参照した。また，2000 年ごろまでの通達等資料については，新成人式研究会編（2001）の資料編が役に立った。ただし，同書は転記ミスが多いと思われる。第 1 章注 2 参照。

序章　「成人式」への社会学的アプローチ__13

とはいえ成人式は定着し，1970年代以降は，行政機関の通達などは長い間出されなくなる。1980年代以降は，成人式参加率の低下が話題となることもあり，各自治体で改善の工夫を繰り返す。来賓の祝辞中心の式典が反省され，新成人参加型の実行委員会方式としたり，アイドルのコンサートなど若者向きのイベントを行ったりする自治体も増える。なお，浦安市が東京ディズニーランドで成人式を行うようになったのは，2002年である。こうなると，成人式とは何か，イベント化していないかという批判自体が空を切る感がある。

　ここに，一石を投じるのが，「荒れる成人式」である。2001年に新成人が式場で暴れ，それが大々的に報道されることで社会問題化した。ハッピーマンデーの導入で，2000年から「成人の日」が移動祝日（1月第2月曜）になることもあり，成人式の是非や若者の問題をめぐって報道や調査が過熱する。文部科学省も『平成12年度「成人式」実施状況調査結果』（2001）を出している。

　こうしてみると，成人式は，その曖昧な成立事情にふさわしく，つねに若者を惹きつけきれないことが批判され，服装を含むそのあり方が論じられている。このような行事は必要なのかという疑義も，明に暗に提起され続けている。

　しかし，実際に成人式を廃止する自治体は（新成人僅少の地域を除けば）ない。「荒れる成人式」も数年で歴史の一エピソードとなり，成人年齢の18歳への引き下げが可決された2018年以降も，廃止という議論はほとんどなされていない。18歳の1月はまだ高校生のうえ，大学受験と重なる若者が多いことが当事者や教育関係者から指摘され，晴れ着の慣習が廃れることを恐れる呉服業界が陳情を出すなど，20歳時開催を支持する議論が明らかに優勢である。

　2018年，法務省下に成年年齢引下げを見据えた環境整備に関す

る関係府省庁連絡会議が設置され，その下に，成人式の時期や在り方等に関する分科会なるものが設置される。同分科会は 2020 年に『成人式の時期や在り方等に関する報告書』を出しているが，20 歳時開催が多数派という各種調査や関係者ヒアリング，委員の意見交換の結果を併記し，各自治体に結論をゆだねている。また，新型コロナウイルス問題が直撃した 2021 年の成人式も，延期やオンライン化した自治体は少なくないものの，完全中止はわずかであったと推測される。

　成人式とは，「そもそもの目的」自体が特定できないにもかかわらず／だからこそ，問題を繰り返し指摘されながらも，やめられない儀式となっている。公的な行事であるため，「成人とは」「大人の自覚とは」というまじめな語りを呼び寄せてしまうと同時に，晴れ着を着たり同窓の友人と会ったりするという付随的な要素をつねにはらみ続ける。後者を無視すると参加率が低下するが，野放しにすると荒れるかもしれない。さまざまな思惑や目的意識が混合してしまっているため，廃止することも，大きく変更することも望まれないものとなって，今に至っている。

3–3　規範化する 21 世紀の成人式

　21 世紀以降を特徴づけるのは，むしろ，こうして定着している「成人式」と「20 歳」の規範化・基準化かもしれない。

　成人式はあらゆる 20 歳に平等に開かれていると見えるかもしれないが，必ずしもそうではない。外国籍住民は 20 世紀末までは招待の対象ではなかったし，障害を持つ若者も事実上参加が難しいケースもあった。女性の晴れ着が定着したことで，振袖を買える買えないという階層格差を可視化する場でもあったし，性別違和を持つ若者などは参加しづらかったかもしれない。外国にルーツを持つ若

(提供）朝日新聞社。

写真序-2　2024年北九州市成人式のド派手衣装用ランウェイ

者にとっては、日本の民族衣装をめぐる葛藤もあったであろう。さまざまな思惑がごちゃ混ぜであったとしても、ある範囲の形式の式典が定着したからこそ、そこから排除される存在がいたといえる。

　そのような多様な層にとっての成人式を取り上げたり、独自のイベントの取り組みを紹介したりする報道は年々増えている。たとえば、2010年代後半からは、新成人の半数弱が外国籍という東京都新宿区の成人式など、多文化化が進む成人式が紹介され、あえて振袖を着たり、自文化の衣装で参加したりする外国ルーツの20歳の姿が発信されている。NPO法人ReBit（東京都）が2012年に始めたLGBT成人式も、全国に波及している。

　カラフルな羽織袴や花魁風のド派手衣装があふれる北九州市の成人式も、有名になった。いわゆる「ヤンキー」「不良」を想起させる風貌のため、「荒れる成人式」と親和性があるようにも見えたが、2010年代半ば以降は肯定的な解説がつけられることが多い。10

代で働き始めた若者が，その日のために何十万円もの金額を用意し，市内の貸衣裳屋で一生に一度の晴れ姿をつくりあげるという物語である。大学進学者が多数派の時代に，少数派で劣位に置かれた 20 歳の異装は，毎年の風物詩かのように温かく見守られ，市が観光コンテンツとするに至っている（**写真序-2**）。

このように，「成人」の多様性の可視化や，排除された層の成人式への包摂が進んでいるかに見える。しかし，それを手放しに称賛していいかは留保が必要である。というのは，成人式への包摂が進むほど，「20 歳」や「成人」，「一人前」のイメージは再生産されうるからである。多様性を言祝ぐ語りが，返す刀で，日本的な服装をすることや，アイデンティティを確立することといった，「あるべき大人」の像を強化してしまう恐れをはらんでいる。

最も批判されたのは，10 歳の節目を祝う「2 分の 1 成人式」だろう。2000 年代に全国に広まった 2 分の 1 成人式は，生い立ちを振り返ったり，親への感謝の手紙を発表したりする小学校の行事である。これが，家族の多様化に逆行し，被虐待経験のある子どもやステップファミリーや養子縁組，児童養護施設で育つ子どもを傷つけると，2010 年代半ばから批判され始める（たとえば内田 2015a; 2015b）。

つまり，現在進行形で展開される多様な成人式をめぐる報道には，階層・学歴，エスニシティ・国籍，ジェンダー・多様な性，地域格差などをめぐる多様性への配慮と，日本社会に根付いた「一人前の大人」規範の強化・再生産とが交錯している。もちろん，そもそもが曖昧なものとして誕生した成人式なので，悲観的シナリオばかり想定する必要もないかもしれない。しかし，少なくとも，やめられなくなっている成人式が，規範化と差異化の力学をはらみながら多方面に飛び火している現状は，「あるべき成人式とは」という議論

とは別に考察していく必要があるだろう。

4　成人式を社会学する

　ここまで見たとおり，成人式とは，これといった根拠を持たないまま日本社会に定着した不思議な行事である。曖昧で融通無碍なものだからこそ，問題が繰り返し指摘されてもなくならない強固さを持つ。そこには，「青年」「若者」や「大人になる」こと，「自立」をめぐる意味論と，ファッションを含む文化現象が交錯し，最近では，規範化・基準化の力学と多様性をめぐる差異化や抵抗の力学が混在している。

　この行事に対して，成人式とは何か，あるいは成人とは何かと問い，その本質的な正解を探そうとしても，おそらくあまり意味がない。そもそも融通無碍なものとして始まった行事なのだから，散々繰り返された（そしてこれといって結論の出なかった）議論を繰り返すだけに終わるに違いない。

　その代わりに，本書では，成人と成人式をめぐる諸事象に，社会学的にアプローチをしてみたい。社会学は，人びとの行為を構成する社会的事象のしくみを明らかにする学問である。たとえば，「一人前」「大人」などのこの社会の規範が，一方で強化・再生産され，一方で排除や包摂，差異化や抵抗といった力学にさらされるさまを，ジェンダー，階層，学歴，エスニシティ，国籍，年齢階梯といった属性に分けて照らし出す社会学的視角は有用だろう。また，方法論として，社会学は，言葉や文化や歴史の分析，計量分析，インタビューや参与観察といった手法を発達させてきた。これらを用いながら，成人式の歴史と現在を多角的に描き出すことも可能だろう。本

書の続く各章では，まさにそうしたレパートリーのいくつかを，子ども・若者をめぐる社会学や，ファッションや文化の社会学，差別や階層をめぐる社会学等を複合的に見つめてきた執筆者陣と提示したい。

　成人式は必要か否か，どうあるべきかという規範的な議論から距離をとり，そのような議論を繰り返し織り込みながら，75年以上も毎年全国各地で行われ続けているこの行事の奇妙さを，まず事実として浮かび上がらせる。そしてその先に，その奇妙さを支えるこの社会のしくみを多角的に描き出してみたい。それは，自明化した社会のしくみの襞を浮かび上がらせることを得意とする社会学的アプローチの，恰好の実践例ともなるだろう。

■文献

林雅代，1995，「近代日本の『青少年』観に関する一考察——『学校生徒』の喫煙問題の生成・展開過程を中心に」『教育社会学研究』56: 65-80.

広井多鶴子，2001，「〈成年〉と〈未成年〉のはじまり——満20歳という年齢」（文部省科学研究費報告書『近代日本における親と子の制度化過程』収録論文）（2023年5月4日取得，http://hiroitz.sakura.ne.jp/resources/論文/youth-and-adult.pdf）.

生田精，1880，『全国民事慣例類集』司法省.

マクロミル，2023，「2023年新成人に関する調査」（PRTIMES，2024年5月15日取得，https://prtimes.jp/main/html/rd/p/000000617.000000624.html）.

松橋紀佳，2023，「成人式の変遷——主として蕨市成年式の事例から」『蕨市立歴史民俗資料館研究紀要』20: 41-67.

元森絵里子，2014，『語られない「子ども」の近代——年少者保護制度の歴史社会学』勁草書房.

室井康成，2018，「現代民俗の形成と批判——成人式をめぐる一考察」『専修人間科学論集　社会学篇』8（2）: 65-105.

新成人式研究会編，2001，『新しい成人式の創造』新風書房.

田中治彦，2020，『成人式とは何か』岩波書店.

所功，2008，『「国民の祝日」の来歴検証と国際比較』國民會舘.

内田良，2015a，「考え直してほしい『2分の1成人式』——家族の多様化，被虐待児のケアに逆行する学校行事が大流行」ヤフーニュースエキスパート記事（2023年5月5日取得，https://news.yahoo.co.jp/byline/ryouchida/20150119-00042352）.

内田良，2015b，「『名前の由来』『昔の写真』必要か？　2分の1成人式」ヤフーニュースエキスパート記事（2023年5月5日取得，https://news.yahoo.co.jp/byline/ryouchida/20150219-00043157）.

蕨市，2021，「蕨市の成年式」，蕨市ウェブサイト（2024年1月30日取得，https://www.city.warabi.saitama.jp/shogaigakushu/shisetsu/1004324/1001801.html）.

成人式言説の変遷と
青年・若者観　　第1章
年齢をめぐる普遍性と
階層性の忘却　　　　元森絵里子

1　成人式言説はいかにして若者の差異を忘却したか

　20世紀末の東京都内大雪の成人の日，筆者は，自治体主催の式典に行く気がないにもかかわらず，美容院で晴れ着を着付けてもらい，父に駅まで車を出してもらって大学の友人と落ち合った。振袖は祖父母に買ってもらった。もったいないからレンタルでいいとけんかし，呉服店でも祖母の選ぶ豪華だが古典的な着物はダサいといってけんかした。「はたちの七五三」と揶揄されても反論できない。こうして成人式の歴史を調べることになって振り返れば，最も惰性が続いていた時期だった。

　敗戦直後に成人し，高度経済成長期にかけて子育てした祖母は，着物を買えることや孫の学歴を自慢げに語った。それに対して，当時の私は階層や学歴格差に無頓着だった。バブル崩壊後だが格差や貧困が社会問題化する前で，自分たちの世代がのちにロスジェネと呼ばれることになると知らなかった。

　考えてみれば，社会人と学生が一堂に会し，女性はレンタルでもそこそこ値の張る民族衣装で着飾るのだから，成人式や成人の日をどう過ごすのかは，学歴，ジェンダー，階層，ルーツなど，同世代の多様性と格差が可視化する場面といえる。にもかかわらず，成人

21

式をめぐっては，大人とは何か，式典は必要なのか，どのような式典にするのが望ましいのか，晴れ着は必要か，今の若者は大人にふさわしいのか，若者に参加してもらうにはどうしたらいいか，年長者は若者に何をすべきかといった，新成人内部の差異を前面には出さない論点ばかりが語られてきたように思う。近年は，高卒でまじめに働いて豪華絢爛な衣装を用意する新成人や，着物を用意できない新成人に着物を提供する取り組みなどが報道されるようになったが，そのような異装や支援の物語が有効なのは，「標準的」な若者の「標準的」な成人式の過ごし方のイメージが定着している証ともいえる。

　成人式の根拠である国民の祝日に関する法律（祝日法）第 2 条は，「成人の日　一月の第二月曜日　おとなになつたことを自覚し，みずから生き抜こうとする青年を祝いはげます」と定めている。「成人」は成人年齢で定義できるかもしれないが，「大人」という日常語は曖昧で，「青年」は成人年齢未満の者からかなり年長の者まで含んで用いられる。「若者」と言い換えられることも多い。この条文だけ見ても，成人式は，「成人」「大人」とは，「青年」「若者」とは，「祝いはげます」とは……という十把一絡げの議論を呼び寄せやすいことがわかる。

　しかも，調べてみれば，成人の日に自治体主催の式典を行うことを水路づけた，各都道府県教育委員会宛ての文部次官通達「『成人の日』の行事について」（1949 年 1 月 5 日，発社第 1 号[1]）には，「該当年令の学徒も現在居住せる市区町村においてなるべく参加するこ

1　同文書は複数の文献に引用されているが，後年のものは誤記が多い。本章では，国立公文書館所蔵「『成人の日』の行事について」（昭和 25 年総理府公文・巻 37・文部省）所収のものを引用する。

とが望ましい」（圏点引用者）とある。成人式の設計時点において，学生はおまけだったのだ。

　階層格差が大きく，大学生は一握りであった敗戦後の日本で，成人式は誰を対象としたどのようなものとして始まったのか。どのようにして差異を忘れたかのような語り口が定着したのか。さらに，格差や多様性に目が向き始めた現代，成人式はどこに向かっているのか。

　本章では，これらの問いを，成人式がどのように語られてきたのかと，その時代に「青年・若者」がどうまなざされ，「大人になること」がどのようなものだったのか，そこで階層や学歴やジェンダーの差異はどのように扱われていた／いなかったのかを重ね合わせることで考える。「子ども／大人」や「青年・若者」は一見普遍的な年齢階梯に基づくカテゴリーのように見えるが，そこに含まれる対象と意味合いは時代ごとに変化する。歴史学や社会学の知見に基づき，成人式言説の来歴を解き明かしてみたい。

2　時代区分

2-1　政治経済状況と青年・若者の教育状況の変遷

　最初の成人の日は1949年のため，成人式の歴史は75年を超える。そのため，見通しをよくするために，あらかじめ大まかに4つの時代に分けておく。

　戦後日本を論ずる場合，政治経済状況を基準にする時代区分がしばしば用いられる。「青年・若者」の境遇や前途を語る際に，政治経済状況が前提とされることも多いため，本章の時代区分の出発点としよう。1955〜73年の高度経済成長期と，その後1991年のバ

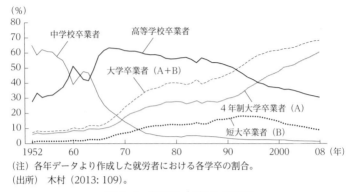

(注) 各年データより作成した就労者における各学卒の割合。
(出所) 木村 (2013: 109)。

図1-1 学校の「出口」の変遷

ブル崩壊まで続く安定成長期は，おおむね55年体制と呼ばれる政治体制と重なっている。その後の過渡期（景気回復を期待しているうちに「失われた10年」が経過する時期）を経て，新自由主義的な聖域なき構造改革（2001～06年）で経済格差が自覚され始めるのが，2000年代半ばといえる。

この政治経済状況の変化は，「青年・若者」の社会的地位といえる学歴構成の時代変化とも整合的である。図1-1は，その年に学校を終えて就労した者のうちの各学卒者の割合を示したものである。1950年代半ばの高度経済成長期以降，急速に中卒が減り，1960年代にかけて超少数派へと転落していく。高度経済成長期が終わった1974年には，高校進学率が9割を超え，皆が高校に行く時代となるが，図中では，その後の安定成長期と重なるように変化がゆるやかになって，高卒6割・大卒4割の時代が続く。大卒が明らかな上昇に転じるのが，安定成長期が終わる1990年代である。格差社会の自覚が広まる2000年代半ばには四大卒が5割を突破し，多数派となる社会が到来する。

つまり,「敗戦後」「高度経済成長期」「安定成長期（過渡期を含む）」「格差自覚期」は,「中卒多数派期」「中卒激減期」「高卒・大卒拮抗期」「大卒多数派期」とゆるやかに重なっている。成人式創設当初は,新成人のうち中卒が多数だったが,現代は,総じて豊かではあるものの格差が自覚されるなか,高卒後も就学を続ける者が多数の時代といえる。

2–2　成人式言説の変遷

　以上の政治経済状況と学歴構成の時代変化を意識して成人式に関する言説を読むと,その内容は時代変化とゆるやかに同期しながら変遷していることが確認できる。成人式に関する先行研究を参考にしたほか,各種データベースを駆使して,「成人式」や「成人の日」を見出しに含む書籍,雑誌記事,雑誌論文,新聞記事と,関連通達などの行政文書を集めてみたところ[2],成人の日や成人式そのもの由来や意義,あり方について,若者・青年について,成人とその年

2　検索および収集は,2022年7月から2024年1月にかけて行った。書籍,雑誌記事,雑誌論文の検索には,CiNii Research および国立国会図書館サーチを用い,新聞記事については,『朝日新聞』『毎日新聞』『読売新聞』のデータベース（「朝日新聞クロスサーチ」「毎索」「ヨミダス歴史館」）を用いた。ただし,新聞記事は,地方面の式典紹介や成人式前後の事件事故報道なども多く,膨大な数の記事がヒットするので,定点観測を目的に「成人の日」について論じた社説を特定することを優先した。それ以外は各社東京本社版の見出し検索に限定し,事実報道や事件記事や「二十周年」の意味と思われるケースを除いておおまかに確認した。同様に,Web OYA-bunko にて週刊誌記事タイトルも確認したが,新成人にあたる芸能人のグラビアなども多く,膨大な量となったため,他の言説との関連で重要と思われる見出しの記事のみ収集した。総出版点数や総頁数自体が時代の影響を受けること,データベースの精度にムラがあることにより,量的な分析は行わない。1950〜60年代の通達類は,国立公文書館デジタルアーカイブおよび国立国会図書館デジタルコレクションで,なるべく正確な所収文献を確認した。なお,引用にあたり,旧字体は新字体に改めた。

表 1-1　成人式言説の時代区分

	～1950年代前半	50年代後半～70年代前半	70年代後半～2000年代前半	2000年代後半～
政治経済状況	敗戦後	高度経済成長期	安定成長期～過渡期	格差社会期
青年・若者の教育状況	中卒多数派期	中卒激減期	高卒・大卒拮抗期	大卒多数派期
成人式言説	模索期	定着期～アノミー期		再編期
（青年・若者観）	（勤労層の教化・非行予防）	（青年の批判・鼓舞～迎合）		（見守り支援）

(注)（　）内は，次節以降の議論も含んだまとめ。
(出所)　筆者作成。

齢について，年長者のとるべき態度についてなどを語る語り口に，変化が観察できたのである。

　長い歴史をつかみやすくするために，この成人式言説の変化を，先に挙げた4期にあえて対応させるかたちで，それぞれ，成人式の「模索期」「定着期」「アノミー期」「再編期」と名づけておく（表1-1）。

　次節以降，まず，敗戦後の「模索期」における成人式言説を確認し，ルーツである戦前期から敗戦後の「青年・若者」「大人になること」の変遷と照らし合わせることで，成人式はどのようなものとして始まったのかを明らかにする（第3，4節）。次に，その後，高度経済成長期の「定着期」から安定成長期の「アノミー期」にかけて，「青年・若者」「大人になること」内部の差異が捨象されていき，成人式言説も差異を忘れたかのようになって目的が失われていく過程を読み解く（第5，6節）。最後に，格差自覚期に「青年・若者」「大人になること」における差異に再び注目がされるようになり，

それにともない成人式言説もささやかな「再編期」を迎えたこと，しかし成人式は大きな変化を望まれないものとして続いていることを確認し，その行く末を考える（第7節）。

3　ノンエリート向けだった成人式——敗戦後の模索期

3-1　当初より迷走する成人式

　敗戦後は，成人式そのものと成人式言説の「模索期」といえる。

　まず，式典のあり方自体が模索される。1948年に祝日法が制定され，1949年1月5日，各都道府県教育委員会宛ての文部次官通達「『成人の日』の行事について」が出されている。この文書は，「成人」「おとな」の年齢は定義していない一方で，自治体主催の式典を行うことを推奨しており，今につながる成人式の根拠文書といえる。式典を行う理由は，成人の日が，「民主国家建設の中核となるべき青年男女が成人となつたことを自覚してその栄誉と重責とを認識し，各自の身体を強健にし豊かな教養と広い知識とを身につけ自主的であると共に協力的に行動するように国民挙つてこれを激励祝福する記念すべき日」だからだとしている。「一時的なものにおわらせることなく，行事の対象となつた者が，（中略）特に公民としての自覚と矜持を持ち，後輩の指導誘掖に心掛けて自らその範を示すように激励すること」とも記されている（ルビ引用者）。

　最初の成人の日となる1949年1月15日には，各地で記念植樹や「模範青年」の表彰が行われた（「成人の日，各地で祝賀」朝日新聞. 1949. 1. 14）。ただ，「寂しい"成人の日"　世の無関心を慨く当局」（読売新聞. 1949. 1. 16）と，イベントが振るわなかったことも報告されている。5年後にも，「そっぽ向かれた『成人の日』」（朝日新聞.

1954.1.16) と参加が低調な様子が報じられている。「"成功だった成人の日" 教育庁自画自賛の発表」（同紙. 1954. 3. 11）では，東京都の式典について，前年までは「お祭り騒ぎ」だったが，その年は，講演で成人の意味を説き，新成人が感想文を発表するなど，人寄せイベントから脱したことが評価されている。評価はさまざまだが，低調な参加も，集客イベント化とまじめな式典を揺れ動くのも，当初よりの課題だったことがわかる。

　この時期で重要なのは，本章冒頭で述べたように，よく読むと，成人式のターゲットがすでに学校を卒業したノンエリート層であったと思しき記述に行きあたることである。現時点で半ば忘却された成人式の歴史といえよう。

　たとえば，先述のとおり，文部次官通達「『成人の日』の行事について」には，「該当年令の学徒も現在居住せる市区町村においてなるべく参加することが望ましい」とある。もちろん，軍国主義を廃し，民主主義国家を建設することに国家の目標が置き換わったなか，「青年男女」とあったように，全体としてはすべての「青年」を含むような書きぶりではある。しかし，現実問題としては学生はおまけだったことがこの文から露呈している。

　新聞社説も，「男女青年」と書いて女性が「公民」に含まれるようになったことを強調したり（「若さの目安」朝日新聞. 1950. 1. 15），新制日本を「青少年」に託したり（「独立の精神を青少年の心に」読売新聞. 1952. 1. 15）する一方で，成人の日にことよせて「非学徒青年」向けの社会教育の充実を訴えたり（「成人の日と青年学級」毎日新聞. 1953. 1. 15）している。つまり，当初の成人式言説は，「青年」一般を祝うという理念と，非進学層をメインターゲットとしている現実とを揺れ動いている。

3-2 社会教育という文脈

ここで目を向けるべきは、そもそも成人式のルーツは、戦前期由来のノンエリート青年向けの社会教育にあるらしいことである。

成人式のルーツとしてよく紹介されるのは、埼玉県北足立郡蕨町（現、蕨市）の青年祭（蕨町・蕨町青年団主催）の一部として開かれた成年式である（蕨市 1995: 775-6. **写真 1-1**）。町議会議員で青年団長でもあった人物が、「敗戦直後で青年が希望を失っていた。これじゃいけない、一人前になったという自覚を持たせるにはどうするか」

（出所）筆者撮影。

写真 1-1　成年式発祥の地の記念碑（蕨市）

（「埼玉県蕨町　成人の日」朝日新聞. 1955. 1. 15）と発案したという。対象は当日満 20 歳の者、1946 年 11 月 22 日という開催日は、戦前の新嘗祭の前日にあたり、1930 年に制定された青年記念日である。1933 年 11 月 22 日に、名古屋市連合青年団主催の青年団成人式が、同じようなプログラムで開かれたという知見もあり、青年団主催の成人式は、戦前にも複数存在したイベントである可能性が高い（室井 2018: 67-8; 田中 2020: 8-10）。

もう 1 つ、宮崎県諸塚村の成人祭も紹介されることがある（**写真 1-2**）。1947 年 4 月 3 日が初回で、男子 20 歳、女子 18 歳を対象に、成人の自覚を高める成人講座を約 1 週間実施し、最終日に成

第 1 章　成人式言説の変遷と青年・若者観　29

(出所）筆者撮影。

写真 1-2　成人式発祥の地の記念碑（諸塚村）

人証書が交付された（諸塚村史編纂委員会編 1989: 653-5; 田中 2020: 13-4)。「農山村の青年にとって軍隊生活は唯一の教育の場であり，これによって公民的常識の養成と，規律，責任感，協調性などが培われ」「本村の壮年会や警防団，その他の団体の中堅となって，戦前の村づくりに貢献した」（諸塚村史編纂委員会編 1989: 654) のに，敗戦で徴兵制度が廃止されてしまった。そのことを憂いた有志が発案したという。

　おそらく成人式は，「青年」(男子) が徴兵検査年齢 (20歳) を迎えたことを一人前の証と見る戦前の感覚にルーツを持つのである。戦前期は，義務教育は小学校6年間で，長くとも高等小学校までの14歳で学校教育を終える者が多数派だった。その時代に重大な節目だった徴兵検査や軍隊教育が，敗戦で突如消滅した。成人式はそれを埋め合わせるように考案された。青年団や成人講座は，学卒後の若者を組織し教育するための，社会教育（学校・家庭以外の社会で行われる教育）にあたるものである。成人式という発想は，学校

外でノンエリート青年を組織・教育するという，戦前期の「大人になる」道筋を埋め合わせるものだったのである。

3-3　青少年問題という文脈

　1956 年 9 月 6 日に，中央青少年問題協議会が，「『成人の日』の運営等について」（総審青第 102 号，文部省社会教育局編 1959: 21-3）という会長から総理大臣に宛てた意見具申を出す。新聞では，式典ゲストの美空ひばりを見ようと人が殺到して死傷者が出た事件をきっかけに，成人の日の意味を問い直す専門委員会が設置されたと報じられている（「『成人の日』を検討」朝日新聞. 1956. 9. 7）。同意見具申は，「遺憾ながら一般の関心はなおうすく，このままでは国民の祝日としての『成人の日』本来の意義は失われる恐れがある」とし，義務教育修了から成人に達するまでの年齢層を成人式の対象とすることを提案している。

　これに対する応答として，同年 12 月 10 日に，各都道府県教育委員会宛て文部事務次官通達「『成人の日』の行事について」（国社第 162 号，文部省社会教育局編 1959: 19-21）が出される。招待される成人は，「現在全国的にみるとおおむね満 20 歳となつている」が，「『成人の日』の趣旨にかんがみ，将来社会の形成者としてよき成人となるべき義務教育終了期から成人に達するまでの青少年もともに参加させることが望ましい」と，意見具申に従って行事の対象を義務教育終了以降 20 歳までに広げることを奨励すると同時に，「公民」育成という当初の目的を確認している。

　ここでも，主として想定されているのは，義務教育の中学校で学校教育を修了する層だろう。1955 年の高校進学率（定時制課程含む，通信制課程除く）は 51.5% であり（「学校基本調査」），同世代の約半数が 15 歳で学校を終える時代であった。最初の集団就職列車が走

ったのが1954年でもあり，多くが中卒で親元を離れて都会で就労していた。

　ただし，この意見具申と通達の効果は甚だ怪しい。翌1957年には，「千葉県の市町村では，成人の日の式典に中学生も参加するところが多い」と紹介されるものの，講話を取り入れたり，祝い金の貯蓄管理を話し合わせたり，餅つきと組み合わせたりといった各地の取り組みが，「『成人の日』運動の意味をはき違えた混乱もみられるが，とにもかくにも一部になんとか成人の日にふさわしい動きが出ている」（「『成人の日』を見直そう　新運動とその実情」朝日新聞. 1957. 1. 15）と無理やり総括されている。結局，参加を増やす試みと成人式はどうあるべきかをめぐる迷走は続いている。

　そもそも中央青少年問題協議会とは，1950年に，その前年に発足した青少年問題対策協議会を常設機関化して内閣官房に置かれたものである。類する名称を持つ団体として，1954年に，学術組織である青少年問題研究会が発足し，雑誌『青少年問題』を刊行している。当時，「青少年問題」が強く意識されていたことがわかる。これは，その後，「青少年行政」という政策領域（担当官庁は総理府→総務庁→内閣府→こども家庭庁）をかたちづくっていくことになる。

　この最初期の「青少年問題」の最重要部分は，「非行」「不良化」である。1951年には，のちに少年非行「第1のピーク」と呼ばれる少年犯罪の増加を見るが，この時期の非行はおおむね，「貧しさからの非行」「焼け跡的非行」「闇市的非行」と説明されていた。つまり，貧しい層を非行に走らせないための施策が，必要とされていた。意見具申でも，「青年に対して教育，福祉，労働，保護の各般にわたる施策を計画的，継続的，総合的に考慮すべきである」と，多様な政策領域名が列挙されており，成人式が家族や学校の管理を早く離れるノンエリート層対策の文脈につながっていることが見え

てくる。

4　普遍性と階層性の交錯——ルーツとしての戦前期

4-1　「大人になる」イメージのルーツ

　以上のような最初期（「模索期」）の成人式言説は，このイベント
が，「大人」「青年」「公民」一般を論じる契機であると同時に，ノ
ンエリート層の教化や非行予防の文脈に位置づくものであったこと
を示唆している。そして，徴兵制度との関係がちらつくように，こ
の揺れは，戦前期に由来する。

　子ども史や青年史，教育史や家族史の諸研究は，戦前期において，
普遍的かに見える「青年」や「大人」のイメージが登場し，豊かな
層で実態化する一方で，貧困層やノンエリート層の「少年」や「青
年」を問題視するイメージも形成されたことを明らかにしている。
これらを参考に，いったん戦前期に遡り，当初の成人式言説におい
て普遍性と階層性が交錯する背景を探りたい。

　明治時代，1872年に国民教育制度が登場し（学制），1900年に
小学校が無償化される。1907年には義務教育が小学校6年間とな
るが，このころには就学率が9割を超え，プラス2年の高等小学
校もかなり普及している[3]。つまり，20世紀初頭には，多くの年
少者が12歳や14歳まで学校に通うようになる。

　同じ時期，中等教育や家庭教育も整備される。1899年には，性
別役割分業を前提とした男女別学の中等教育が整い（中学校令・高

　3　戦前期日本の教育制度は複線型と呼ばれる分岐型で，中学校などの中等教育機
　　関とは別に，小学校の延長の初等教育機関として高等小学校が設置された。

等女学校・実業学校令），余裕のある層の子女はさらに長期の学校教育を受けられるようになる。加えて，子どもの教育は，学校教育とそれを補完する家庭教育によるべきという考えが通説となっていく（小山 2002: 148）。これらの家庭教育と長期の学校教育を子どもに与えることを積極的に引き受けたのが，継ぐべき家業を持たず，官僚やサラリーマンと主婦という性別役割分業を行う都市新中間層である（沢山 1990）。子女がよい職に就き，またその妻となれるように教育に力を入れた。この都市新中間層は，日露戦争後，産業化による都市部への人口集中で広まり，第一次世界大戦後にさらに拡大する。ここに，長期の教育期からの就職・結婚，次世代の子育て・教育という，現代の私たちが漠然と持っている「大人になる」イメージのルーツが誕生する。

4-2 「青年」イメージのルーツ

「青年」という語は，また来歴が異なる（木村 1998; 北村 1998; 和崎 2017）。日本において，現代につながる「青年」という語の使用が始まったのは，1880 年代というのが定説である。1880 年に，YMCA（基督教青年会）の young man の訳語として「青年」が選ばれた。近世日本の地域社会には，若者組という，村のルールを教えたり夜這いを管理をしたりする組織があったが，「青年」は，「若者」に当時つきまとった旧習のイメージと一線を画す語となった。

「青年」に近代的な意味を与えたのが，徳富蘇峰が 1887 年に刊行した『新日本之青年』の序章といわれる。そこで「青年」は，新時代の建設者としての位置づけを与えられている。当時，過激化していた自由民権運動の「壮士」に対置され，未来志向で国家形成を期待されたのが「青年」である。

ただ，そのような政治的主体性は，1900 年前後にはそぎ落とさ

れていく。先述のとおり中等教育が整備されるなか,「青年」は,学歴主義と修養を重視する学校秩序に飲み込まれ,一人前ではない「学校生徒」と同義になっていく。

と同時に,この過程で「青年」という言葉が非進学層にも転用された。1896年に,山本滝之助が『田舎青年』を記し,地方の指導者育成のために自主学習組織である青年会を設立することを主張する(多仁 2003)。これが,青年団へとつながっていく。

同時期に科学的発達論(発達心理学・青年心理学)が輸入され,「青年期」を自立の前段階の葛藤期とみなす見方が広まった。こうして,当初エリート層と重ねられていた「青年」概念が脱政治化・脱階層化され,生物学的に定められた葛藤期であるかのように語られるようになっていく。現代の私たちの持つ,何となく教育期間と重ねられつつも,普遍的な発達段階と認識されている,「青年」「若者」というイメージのルーツはここにある。

4-3 農村青年教化の手段としての社会教育

とはいえ,戦前期に多数派を占めたのは,「学校生徒」を長く続ける「青年」ではなく,初等教育(小学校・高等小学校)で正規学校を離れるノンエリート「青年」である。1889年の徴兵令改正で免疫条項が撤廃され,国民皆兵の原則が貫かれるなか,この小卒層の継続教育・補習教育の整備が政策課題となる。軍隊の質の向上のために,徴兵検査(20歳)までの間に,公民(道徳)教育,実業補習(職業)教育,壮丁(徴兵)準備教育を施す必要性が認識されたのである。

これを実質的に担ったのが,社会教育と呼ばれる政策領域である。1886年,家庭教育や学校教育を離れた者を対象とする「通俗教育」を文部省が所管するようになり,1921年には,「通俗教育」

第1章　成人式言説の変遷と青年・若者観　　35

が「社会教育」へと名称変更される。1929年には，社会教育局が設置され，社会教育を強力に展開するに至る。日露戦争後の地方改良運動から，総力戦に向けた動員体制構築へという時代のことで，この過程で青年団や実業補習学校などの社会教育機関が国家統制・動員体制に組み込まれていった[4]。

　教育史では，1930年代には，小学校・高等小学校とその先のパートタイムの社会教育機関が地域社会に定着したことが定説になっている（土方 1994; 木村編 2005）。1939年以降は，ノンエリート「青年」（とくに農村の男子）[5]は，正規の学校教育を早く離れ，地域の青年団と青年学校という，国家の統制下にある2つの社会教育機関に所属し，実業補習教育と徴兵準備教育を受けながら徴兵検査を迎え，入営訓練を経てこそ一人前とみなされるようになった。これが敗戦前夜の多数派（男子）の「大人になる」道筋である。前節で触れたように，成人式の発想のルーツもここに位置づく。

　敗戦後，青年団は自発的組織として各地で再結成され，社会教育行政は民主的な社会教育法下に位置づけ直されるが，その過渡期に，社会教育領域で，非進学層の男子青年の徴兵検査という節目に代わ

4　民衆の自発的な補習教育機関だった青年会・青年団に対して，日露戦争後には国家の側から「善用」を企図した通知が連発されるようになる。1924年には政府の統制下にある大日本連合青年団に加盟することが定められ，1939年にこれが大日本青年団へと改編された。

　非正規の実業補習学校（職業教育機関）は，1894年から国家が費用補助する体制となるが，1935年に，徴兵準備教育機関である青年訓練所に吸収されるかたちで，青年学校となる。1939年には，この青年学校が男子義務化され，中学校や高等女学校の学徒と同様に，戦時動員の単位となっていく。

5　1939年の青年学校男子義務化は，法律上は都市勤労青少年に及ぶものの，雇用主・青年本人の参加意欲は低かった（板橋・板橋 2007）。なお，中学校や高等学校（現代の中学校・高校と大学前半にあたる）に通う層は，青年学校義務制の対象外だった。

るイベントとして成人式が考案され，国家も成人の日のイベントとしてそれを推奨したということになる。

4-4　勤労青少年の不良化予防のための青少年行政

　農村青年を対象とした施策が整備されていく横で，やや遅れて，青少年問題・青少年行政のルーツも登場している。産業化が進むなかで，地方の社会教育団体に包摂されにくいノンエリート層が増え始める。初等教育修了後に都会に出て，工場や零細企業で働く勤労青少年層である。そこで出てくるのが「不良化」という社会問題である。

　「不良化」という問題意識自体は，年少者は家庭教育と学校教育に包摂されるという理念が広まるのに並行して登場している。1900年感化法，1922年少年法，1933年児童虐待防止法・少年教護法などにより，「不良化」を予防しつつ，問題行動には保護と矯正教育で対処する，近代的な児童福祉・少年司法体系が整えられていく。その過程で，家庭と学校に適切に包摂されていない年少者・若年者は，「不良少年（少女）」の予備群として警戒される存在となった。

　「不良化」は，誰にでも起こりうるとされる一方，高リスク層がいるとも考えられている。1920年前後には，都市中産階級の「不良少年（少女）」も社会問題化しているが（桜井 1997: 67-9），当初よりリスク層として想定されていたのは，「孤児」や「棄児」，そして，早くに学校を離れて工場などで働く勤労青少年層である。

　1930年前後，「都市勤労青年」の「不良化」が社会問題化する。昔ながらの徒弟制度が崩壊するなか，青少年労働者が離転職の失敗で無職になり「不良化」することが懸念され始め，学校と職業紹介所の連携で職業斡旋と入職後の定着支援をする体制が整えられる

第1章　成人式言説の変遷と青年・若者観＿＿37

(1925 年少年職業紹介ニ関スル件依命通牒, 高瀬 2000)。無職少年少女が減ると, 今度は少年工の「不良化」が問題化し, 教育や指導の体制が模索される（1943 年勤労青少年輔導緊急対策要綱, 作田 2018)。年少者・若年者が家族・学校・職場のいずれにも包摂されていないことが, 「不良化」のリスクととらえられ, 対策が講じられるようになったことがわかる。

　このような「不良化」予防が, より大規模に問題となるのが, 「浮浪児」「戦災孤児」が大量発生した敗戦後である。その後, 経済復興と労働力需要のなかで, 中卒後, 農村にとどまらず, 都会で就労する者が急増する。1950 年に青少年対策協議会ができ, その後進である中央青少年問題協議会が 1956 年に成人式に関する意見具申を出したのは, 戦前期からの「不良化」予防の文脈の延長線上に, ノンエリート層における「都市勤労青少年」の急増が加わったなかでのことといえる。

4-5　階層性を捨象した戦後民主主義の理念

　以上から考えて, 成人式は, 小卒層「青（少）年」の教化や不良化予防の施策を国家が張りめぐらせた戦前期の文脈を, おおいに引きずって始まったといえるだろう。「青年」という普遍的発達段階であるかのような語を用いつつも, 現代につながる「大人になる」道筋を生き始めた相対的に豊かな層とは, 異なる「大人になる」道筋を歩む層をターゲットとしていた。

　ただし, 敗戦後の諸制度は, 「青年」などの年齢階梯カテゴリー内部の差異を捨象する方向でつくられた。1945 年には女性参政権が認められ, 1947 年に男女同権, 単線型, 義務教育 9 年間の学校教育制度が始まる。同年の児童福祉法では, 「すべて児童は, ひとしくその生活を保障され, 愛護されなければならない」（第 1 条 2）

とされ，労働基準法では15歳未満の雇用禁止が定められた。翌1948年には，少年法も改正されている。年少者を最低9年間学校教育に包摂し，リスク層には児童福祉と少年司法の制度を整える方向性が，国家レベルで固まったといえる。

　つまり，戦前期由来の階層化・ジェンダー化された「青年」イメージと，敗戦後の民主化過程で理念として普遍性が前面に出された「青年」のイメージとがせめぎ合うなかで，成人式は当初より迷走していたといえるだろう。そして，その後の成人式言説の歴史は，前者の感覚が失われていく歴史といえる。

5　普遍性を志向する成人式——高度成長期における定着

5-1　成人式と言説の「定着」

　高度経済成長期に入る1950年代後半から60年代になると，成人式は「定着」する。成人の日とは何かを論じずに社説やコラムが成り立つようになり，「成人式」という呼称も，新聞の見出しに使われるまでに定着する（見出しへの初出は，毎日新聞が1955年［投書］，読売新聞1957年，朝日新聞1959年）。

　そして，成人式が「定着」するにつれて，当初のノンエリート層向けイベントという感覚が忘れ去られていく。各紙社説は抽象的な「おとな」や「二十歳」を論じ出す（「大人と子供のけじめ」毎日新聞. 1957. 1. 15；「『おとなになった』という意味」朝日新聞. 1959. 1. 15；「移りゆく社会のなかの“二十歳”」同紙. 1961. 1. 15；「『こども』からの卒業式」毎日新聞. 1962. 1. 15）。社会の一員としての責任を強調したり，子どもから大人への過渡期を支える教育の充実を訴えたりしている。

第1章　成人式言説の変遷と青年・若者観＿39

その際，しばしば発達に関する心理学説や，文化人類学的な通過儀礼，元服や民俗学的慣習などが持ち出される。つまり，青年期を通過しつつ成人することと，それを祝うことがあたかも普遍的な事柄のように解説されるようになる。

戦後教育を受けた世代，次いで戦後生まれ世代が新成人となるなか，世代間の対立は論じられるが，「青年」を階層やジェンダーで分ける傾向は見られなくなる。少年犯罪や少年法に言及する社説（「若い『おとな』に望むこと」毎日新聞. 1964. 1. 15）や，競争的教育を批判する社説（「ベビー・ブームの成人に」同紙. 1968. 1. 15）も，特定の層を問題視はしていない。

成人式のあり方を論じるお決まりの議論も「定着」した。1960年代から70年代前半にかけて，社会教育雑誌では，成人式の現状を批判したり，新成人企画型などの新しい式のかたちを提案したりする記事が繰り返される。新聞も，「従来の自治体主催の式から若者自身の手による成人式へと変わってゆく動きも目立ち，行事の内容も討論会や講演会，集団旅行といった新味のあるものに変えるところも多い」（「若者引止めにやっき　目立つ新成人の企画」朝日新聞. 1970. 1. 14. 夕刊）などと報道している。女性の振袖も1960年代にはありふれた光景となり，晴れ着批判や自粛要請も見られるようになる。挙句に，「成人式を迎える六・三制」（同紙. 1967. 3. 31）のように「二十周年」の意味で「成人式」を用いる用法も登場している。

1968年には，「『成人の日』もハタチ」（朝日新聞. 1968. 1. 14）を迎えるが，工夫をこらした式典や企業での式典の紹介など，毎年代わり映えのしない報道が続くようになる。週刊誌では，新成人の芸能人を取り上げる記事やグラビアが定着する。

5–2　階層差の自覚の後景化

　もちろん，新聞や雑誌の記事をよく見ると，新成人における学歴や階層，地域の差異に言及する議論は少なくない。学生運動の季節でもあり，大学生の政治運動と社会人層の政治無関心を対比してみたり（「おとなになった責任」毎日新聞. 1961. 1. 15），大都会と農山漁村，ゲバ棒を持つ学生と割り切り思考の勤労者を対置してみたりする（「成人の日にあたって」朝日新聞. 1969. 1. 15）。高額の着物を買えない人がいることへの問題意識も見られる（「あすは『成人の日』」同紙. 1965. 1. 14. 晴れ着については第２章参照）。1960年代半ば以降は，若い世代が流出する地方では，参加者減少に悩みつつ，正月やお盆に開催するケースも増えていることや，職場で成人式を行う事例などが新聞，雑誌で報じられる[6]。

　ただ，それらはすべて，「新成人」は「20歳を迎えた若者たち」であることを前提としたうえでの，内部の小さな差異のように扱われている。住み込みの女中，集団就職者，役所職員や会社員，店員，自衛隊員，大学生などが「新成人」として並列に報じられる。「若者」の語も用いられるようになり，階層格差や地域格差は暗黙に了解されつつも，それらが同じ「若者」として祝福されている。

　高校進学率が急上昇する高度経済成長期において，高校に進学できるか否かは出身家庭の経済状況によるところが大きく，それに基づく中卒層の不遇と不満はあったであろう。しかし，それは，「青年」や「成人」を普遍的に語る傾向のなかにかき消されていったことがわかる[7]。

6　企業での成人式は1955年ごろから始まり，1961年ごろから導入が加速したと報道されている（労務行政研究所 1968）。

7　1960年代の不遇な青年については，見田（2008）が必読といえる。また，1960年代末になってくると「勤労青年」が，それまでのように不遇を語り，進

5–3　全青少年の「健全育成」

　1966 年 12 月 8 日に，青少年育成国民会議が「『成人の日』の
あり方の改善とその普及に関する要望書」を会長から文部大臣に宛
てる形式で出している。これが，12 月 22 日に各都道府県知事，
各都道府県教育委員会教育長宛て社会教育長通知『成人の日』の
行事等について」（雑社第 73 号）として回覧されるが（現代日本教育
制度史料編集委員会編 1988: 150–2; 新成人式研究会編 2001: 195–200），
そこには，「成人式（昭和 40 年 1 月 15 日）の行事についての調査
（文部省社会教育課調査）」として，実施率 96.6%，参加率 66.3% と
いう数値が示されている。

　要望書は，「成人の日は青少年の健全育成という立場から，より
いっそう効果的に運営されなければならないということに意見の一
致をみました」「成人の日の趣旨にそい，青少年の育成という全体
的見地に立って立案，実施されなければならない」と，「健全育成」
を前面に出している。そして，「青年たちが，国家社会の形成者と
してのよき成人となる自覚をもつよう，また家庭，職場，地域ぐる
みで成年に達した青年たちをお祝いするよう」呼びかけが必要とし
て，関連行事の改善，運営委員会を設ける，記念品を工夫するなど
の提案，華美すぎない服装を推奨することなどが書かれている。こ
こでは，「国家社会の形成者」というかつての「公民」育成に類す
る語はあるものの，「教育，福祉，司法，保護」のようなノンエリ
ート層の支援を想定したような文言はなく，「青年」「成人」がひと
まとめに語られている。

　　学組や因習的な職場を批判することなく，それも「青春」であると「明るく」語
　るようになる。勤労青年の作文集の分析は元森（2016）を，成人の日の定番
　番組であった NHK「青年の主張」（1955〜89 年）の分析は佐藤（2017）を参
　照のこと。

青少年育成国民会議とは，中央青少年問題協議会の後継機関である。前身の中央青少年問題協議会は，貧しさによらない非行が話題となるなか，1950 年代後半から，一般青少年を対象に，「非行」を予防し「健全育成」を図ることに活動目的を変更し，1960 年代前半にかけて「刃物を持たせない」等の意見具申を繰り返し出している（後藤 2006）。1964 年には少年非行が「第 2 のピーク」を記録し，「豊かさの中の非行」が話題となっており，「非行（不良化）」は，誰でも可能性があるものと想定されるようになっていた。このようななかで，「非行防止の観点のみではなく，健全育成の積極的推進のために国民運動を推進すること」（総務庁青少年対策本部編 1999: 50）が提唱され，1966 年に青少年育成国民会議が結成された。同年，総理府に青少年問題審議会と，青少年行政を総合的に担う青少年局も設置されている。

　つまり，不就学層・勤労層をターゲットにした青少年対策が後景に退き，「すべての青少年」が「非行」に走る可能性があるため，それを予防し「健全育成」するという発想が前面に出始めた。この青少年育成の文脈で成人式が語られているということは，成人式が，階層差をかき消す普遍的な「青少年」像が定着していく時代の波と無関係ではないことを示しているだろう。

5-4　序列化された学校教育への「包摂」

　では，その背後には何があったのだろうか。日本が経済的に豊かになって，実態として階層や学歴の格差が縮小したからというだけでは説明できない。それは事後的に明らかになることであり，高度経済成長期には歴然たる境遇の格差があった。

　ただ，前節で見たように，「青年」「成人」はそもそもある年齢階梯を普遍的に名指すカテゴリーであり，戦後の諸制度は，その普遍

性を前面に出して体系化されている。実態としても，戦前期よりはるかに救済の手が差し伸べられるようになった。

大きいのは学校教育への「包摂」である。たとえば，「長欠・不就学」が人身売買や不良化につながるとして社会問題化され，文部省が1951〜58年に就学奨励と不良化予防を進めた。これにより，数としてわずかであってもいまだ残っていた義務教育不就学者が激減した（元森 2022: 227-30）。

さらに，青年層に関係して重要なのは，勤労青少年層も正規学校教育に組み込まれていったことではないだろうか。戦後，勤労青少年の教育機会均等保障が政策課題となる。1953年に高等学校の定時制教育及び通信教育振興法が出され，勤労青少年層の教育は，正規の後期中等教育機関である定時制高校にゆだねる方向性が定まった。これにともない，成人式のルーツだった社会教育（青年学級や公民館）は，従属的な地位に置かれることになった[8]。

その後，高校進学率の上昇とともに，高校の序列化が進んでいく。文部省は，1966年の中央教育審議会「後期中等教育の拡充整備について」で，急増する高校進学のニーズに合わせて職業高校の充実をうたうなど，職業高校や定時制高校への施策を充実させていくが，そうして正規後期中等教育に職業教育を組み込んだ結果，皮肉にも，普通科高校→職業高校→定時制・通信制高校という序列をつくり出

8　戦後の社会教育は，教化志向を改め，公民館活動など，人びとの自発的な学習活動を推進していく方向へと舵を切る。青年学校は廃止されるが，1949年の社会教育法で，教育委員会のもとで青年学級が開設・運営されることとなり，1953年の青年学級振興法で，地域の社会教育機関として定着する。青年団も定時制高校ではなく青年学級に力を入れ（板橋・板橋 2007: 160），青年学級における勤労青年の学習やサークル活動など特筆すべき成果があったが，中卒層が僅少となる1970年代からは，社会教育における青年団体の組織力が低下していく（田中 2015: 213）。

すことになった。

　目の前にあるはずの「青年」「若者」内部の差異を捨象する語り口が広まったのは，このようなかたちの「みんなが高校に行く社会」が急速に形成されていくことと無関係ではないだろう。序列の下位校ほど，出自に由来する不利を抱えた者が多く含まれていたはずだが，戦前期とは比べものにならない数の若者が高校に行けるようになっていく過程で，それは「青年」「若者」内部の分断としては語られづらくなった[9]。

5-5　戦後日本型青年期と「標準的ライフコース」

　教育社会学の諸研究によれば，この，大多数が高校以上まで進学する「大衆教育社会」（苅谷 1995）を裏から支えたのが，企業と家族である。20 世紀初頭から戦間期にかけて，学卒後に間断なく企業に入職し，長期に雇用される新規学卒就職の慣行がホワイトカラー職で成立しているが，それが，1950～60 年代にブルーカラーを含む広い層に行き渡る（菅山 2011; 乾 2010）。「人的資本」という言葉が流行した時代であり，戦前の軍隊が補習教育を要求したように，戦後の企業は，規律と最低限の教養を身につけた人材を要望した[10]。

9　なお，中卒就労が減っていくなかで，定時制高校在籍者数は 1960 年代半ばにピークを迎え，1970 年代後半には激減していく。それに並行して，定時制課程を選ぶのは，さまざまな事情を抱えた生徒となっていく（板橋・板橋 2007: 199）。

10　経済団体は，日本経営者団体連盟「科学技術教育振興に関する意見」（1957年），日経連教育特別委員会「後期中等教育に対する要望」（1965 年）などの意見を頻繁に出し，経済企画庁経済審議会も，「所得倍増計画にともなう長期教育計画報告」（1960 年），「人的能力政策に関する答申」（1963 年）などの議論を重ねている。

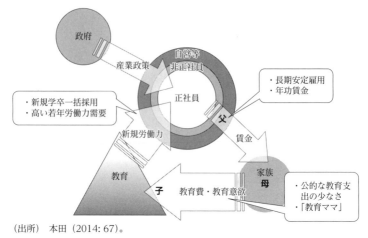

(出所) 本田（2014: 67）。

図 1-2 戦後日本型循環モデル

　乾彰夫（2010）は，この雇用慣行が，学歴競争から企業社会での競争への移行を「標準」とする「戦後日本型青年期」をつくり出したと整理している。西ヨーロッパ型の戦後福祉国家が，児童手当や若年層向けの社会保障と市民的権利を整えていたのと対照的に，戦後日本では直接的な社会保障は弱く，日本型雇用慣行（終身雇用，年功序列賃金，企業内福祉）を前提とした企業社会への献身をとおして，家族を含む社会保障が提供されるしくみであった。

　この体制はまた，家事とケア（子育てと介護）を担う性別役割分業家族の存在を前提としている。戦前期に新中間層で広まった，母（主婦）の教育熱と父（サラリーマン）の収入で子どもに長期の教育を与え，子どもは学歴を身につけたうえで企業への就職（または主婦）を目指すというライフコースが幅広く普及した。本田由紀（2014）は，このサイクルを「戦後日本型循環モデル」と名付けている（図 1-2）。

46

こうした変化の結果，中卒で働く者がごく一握りとなる 1970 年代半までに，卒業＝就職，さほど間をあけない時期の結婚といった要素が，「大人」「自立」のメルクマールであるかのような，今につながるリアリティが階層横断的に広まっていったといえる。成人式言説が，目の前にある差異を無視するようになるのは，このような「標準的ライフコース」が急速に普及していくなかでの出来事だったといえる。

6　目的を見失った成人式──安定成長期以降のアノミー

6-1　成人式のアノミー

　この「定着期」の延長に，「戦後日本型青年期」が普及する安定成長期になると，成人式は惰性で続けられていくようになる。

　新聞社説は，1970 年代半ばから，現代の「青年・若者」を批判し，檄を飛ばすことが多くなる。世論調査の結果などに言及しながら [11]，主体性のなさ（「『成人の日』の注文」朝日新聞 1975. 1. 15），三無主義（「責任のもてる成人になろう」毎日新聞. 1977. 1. 15），マイホーム主義（「新成人への期待」朝日新聞. 1978. 1. 15），モラトリアム人間（「『成人の日』の意味」同紙. 1979. 1. 15），趣味重視（「趣味的人生だけに逃げ込むな」読売新聞. 1983. 1. 15）などと，学歴主義や安定志向が蔓延し，政治参加や社会的責任からほど遠く見える若い世代を批判する。

11　1970 年代には，「青年」や「青少年」の意識とその変化を記録するための，総理府（のちに内閣府）「世界青年意識調査」（1972～2009 年）など，継続的な意識調査が始まっている。

第 1 章　成人式言説の変遷と青年・若者観＿47

成人式そのものも批判的に問い直される。通過儀礼も徴兵検査も
なく（「成人の日の春愁」朝日新聞. 1976. 1. 15），なし崩し的に大人
になる時代に（「成人の日に思う」同紙. 1974. 1. 15），成人式も空洞
化していることが指摘され（「新成人に新有権者の自覚を」毎日新聞.
1979. 1. 15），官製成人式を改め，若者企画型の成人式で社会参加
を促すことが提案される（「成人の日と若者の社会参加」同紙. 1978.
1. 15）。

　ところが，1980 年代になると，批判的論調も後退し，そもそも
新聞記事数が減少する。大人の実感が持てない時代になすべきこと
を探せと述べてみたり（「二十代をどう生きるか」朝日新聞. 1984. 1.
15），自分を試せと述べてみたり（「若草は焼かれて育つ」同紙. 1987.
1. 15）と，人生の目標を模索する時代を肯定的に語る社説も増え
る。1990 年代もこの傾向が続くが，記者らが大上段に語るよりも，
新成人の声を載せたり，若者の政治意識や生活意識などの調査を実
施して結果を載せたりするようになってくる。

　1980 年代後半から 90 年代にかけて，出席率の低下や，会場に
入らない新成人が報道され，「近年すっかり"同窓会"」（「裏方が語
る 30 年の変遷」朝日新聞. 1985. 1. 16）と指摘される。ただ，新成
人を叱りつけるより，「成人式"場外たむろ"も OK　立川市公民
館審議会が答申」（同紙. 1996. 1. 9）という対応をする自治体もあ
り，「成人式記念品　システム手帳や電卓・電話カード・アルバム」
「会場にホテル・遊園地も」（同紙. 1996. 1. 14），「儀式スタイル減
り『親しみやすさ』前面に打ち出す」（同紙. 1997. 1. 13）など，各
自治体はあの手この手で新成人を引きつけようとしている。

　1980〜90 年代は新聞記事数も減り，成人式は，その是非やあり
方を声高に論じるというより，年に一度「青年」「若者」について
何か考える契機であり，やる以上参加率は高いほうが望ましい行事

という程度の位置づけになっていく。雑誌記事でも，社会教育関係者の議論は減少し，公的機関が通達や意見具申を出したりもしなくなる。文化人類学的な異文化の通過儀礼を「成人式」と称した考察が時折現れるのを除けば，そもそも成人式をタイトルに冠した論考が少なくなり，新成人グラビアや成人式ヌード（！）が芸能誌や週刊誌をにぎわしている。

エミール・デュルケームは，社会規範が失われて無統制になった状態を「アノミー」と呼んだ。到達目標としての「成人」「大人」イメージも，向かうべき「社会」の未来のイメージも，あるべき成人式のイメージもぼんやりとしたまま，定着した成人式は行われる。結果として，成人式と成人式言説は，アノミーの様相を呈しているといえる。

職場での成人式の様子が引き続き報道されている以外は，新成人の内部の学歴や階層の差異は無視され，「最近の青年・若者」の傾向が語られている。ただ，この時期，年齢で見れば20歳なのに，これまで成人式に出席することを想定されていなかった，障害者，外国籍住民，犯罪少年の成人の日を報告したりする記事が新聞・雑誌で目につくようになる（在日コリアンについては第6章参照）。「戦後日本型青年期」の普及を前提に，それまでその枠外にあった層の存在が可視化され，「成人」として祝われるべきだと考えられ始めたといえる。

6-2 「荒れる成人式」モラル・パニック

このようなアノミーに一石を投じたのが，「荒れる成人式」問題である。1999年に仙台市，2001年に高知市，高松市で，新成人が式場で暴言・暴挙を働き，それが大々的に報道されることで社会問題化した。また，2000年には，静岡市長が，新成人の態度に怒

第1章　成人式言説の変遷と青年・若者観__49

り，翌年から成人式を取りやめると発言して物議を醸している。こ
れらを機に，「荒れる成人式」が定番フレーズとなり，2000 年代
半ばまで数年にわたり話題になる。

　この出来事自体はモラル・パニック（社会秩序に悪影響があるとみ
なされた対象への道徳的パニックが集団で共有され，激しい感情が表出さ
れる社会現象となること）の観点から分析できるが（第 4 章参照），本
章で注目すべきは，これが久しぶりに「成人」「大人」とは何か，
成人式とは何をする行事なのかを社会問題化したということである。
文部科学省も調査に乗り出し，2001 年にすぐ，『平成 12 年度「成
人式」実施状況調査結果』を出している [12]。

　新成人式研究会という学識経験者の有志団体が組織され，『新し
い成人式の創造——企画・運営の手引き』（新成人式研究会編 2001）
という書籍も発行されている。同書には，「国民的伝統行事」であ
る成人式の歴史や実態についての調査報告と，「新しい成人式」の
提案が掲載されている。ただ，提案されるのは新成人企画型などの
実は目新しくないものであり，この書物が世間に広く取り上げられ
た形跡もない。

　「荒れる成人式」について，週刊誌は少々騒ぎたてているが，新
聞記事は必ずしも新成人を一方的に断罪するわけではない。とくに

12　この調査では，成人の日の制定から半世紀経った 2000 年時点で，対象とな
　る新成人のいる 3249 市町村のうち，新成人僅少の 2 村以外が成人式を開催し
　ていると報告されている。主催者は，市町村教育委員会が 31％，首長部局が
　15％，両者共催が 37％，新成人による実行委員会，青年団，婦人会，町会連合
　会，青少年健全育成委員会，公民館連合会，自治会連合会などの行政と行政以外
　の共催が 15％，新成人による実行委員会，青年団，小学校区自治振興会などの
　行政以外主催が 2％ となっている。社会教育行政，青年団，青少年健全育成，
　実行委員会方式など，成人式の歴史が織り込まれている一方で，もう社会教育関
　連が主担当というわけでもないことがわかる。

朝日新聞は，2001 年の騒動直後，「悪いのは『幼い』新成人なのか，それとも『押しつける』大人なのか」(「『時代とズレ』あり方模索　成人式でトラブル続出〔検証〕」2001. 1. 26) と問いかけるなど，式典のあり方や大人の姿勢のほうを批判している。

　また，「荒れる成人式」の考察や，成人式の歴史と未来を論ずる学術論文がしばらくのちにいくつか出されている (森 2005; 小針 2005; 朝木 2010)。それまで，文化人類学的な通過儀礼を「成人式」として論じる論考を除けば，成人式に関する学術的研究は少なかったが，「荒れる成人式」は，成人式が何なのかを相対化しつつ学術的に検証するきっかけになったといえる。

　しかし，意義や廃止が語られるわりに，成人式を廃止した自治体はない。2000 年から，ハッピーマンデー制度により，成人の日は「1 月の第 2 月曜日」(祝日法第 2 条) となったが，成人式は各地で行われ続けることとなる。

6-3 「青少年」への批判的まなざし

　成人式をめぐるアノミーとモラル・パニックは，「戦後日本型青年期」が広く行き渡り，学卒・就職・結婚という戦前期新中間層的な「大人になる」道筋が大衆化し，「標準的ライフコース」化したことによるだろう。「大人になる」とは，男女で差異はあれ，高校以上の学校を卒業して就職し，そう遠くない未来に結婚して家族をつくることであるかのようになった。もちろん企業勤め以外の道もあり，高卒と大卒でも待遇格差があったが，安定成長期で，高卒でも日本型雇用慣行を前提に安定就労できた。外国ルーツの若者など，実際には排除されていた層もあったが，その一部には目が向き始めていた。

　こういったなか，「子ども・青少年」や「青年・若者」をひとま

とめに，社会変動にともなう意識や態度の「変容」を論じる傾向が顕著になったことが，教育社会学や社会学で指摘されてきた（山村・北沢 1992）。成人式に際して，新聞社説が調査結果などに言及しながら青年論・若者論を語るのは，こういった文脈だろう。

1970 年代後半から 90 年代にかけて，「教育問題」「青少年問題」といえば，教育政策の問題や貧困問題ではなく，校内暴力やいじめなどの学校内部の問題行動や，少年非行ばかりかのように社会の取り扱いが変わっていく（広田 2001）。それらの「原因」としては，階層要因ではなく，受験競争の激化，核家族化や少子化，都市化などによる人間関係の希薄化，消費社会化やメディアの変化による享楽的傾向などの一般的傾向がやり玉に挙がる。1990 年代になると，青少年の「心」にも注目が集まった（伊藤 1996）。耳目を集める事件があると，青少年全般がリスクを持つかのように騒がれ，学校や家庭の「教育力の低下」が批判され，「青少年の凶悪化」が話題となった（事実とは異なる）。

現代から振り返れば，問題行動や非行の背景に，青少年層における出身文化や階層の差異がなかったとはいえない。しかし，豊かな時代のなかで，下位文化や学歴の差異は，学業成績や学校文化への適合度合い，若者文化等に帰責され，出自の格差には注目が集まりづらかった（伊藤 2002; 本田・平沢 2007）。それはつまり，「子ども」「青少年」が皆，詰め込み教育に追い詰められたり，消費文化に毒されたりして，リスクを抱えているかのようなムードが広まっていたということでもある。

教育行政では，臨時教育審議会（1984～87 年）で「教育荒廃」への対応としての教育改革が論じられた。青少年行政では，1983 年に少年非行が「戦後最悪」「第 3 のピーク」を迎えるころ，青少年問題審議会答申「青少年の非行等問題行動への対応」（1982 年）

が出され，総理府青少年局が総務庁青少年対策本部に改組される（1984 年）など，非行対策が強化された。

6-4 「子ども・若者」への反省的まなざし

　ただ，このムードは，青少年のバッシングにもつながった一方で，学校教育や非行対策の統制的側面を反省し，それを改良していくという機運にもつながっていた。教育行政は，詰め込み教育を反省し，「生きる力」「ゆとり」「学社連携」などと，能動的学習や社会参画を強調した教育改革を進めていく（1996 年文部省中央教育審議会「21 世紀を展望した我が国の教育の在り方について」第一次答申「子供に［生きる力］と［ゆとり］を」）。青少年行政も，非行対策や取り締まり重視の政策を反省し，多様化・総合化へと向かう（1989 年青少年問題審議会意見具申「総合的な青少年対策の実現をめざして――当面の青少年対策の重視」）。1999 年の青少年問題審議会答申「『戦後』を超えて――青少年の自立と大人社会の責任」では，「次代を担う青少年の育成は社会全体の責務」「青少年は地域社会からはぐくむ」と強調するに至る。

　1979 年の国際児童年，1985 年の国際青年年，1989 年の子どもの権利条約制定という世界的動向のなかで，「子ども・若者」は受動的に教え込まれる存在ではなく，能動的権利を持ち，意見を表明し社会に参画する存在だという理解も広がった。

　加えて，上の年齢層については，「若者」の消費やサブカルチャーに注目が集まり，教育的まなざしが後景に退いていった時代でもある。1960 年代以降，若年者を表わす語で，「青年」の代わりに「若者」の語が使われ始め，1980 年代に主流になった（中野 1996: 56; 小谷 1993: iii）。「青年」のほうが発達段階や教育対象の意味合いが込められることが多く，何をすべきかという当為のニュアンス

第 1 章　成人式言説の変遷と青年・若者観__53

があること（小谷 1993: iii）や，教育的な呼びかけを含むこと（小川 2014）が指摘されてきた。成人式言説においても，1960 年代から徐々に，1980 年代には決定的に，「若者」の語が主流となっている。

つまり，安定成長期は，社会変動のなかで，「青少年」を十把一絡げにリスク層とみなすようなムードが強まると同時に，教化や非行対策といった統制的まなざしが反省され，年長者の物差しをあてはめないで「子ども・若者」の意見を聞くというムードも立ち上がった時代といえる。成人式言説が，「公民」の育成や「大人」の自覚を一方的に語らなくなり，アノミーの様相を呈しつつ，ときに「荒れる成人式」のようなモラル・パニックに陥った背景には，このような，年少者・若年者の差異を捨象しつつ，批判と反省という矛盾すらするまなざしを向ける状況があるように思われる。

7　相対化されつつ続く成人式
　　──格差の自覚と「標準」の根強さのあわいでの再編

7-1　格差自覚期における人生前半期支援の機運

しかし，バブル崩壊後の過渡期には，こういった論調の背後で，若者を取り巻く経済状況の変化が進んでいた。1991 年にバブルが崩壊。若者の就職難の問題化を経て，2000 年代後半以降，出身家庭による格差とその再生産が社会問題化し，政策課題となり始める。

「就職氷河期」と呼ばれた 1990 年代半ば以降，新規学卒就職率は下降し，バブル期前後には 8 割前後であったのが，2000 年 3 月には 6 割前後まで低下する（乾 2010: 46）。1995 年に日本経済団体連合会は，『新時代の「日本的経営」──挑戦すべき方向とその

具体策』を刊行して，日本型雇用慣行を再編し，単純労働を非正規雇用へと置換することを示唆した。これを加速させたのが，2001～06 年の小泉純一郎内閣で推進された，新自由主義的な「聖域なき構造改革」である。

この変化の直撃をくらった世代の不遇が政策課題化するのは，2000 年代半ばである。「フリーター」「ニート」が話題となり，「若者」の「自立」のための職業訓練が強調された[13]。「戦後日本型青年期」で自明だった，企業への就職による「自立」という道筋が揺らいだため，自立＝就職力を養おうとしたといえる。

しかし，徐々に若者側の問題ではないと認識される。2006 年に「格差社会」が流行語となり，リーマン・ショック（2008 年）などにより，「失われた 20 年」と呼ばれるようになる。さらに，2008 年に「子どもの貧困」が社会問題化し，格差問題は教育格差の問題に飛び火する。出身家庭の格差が教育格差・進学格差につながり，生涯の不利益につながるという「格差の再生産」が急速に社会に知られていった。

その結果，近年，人生前半期の社会保障としての教育保障への注目が高まっている。たとえば，貧困対策として就学前から高等教育までの就学支援が強調され（2013 年子どもの貧困対策の推進に関する法律，2024 年こどもの貧困の解消に向けた対策の推進に関する法律に改正），皆が通う学校をプラットフォームとして不利益を抱える子ども・若者をスクリーニングし，福祉的支援につなげていく方策が各省庁で模索されている。

13　たとえば，2003 年，若者自立・挑戦戦略会議が発足し（～2006 年），「若者自立・挑戦プラン」を発表する。キャリア教育による「社会人基礎力」（経済産業省，2006 年）や，「就職基礎力」（厚生労働省，2004 年）の養成が課題とされた。

さらに，かつての青少年行政は，40 歳未満（乳幼児からポスト青年期）の子ども・若者育成支援へと転換している[14]。2009 年には子ども・若者育成支援推進法が制定され，翌年子ども・若者育成支援推進本部が内閣府に設置されている。この過程で，「教育，福祉，保健，医療，矯正，更生保護，雇用その他の各関連分野における知見を総合して行うこと」（第 2 条 6）という，敗戦後のような，不利な層への多様な支援を意味する表現が復活している。

　同法に基づき，子ども・若者ビジョン（2010 年）が制定され，子供・若者育成支援推進大綱（2016 年，2021 年改訂）へとつながるが[15]，それらは，「すべての子ども・若者の健やかな成長を支援する」ことと「困難を有する子ども・若者やその家族を支援する」ことの両者を掲げている。普遍的な「子ども・若者」と，不登校，ニート，非行・犯罪，貧困，障害児，外国人等を含む幅広い困難層の「子ども・若者」を，「一人ひとり」支援し包摂し，参画を推進するという建付けになっている。

　つまり，今や政策上，20 歳は，皆が長期に集められる学校を舞台とした支援を受けられる期間の末尾であり，長く続く人生前半期（「子ども・若者」）の折り返し地点となっている。そして，年齢階梯で一般的にとらえられる「子ども・若者」を全員励ましつつ，リスク層の包摂も政策課題となっている。

14　青少年問題審議会は 1999 年に廃止となり，青少年行政（総務庁青少年対策本部）は，2001 年の中央省庁再編で内閣府に移管された。2003 年，青少年育成推進本部が設置され，青少年育成大綱が策定される（2008 年に改定）。

15　「コドモ」の表記揺れは時代・省庁ごとの表記の変更による。こども・若者育成支援は，2023 年 4 月に内閣府からこども家庭庁に移管され，こども基本法とこども大綱に基づいて推進されることとなった。

7–2　成人式言説のささやかな再編

　このような「子ども・若者」へのまなざしの変化に同期するかのように，「荒れる成人式」のモラル・パニックが去った 2000 年代末以降，成人式言説はささやかな再編を始めたように見える。まず，新聞社説は，新成人の苦境を語り始める。平成不況以降に育った世代が新成人となり，「ついてないよな。大変な時代におとなになってしまったもんだ」(「荒海のなかへ船出する君」朝日新聞. 2009. 1. 12)，「『失われた 20 年』の長期停滞から抜け出せない日本は，前例のない少子高齢化社会に突入している」(「仲間とつながり世の中へ」同紙. 2011. 1. 10) と前途の暗さに共感してみたり，「『働く』ことの意味を考えたい」(読売新聞. 2005. 1. 10)，「苦難の時こそ好機と考えよう」(同紙. 2012. 1. 8) と自助努力を促してみたりするようになる。

　空気を読む人間関係 (「『KY』といわれてもいい」朝日新聞. 2008. 1. 14) やスマホ・SNS 世代 (「『いいね』だけでいい？」毎日新聞. 2014. 1. 13) が取り上げられても，一方的な若い世代批判に終わらず，年長者の反省を促す論理展開も多い。ゆとり世代，内向き，まじめ化などのレッテル貼りを自省しようと呼びかけ (「レッテル貼りを超えて」朝日新聞. 2013. 1. 14)，「入試や就活で，大人は若者に『主体性』を求める。ならば (中略) 歯がゆさをこらえ，見守る。成人の日を，大人の側がそんなことを確かめ合う機会にしてはどうだろう」(「社会は動く，動かせる」同紙. 2020. 1. 13) と提案する。奨学金制度の充実を訴えるなど (「若者はいま　未来に希望持つために」毎日新聞. 2017. 1. 9)，社会の側の責任を語る議論も目につき始め，政治・社会参加を促すしくみの整備も論じられる (「おおいに発言しよう」同紙. 2012. 1. 9;「若者の参加促す社会に」朝日新聞. 2023. 1. 9)。

　雑誌記事・雑誌論文では，事実報道 [16] を除けば，成人式と振袖

のルーツを探り，意義を相対化するような報道や論文がいくつか確認される。成人式は民俗学的な通過儀礼とは無関係として廃止を提案した民俗学者の論考（室井 2018）など，成人式を普遍的通過儀礼であるかのように語り，異文化の通過儀礼を「成人式」と平然と呼んでいた時代とは隔世の感がある。例外的なのが，『成人式とは何か』（田中 2020）を出版した田中治彦で，歴史を丹念に紐解きつつも，社会教育学の立場から，「成人」としての自覚を促す要素を組み込み，SDGs に配慮し，排除される人がない式をと，あるべき成人式のかたちを随所で提案している（田中 2022 など）。

　おそらく，成人式のアノミーは，現在も続いている。目指すべき「大人」や「社会」のあり方はさらに不確かなものとなり，20 歳は長く続く人生前半期の途上でしかない。成人式が歴史的につくられたものであることも調べればすぐわかるようになっている一方，誰もやめられないイベントとなっている。

　ただ，格差社会と少子高齢化で若い世代にしわ寄せがいっていることに，大人たちは同情的でもある。長らく成人式から排除されてきた層を包摂し，すべての「若者」を応援・激励するムードが強くなっている。「成人の日」は，当事者にとっての節目というより，年長者の側が「みずから生き抜こうとする青年を祝いはげます」（祝日法第 2 条）ことを考える日となったのかもしれない。

7–3　20歳を集める機会としての成人式

　2000 年代から選挙年齢と成人年齢の引き下げの議論が始まり，2018 年 6 月 13 日，成人年齢の引き下げを含む改正民法が可決さ

16　成人の日に貸衣装屋が倒産した「はれのひ事件」（2018 年）やコロナ禍の成人式（2021～22 年）など。

れた。呉服業界は陳情を重ね，当事者も含め，受験との兼ね合いや高卒後すぐでは同窓会にもならないことが話題となった。

だが，子ども・若者行政は，半世紀以上前の青少年行政のように，成人式の問題には口を出さない。18歳成人にともなう成人式のあり方に関する議論を行政サイドでとりまとめたのは，法律上の年齢基準改定の議論を主導してきた法務省である。

法務省は，成年年齢引下げを見据えた環境整備に関する関係府省庁連絡会議を2018年に発足させたが，そこに，法務省，内閣府，文部科学省，総務省担当者による，成人式の時期や在り方等に関する分科会ができる。分科会は，2021年，1037市区町村へのアンケート調査結果，世論調査結果，ヒアリングや意見交換の結果などを，『成人式の時期や在り方に関する報告書』にまとめているが，調査結果としてさまざまな主体のさまざまな意見が羅列されるのみで，分科会としての提言などはまとめていない [17]。つまり，成人年齢引き下げで「成人式の時期や在り方」が問われたものの，政府にそれを一方向に強く誘導する意図はもはやないことがわかる。今や，成人式とは・成人とはどうあるべきかを，年長者が一方的に大上段に語る時代でもなくなってきている。

しかし，成人式は，「はたちのつどい」に衣替えしてでも，当面

---

17 「成人式の意義」としては，社会参加を促す，若年者が感謝し周囲が祝福する，文化と伝統に触れるなどが，「20歳を支持する声」としては，より自覚が持てる，帰省の機会となる，出席者が確保できて文化が継承できる，受験や就職と重ならず家計の負担も少ないなどが挙がっている。なお，同報告書によれば，成人式の実施主体は，首長部局4.5%，教育委員会29.5%，首長部局と教育委員会の合同開催13.5%，首長部局と新成人らによる実行委員会の合同開催4.2%，教育委員会と新成人らによる実行委員会の合同開催23.0%，首長部局，教育委員会及び新成人らによる実行委員会による合同開催17.3%，新成人らによる実行委員会4.1%，その他3.9%と，青年団などは選択肢に挙がってもいない。代わりに実行委員会方式が増えている。

どの自治体もやめられない程度には定着している。2024年の成人の日，一般向けに動画配信された各地の式典の首長あいさつを聞く限り，昔ながらの「大人の自覚」「未来を担う若者」云々を説く演説もあった一方で，多様性を認め合おう，困ったときは行政を頼ろうというメッセージも散りばめられていた。ナショナルレベルの教育行政や子ども・若者行政の強い介入はないが，毎年20歳を集めて惰性のように開かれ続けるこのイベントは，人生前半期の折り返し地点の若年者に，さまざまな主体のさまざまな思惑を届ける貴重な機会として，当面続けられていくのではないだろうか。

7-4　戦後日本型青年期の呪縛のなかで

　成人式は，ノンエリート層の教化と非行予防という戦前期から続く文脈と，戦後民主主義の理念の緊張関係のなかで始まった。戦後日本の社会変動により，学校から企業へという「大人になる」イメージが大衆化するなかで，差異の自覚を後景化させ，目的を見失っていった。やがて，格差や多様性に目が向く時代となり，成人式を何か一方向に動員しようという動きもないが，当面やめられないイベントとしてさまざまな思惑を乗せて開催され続けている。

　人生前半期の「子ども・若者」に対して，日本社会は現在，多様性尊重と一人ひとりへの支援，参画推奨という方向に向かっている。それは一見すると望ましいことのように思える。ただ，その支援のあり方は，戦後日本型「標準的ライフコース」の強化・再生産との緊張関係にあるのではないだろうか。

　「戦後日本型青年期」「戦後日本型循環モデル」は，一方で経済不況により，他方で多様な生き方尊重のムードのなかで，揺らいでいる。しかし，同時に，それが根本的に解体されたわけではないことに注意が必要である[18]。大卒が多数派になっているのは，不安定化

した学校から職業への移行において，それが必要条件となっているからである。多くの「子ども・若者」とその親たちは，あわよくば多様な生き方を選ぶチャンスと，最低でも家族と企業に人生を支えてもらう従来の「標準的ライフコース」に生き残る保障を求めて，大学までの学歴取得に励んでいる。かつての「標準」を支えた企業社会が脆弱になればなるほど，逆説的にも，学歴取得に励み就職するという「標準」の「子ども・若者」と「大人になる」イメージは強化されている。

　リスク層に対する就学前から高等教育までの就学支援を重視し，30代までの育成支援を掲げる政策動向は，不利な層をなんとかこの「標準」への生き残り競争に差し向け，その結果は自己責任として突き放すことと紙一重のところもある。そこからあらかじめ排除され，不安定就労に甘んじがちなリスク層がいること（「格差」）に目が向くにもかかわらず／だからこそ，戦後日本社会が大衆化した「大人になる」道筋のイメージは再生産されている。

　本章は，成人式の未来はどうあるべきかを語るものではない。しかし，強いていうならば，主催者や報道関係者は，成人式はこのような「青年・若者」「大人になる」イメージの変化とポリティクスのなかに浮かぶ行事であることを自覚しながら，新成人を「祝いはげます」必要があるように思う。

■文献

朝木絵，2010，「『荒れる成人式』に関する歴史的考察」『日本史の方法』8: 37-

18　世界的に社会の流動化と戦後福祉国家の再編が進んだが，戦後福祉国家型のライフコースが解体されたことを意味しないという指摘は，日本に限らない（Furlong and Cartmel 1997＝2009）。

54.

Furlong, Andy and Cartmel, Fred, 1997, *Young People and Social Change*, 2nd ed., Open University Press.（乾彰夫・西村貴之・平塚眞樹・丸井妙子訳，2009，『若者と社会変容——リスク社会を生きる』大月書店.）

現代日本教育制度史料編集委員会編，1988，『現代日本教育制度史料　30』東京法令出版.

後藤雅彦，2006，「戦後社会と青少年行政の変遷——青少年の『健全育成』から『市民育成』への転換」『現代社会文化研究』37: 29-41.

土方苑子，1994，『近代日本の学校と地域社会——村の子どもはどう生きたか』東京大学出版会.

広田照幸，2001，「学校像の変容と〈教育問題〉」『教育言説の歴史社会学』名古屋大学出版会.

本田由紀，2014，『もじれる社会——戦後日本型循環モデルを超えて』筑摩書房.

本田由紀・平沢和司，2007，「学歴社会・受験競争　序論」本田由紀・平沢和司編『リーディングス日本の教育と社会②　学歴社会・受験競争』日本図書センター.

乾彰夫，2010，『〈学校から仕事へ〉の変容と若者たち——個人化・アイデンティティ・コミュニティ』青木書店.

板橋文夫・板橋孝幸，2007，『勤労青少年教育の終焉——学校教育と社会教育の狭間で』随想舎.

伊藤茂樹，1996，「『心の問題』としてのいじめ問題」『教育社会学研究』59: 21-37.

伊藤茂樹，2002，「青年文化と学校の 90 年代」『教育社会学研究』70: 89-103.

苅谷剛彦，1995，『大衆教育社会のゆくえ——学歴主義と平等神話の戦後史』中央公論新社.

木村元，2013，「戦後教育と地域社会——学校と地域の関係構造の転換に注目して」安田常雄編『社会を消費する人びと——大衆消費社会の編成と変容』岩波書店.

木村元編，2005『人口と教育の動態史——1930 年代の教育と社会』多賀出版.

木村直恵，1998，『〈青年〉の誕生——明治日本における政治的実践の転換』新曜社.

北村三子，1998，『青年と近代——青年と青年をめぐる言説の系譜学』世織書房.

小針誠，2005，「『荒れる成人式』考」『同志社女子大学学術研究年報』56: 119-27.

小谷敏，1993，「はじめに」小谷敏編『若者論を読む』世界思想社.

小山静子，2002，『子どもたちの近代――学校教育と家庭教育』吉川弘文館．

見田宗介，2008，『まなざしの地獄――尽きなく生きることの社会学』河出書房新社．

文部省社会教育局編，1959，『社会教育 10 年の歩み――社会教育法施行 10 周年記念』文部省．

元森絵里子，2016，「大人と子どもが語る『貧困』と『子ども』――どのようにして経済問題が忘れられていったか」相澤真一ほか『子どもと貧困の戦後史』青弓社．

――――，2022，「性と子どもの近代史――タブー視と寛容さの併存の系譜」林雄亮ほか編『若者の性の現在地――青少年の性行動全国調査と複合的アプローチから考える』勁草書房．

元森絵里子ほか，2021，『多様な子どもの近代――稼ぐ・貰われる・消費する年少者たち』青弓社．

森真一，2005，「『荒れる成人式』はなぜ起きるのか？」『日本はなぜ諍いの多い国になったのか――「マナー神経症」の時代』中央公論新社．

諸塚村史編纂委員会編，1989，『諸塚村史』諸塚村．

室井康成，2018，「現代民俗の形成と批判――成人式をめぐる一考察」『専修人間科学論集　社会学篇』8（2）: 65-105．

中野収，1996，「若者像の変遷」井上俊ほか編集委員『岩波講座現代社会学 9 ライフコースの社会学』岩波書店．

小川豊武，2014，「戦後日本における『青年』『若者』カテゴリー化の実践――1950～60 年代の新聞報道を事例として」『マス・コミュニケーション研究』84: 89-107．

労務行政研究所，1968，「企業における『成人式』の実施内容――若年層対策として見なおされるその運営状況」『労政時報』1969: 2-10．

桜井哲夫，1997，『不良少年』筑摩書房．

作田誠一郎，2018，『近代日本の少年非行史――「不良少年」観に関する歴史社会学的研究』学文社．

佐藤卓己，2017，『青年の主張――まなざしのメディア史』河出書房新社．

沢山美果子，1990，「教育家族の成立」第 1 巻編集委員会編『叢書〈産む・育てる・教える――匿名の教育史〉1　教育――誕生と終焉』藤原書店．

新成人式研究会編，2001，『新しい成人式の創造――企画・運営の手引き』新風書房．

総務庁青少年対策本部編，1999，『平成 11 年版青少年白書――青少年問題の現状と対策』．

菅山真次，2011，『「就社」社会の誕生——ホワイトカラーからブルーカラーへ』名古屋大学出版会.

髙瀬雅弘，2000，「『勤労青少年』をめぐる社会秩序の編成過程——戦間期における転職・不良化問題と『輔導』論の展開に注目して」『教育社会学研究』67: 65-82.

多仁照廣，2003，『青年の世紀』同成社.

田中治彦，2015，『ユースワーク・青少年教育の歴史』東洋館出版社.

————，2020，『成人式とは何か』岩波書店.

————，2022，「18歳時代の成人式——行政の役割を再認識し，意義ある式典に」『公明』197: 56-61.

山村賢明・北沢毅，1992，「子ども・青年研究の展開」『教育社会学研究』50: 30-48.

和崎光太郎，2017，『明治の〈青年〉——立志・修養・煩悶』ミネルヴァ書房.

蕨市，1995，『新修蕨市史　通史編』蕨市.

成人式と着物をめぐる欲望

第2章

「買う」から「借りる」の
なかで

小形道正

1 成人式と着物をめぐる欲望への問い

　新年を迎え1週間ほどを経ると，街角やニュースでは振袖に身を包んだ女性を目にする。袴姿の男性に遭遇する機会もあるが，やはり多くは振袖姿の女性たちである。「成人式」あるいは「はたちのつどい」でのひととき。2022年の民法改正によって，自治体の混乱と人びとの困惑を幾ばくか招いたが，この式典は現在も続いている。そこには毎年訪れる何気ない成人式での振袖の風景がある。

　さまざまなアプローチを有する社会学のなかでも，ある出来事や現象に目を向け，系譜的な歴史あるいは統計的なデータをたどりながら，現在を生きる人びととその社会について理論的に読み解きかつ実証的に理解しようとする視点がある。たとえば，内田隆三は『社会学を学ぶ』のなかで次のように述べている。

　　社会学はもはやその対象を社会という想像力の規定に引き渡すことはできない。現代という時代には，社会というには余りにも巨大な集積や分散した現象があり，そしてそれらの集積や現象のなかを横断する生の様態がある。いまだそれを正確に名づけることはできないが，社会学はその成立の現場から時を経

て，いまこのような対象に向かい合っている。社会という言葉が指し示す領域を，システム論的な単位や規範的秩序の枠組から自由にすること，そして巨大な集合現象や，メディアに媒介された記号や物の集積のうちにある，人びとの生の様態に照準してみる必要がある。社会記述の課題と方法を，生の条件や現在性を参照しながら，改めて考えてみる必要がある。(内田 2005: 234-5)

「巨大な集合現象や，メディアに媒介された記号や物の集積のうちにある，人びとの生の様態」を描出すること。内田はそれを「社会記述」という言葉で示している。もちろん，この社会記述というそれ自体の系譜について，すなわち，それ以前であれば「ある社会集団の成員に共有されている意識」について析出することを課題とした社会意識論という言葉でおそらく表現されるであろう視点との差分については別途検討する必要がある (見田 1979: 101)[1]。

だが，少なくとも，社会記述や社会意識論がさまざまな出来事や現象から，あらゆる資料をひもときながら，われわれ自らへの問いを探求してきたことは重要である。こうした立場に準拠しながらより具体的な，とりわけファッションないし衣服という1つの文化的かつ根源的な営みから社会の状況や人間の欲望について思考して

1　見田宗介が社会意識を「さまざまな階級・階層・民族・世代その他の社会集団が，それぞれの存在諸条件に規定されつつ形成し，それぞれの存在諸条件を維持し，あるいは変革するための力として作用するものとしての，精神的諸過程と諸形象」であると記しつつ，次のようにも述べていることは重要である。「社会意識論が絵画や彫刻や建造物を扱うさいに，真に問題となっているのは，その絵画や彫刻や建造物の制作者，享受者，あるいはその所属する集団や階級や時代の意識，その欲求や美意識や世界像等々であり，絵画や彫刻や建造物はこれを知るための実は媒介にすぎないのである」(見田 1979: 101-2)。

きたが，こうしてみると先の成人式の光景もまたとても興味深い（小形 2016; 2022a; 2023）。いまや人口に膾炙した成人式と着物の結びつきは，実のところ二重の意味で必然的な現象ではない。

　1つは，別の章の論者も指摘するように，そもそも成人の日は1948年7月20日に「国民の祝日に関する法律（祝日法）」によって定められ，「おとなになつたことを自覚し，みずから生き抜こうとする青年を祝いはげます」成人式は翌49年に突如として始められた。当時のいくつかの新聞記事からは，成人の日ならびに成人式への人びとの無関心的態度を垣間見ることができ，それらがそもそもの前提となる明確な根拠を欠いた，戦後につくられた新たなイベントであることがわかる。もう1つはこの新しくつくられたイベントに出席する若者たちの格好である。当初，成人した人びとの，なかでも女性たちの服装は必ずしも現在のような着物姿ではなかった。むしろ，後述するように，出席者たちの大半は洋装であった。

　閑散としたイベントと洋服。これは現在の人びとの多くが思い描く成人式と，そのひとときを寿ぐ若者たちの姿とはかけ離れている。けれども，ここではこうした事実について指摘し，あるいは剔抉することが目的ではない。成人の日ならびに成人式を伝統の創造や（メディア）イベントとして本章の結論としたいわけではない（Hobsbawm and Ranger 1983＝1992; Boorstin 1962＝1974; Dayan and Katz 1992＝1996）。重要なことは，成人の日制定以降の戦後日本社会において，成人式とそこでの服装について消費してきた人びと自身の形貌にこそある。成人式と着物の結びつきが常識ではないなか，人びとはいつごろより成人式にて着物を身につけ始め，現在へと至っているのか。なかでも，近年では人びとの着物を手にするための方法，つまり着物への社会的行為そのものが大きく変貌を遂げつつある。それはけっして人びとの内奥に潜む，着物へのある

いは衣服への欲望と無関係ではない。人びとの着物との関係における行為と欲望。ここではこの点を中心に追尾し，析出し，思考していきたい。

2　成人式と着物の遭逢

2-1　非日常の盛装としての着物

　1948 年 7 月 20 日をもって昭和 2 年勅令第 25 号「休日ニ關スル件」は廃止され，昭和 23 年法律第 178 号「国民の祝日に関する法律」が公布，即日施行された。これまでの紀元節や新嘗祭などの明治期以降の祝祭日は廃され，戦後の新しい国民の祝日が定められた。その 1 つとして 1 月 15 日が成人の日とされた。だが，これは唐突の感を否めない。事実，成人の日は翌 1949 年より始まるが，突然のこの祝日は，多くの人びとによって次のように迎えられた。

　　　この日の意義や内容などを知らない人々は 2 日続きの休日をただ行楽面に足を向けるだけだった（中略）文字通り国民のための祝日であるべきはずなのに初の成人の日はあまりにも一般の無関心ぶりが目立った。（「寂しい "成人の日" 世の無関心を慨く当局」読売新聞. 1949.1.16）

　同記事には後楽園で催された「成人の日国民祭典」に，まったくといってよいほど参加者のいない光景が掲載されている（**紙面 2-1**）。ほとんど人影のないがらんどうの式典。成人の日ならびに成人式に対して人びとはあまりに無関心であった。やはりそれは突然設けられた機会の，歴史的な奥行きを欠いたイベントだからであろ

紙面2-1 『読売新聞』1949年1月16日付, 2面

紙面2-2 『読売新聞』1954年1月15日付夕刊, 3面

う。つくられた空虚な祝祭。しかし、そうであるがゆえに、後述するように、人びとは成人をめぐってときに古来の元服に起源を求めたり、ときに戦前の徴兵検査に触れたりと、なんらかのつながりを見出そうとする。

ただ、はじめこそ大きな関心を払われなかった成人式も、徐々に主催や式次第が整備されるようになると、毎年の恒例行事となって定着していく。なかには皇居や国会議事堂、泉岳寺などの都内の名所を観光し、成人を祝う市町村もあらわれる。だが、そこでの女性たちの服装は多くが洋装であった。この観光の取り組みを紹介する1954年の新聞記事では、その姿が

第2章 成人式と着物をめぐる欲望 __69

紙面2-3 『読売新聞』1961年1月15日付夕刊，3面

はっきり見てとれる(「成人の日 初雪にもめげず」読売新聞. 1954. 1.15. 紙面2-2)。ほかにも,「成人の日の喜びに」と題する記事では「この機会に,余裕があれば,若い世代の社会人としてそれにふさわしい服装をととのえてやりたいのは親心だろう」とあり,3つの衣装が紹介されているが,それらはいずれもワンピースやツーピースの洋装であった(同紙. 1956.1.11)。このように,成人の日ならびに成人式の黎明期は必ずしも隆盛とはいえず,着物もけっして主流ではなかった。

けれども,こうした状況は1960年頃より大きく転換を迎える。先に述べた巡覧について,61年に撮影された写真がある(「晴れた日曜 成人の日 祝う183万人 皇居前には上京組」読売新聞. 1961.1. 15. 紙面2-3)。約5年のあいだに,多くの女性たちは着物を身につけるようになっている。成人式と着物との結びつきはこのころより始まったといえる。たとえば,1961年の雑誌『美しいキモノ』にも次のような広告が掲載されている(写真2-1)。薄いピンクの綸子縮緬に牡丹唐草模様の振袖。牡丹は大胆かつ多彩の刺繍によるもので,葉は箔と染の手描きである。帯は黒地に金や銀,赤で菊の

模様が織り出された豪華な丸帯。この豪華な振袖をまとった女性が中央に配され、下には「若い人の正式な装い」という惹句が添えられている。もちろん、成人の日そのものが戦後につくられた祝日であるため、着用すべき着物の明確な規定があるわけではない。当日もけっして振袖一色ではなく訪問着姿の女性も数多く見られた。しかしながら、少なくとも、人びとはこの時期より成人式の場で洋装ではなく和装（着物）を選択するようになった。

写真2-1 『美しいキモノ』1961年29号

ここに成人式と着物が邂逅する。ただし、1つ注意しなければならないのは、この時期の多くの若い女性たちが振袖や訪問着といった非日常のときを飾る盛装の着物をまとう機会は、なにも成人式のみに限定された話ではなかったという点である。このような状況について、ある記事は生糸の輸出入の問題を交えながら次のように伝える。

　お正月を控えて、中振りそでや訪問着などの値段が、昨年より20％前後もハネ上がっている。（中略）かつての「生糸輸出国日本」は今年から完全な輸入国に転落した。「もうそろそろ

第2章　成人式と着物をめぐる欲望＿71

天井を打ちそうだ」との関係者の声をよそに，この晴着ブーム，ますます派手に高級化しそうな動きをみせている──。（中略）都会，農村を問わず，全国の若い女性に豪華な絹織物の普及テンポが早まった。（中略）とくに成人式や正月，結婚式などに使われる晴着用の訪問着や中振りそでの伸びがすさまじく，しぶい感じのお召や大島，ツムギなどは伸び悩み気味。このことは，結婚前の若い女性の所得がふえるにつれ，需要も爆発的にふえていることを物語っているようだ。東京都内の百貨店でも「豪華でつやのある晴着が若い世代の間でとくに人気がでてきた。ますます高価なものが好まれるようで，平均すると昨年より 15% から 20% ほど値段は高くなっているでしょう」という。（中略）しかし，15% の関税と運賃をかけても，まだ輸入生糸の方が国産生糸より安いため，生糸の輸入量は昨年から輸出量を上回りはじめ，さらに今年からは絹織物の輸出量を生糸に換算して輸出生糸に加えても，輸入生糸より少なく，わが国としては初めての輸入国になっている。（「天井知らず晴着ブーム『豪華で高価』に人気」朝日新聞. 1967.11.17）

　都鄙を問わず，全国の若い女性たちが「ますます派手に高級化」している「晴着ブーム」。ここではその流行とともに，国内生糸よりも輸入生糸が安価になりつつある現状が伝えられている。これは生糸ならびに絹がこれまでの日本にとって主要な輸出産業であったことを考慮に入れると大きな転換といえ，なかでも普段着や洒落着としての「お召や大島，ツムギなどは伸び悩」む一方，「成人式や正月，結婚式などに使われる晴着用の訪問着や中振りそでの伸びがすさまじ」いとされる。すなわち，着物は多くの人びとにとって日々の褻着（普段着）としてではなく，特別な一日を彩る晴着とし

て用いられるようになった。

　また，上記の記事が示唆するように，成人式がこうした晴着に袖を通す重要な機会になると同時に，この時期は成人式以外の場面でも振袖や訪問着といった盛装の着物がしばしば身につけられた。とくに，1月は自宅で家族と迎える正月や職場での仕事始めなど，着物を着る機会をいくつかいまだ有していた。若い女性たちはこのような状況のなかで成人の日という一日を迎える。だからこそ，先の広告もまた成人式に限定せず，「若い人の正式な装い」とうたうのであろう。

　戦後に始まった成人式は正月や結婚式など冠婚葬祭の，非日常的な出来事の1つとなって定着していく。そこに洋服が日々の生活着となり，対照的に，着物が特別の機会の非日常着として生き残るという状況が重なる。このようにして徐々に現在の人びとが抱く，成人式での着物の風景はかたちづくられ，一般的なものとなって浸透していった。もちろん，このころの女性たち全員がこうした機会に恵まれたわけではない。むしろ，後述するように，この結びつきはさまざまな問題や葛藤を人びとの心のうちに芽生えさせる。しかしながら，多くの女性たちは成人式を含む特別な一日に洋服ではなく着物を選び，それぞれ思い思いの着物を手にする。

2–2　成人式と「正しい」着物

　1960年代以降，人びとの日々の衣服が洋服となるなか，着物は非日常のときを飾る衣服として活路を見出していく。戦後につくられた成人式はその他の冠婚葬祭と同じく，振袖や訪問着といった盛装の着物を身につける1つの機会となった。もちろん，そこに柳田國男が指摘するような，人びとの日常生活としての褻（ケ）と共同体の伝統的儀礼や祝祭による「まれに出現するところの昂奮」と

第2章　成人式と着物をめぐる欲望__73

しての晴（ハレ）という，ハレとケによる象徴的な空間秩序がある
わけではない（柳田 1931＝1993）。また，ここでもう１つ注目すべ
き点がある。それは成人式での着物の装い方である。先の広告では，
「花嫁さんの色直しにもなる，若い人の正式な席にふさわしい優雅
で品格の高いキモノ」という紹介文が記されていた。若い女性たち
は成人式をはじめ，正月や結婚式などでも盛装の着物に袖を通すが，
ここではその着物の「正しさ」が過剰なまでに求められていく。た
とえば，新聞記事や読者の投稿にはこのころより，次のような典型
的な忠告が毎年散見されるようになる。

　　成人の日の式場に来たはたちの娘さんたちはそろって白地の
　訪問着姿であったのにはびっくりした。（中略）◆この白ウサ
　ギたちはベビー服で育ち，ネグリジェでねむり，洋服を着ては
　たらいている。１年に３度か４度，着物を着ようというのだ
　から，キモノの方がいうことをきいてくれぬ。その結果はあら
　れもない着物ブームの着くずれ風景を現出する◆帯のタレがお
　しりの上にまくれあがり，背中の線がまがっている。短く着て
　いる裾前がそろっていない。じっとしておればなんでもないの
　にワンピースのつもりで動きまわるから，帯下に端折った着物
　の線がくずれるのだが，その直し方も心得ぬ◆もはや，こうな
　ると白ウサギも帯しろハダカ同然のあられもない姿となる。ハ
　ダカにされたイナバの白ウサギよりももっと醜態である。しか
　し御本人は，ドテラを着ているつもりかもしれない。ドテラだ
　って，一応キモノの部類だがあれは純粋の寝間着であって訪問
　着ではない◆衣料費の支出が都会で 17.6％ 増という着物ブー
　ムも結構だが，着付けの方もちゃんとしなさい。

「ハダカにされたイナバの白ウサギよりももっと醜態」。これは1963年の『読売新聞』「編集手帳」(1963.1.17) の言葉である。成人の日の制定当初には見られなかったこうした苦言があらわれること自体，成人式と着物の結びつきが一般的となった証左なのだが，このような批判はこれより成人式についてまわる例年の風物詩となる。日常生活のなかでほとんど着物に袖を通したことのない若い女性たちが，成人の日の一日に全国の市町村で一斉に着物姿となる。まちまちに開かれる結婚式や，当時女性の進学率が低かった（短期）大学での卒業式・謝恩会，あるいは同じ1月でも個別的な家庭の正月や職場の仕事始めなどと比較すると，成人式での光景がより多くの人びとの目に留まるのも無理からぬことかもしれない。

毎年一斉に開かれ耳目を集めるなか，メディアではこうした若者の着物の装いへの批判とともに，それをいかに「正しく」着るかを指南する言葉が目立つようになる。たとえば，『女性セブン』の「晴れ着講座①きものと小物のそろえ方」(1972.12.20) では，成人式の着物について次のように記している。

> きものは染め，帯は織りが格式があります。お正月や成人式には，付け下げ以上の染めのきものに袋帯がきまり。織りのきものに染め帯では，くだけすぎですね。

着物には格式と用途があり，留袖や振袖，訪問着，銘仙や御召などさまざまな種類がある。これらをどのような時と場所で着るべきなのか，お正月や成人式のみならずさまざまな機会に適した着物が示され，なかには年齢別に帯の結び方を紹介する記事や，一目でわかるように表一覧にしてまとめている記事もある。もちろん，こうした教示は人によって異なる部分がある。だが，着物には種類すな

わち格式と用途があることを学び，それを「正しく」身につけることが求められる。それは戦後に生まれたはずの成人式においても適用される。こうした「正しさ」は着物を着用した際の姿勢や動作にも及ぶ。たとえば，次のような指南である。

　　日ごろは洋服しか着ない若い女性も，成人式の日ばかりは晴れ着としての振りそでなどを着て，大人への第一歩を踏み出すことでしょう。しかし，動きやすい洋服にくらべて，やわらかものの染めの着物の着こなしはむずかしいものです。（中略）次にふるまいのポイントをあげると──姿勢は，からだの中心を左右から包み込むような形で，やや前かがみにして上半身に丸みをつけます。そのまま足をそろえて，下前になる足を半歩さげ，親指を内側に向けて「八」の字を描くようにして立ちます。手は軽く握って下におろし，左手で上前を軽く押えるつもりで。これが着物の基本姿勢です。歩くときは（中略）車に乗るときは（後略）。（「晴れ着を優雅に」朝日新聞. 1974.1.12）

　基本的な立ち姿勢，歩き方，車に乗るときなど，静止した状態から動作や仕草に至るまで，一連の動きが1つの規範的な「正しさ」をともなって指導される。なかには，理解しやすいようコマ送りのごとく，1つひとつの動作を写真つきで解説している記事もある。読者はページをめくることで「正しい」着物を身につける。さらには，こうした教育的視線を自分自身だけではなく他者たちにも向け，自らが袖を通した際には誰かから同じような視線を自分にも向けられているのではないかという感覚をおぼえる。「正しさ」をめぐるまなざしが醸成される。ただし，けっして上意下達や明確な権力構造によってつくられるのではない。それは人びとの日々の生活と他

者との関わりのなかに張りめぐらされている。

　盛装の着物とは正装の着物でもあった。本章の主旨とは幾分逸脱するため，ここでは詳細を割愛するが，「正しい」着物の形成には新聞や雑誌などのメディアだけではなく，もう１つ重要な装置があった（小形 2021: 13）。それは着付け教室（着物学校）の存在である。1964 年には装道礼法きもの学院，67 年に長沼静きもの学院（当時：長沼学園きもの着付教室），69 年にハクビ京都きもの学院がそれぞれ創立され，全国的な展開を見せている。さらに，このような教育機関だけではなく，近所の一つ家でひっそりと開かれていた着付け教室も多々あり，こうした草の根のかたちでも「正しい」着物は伝播していく。着付け教室（着物学校）もまた，盛／正装としての着物をつくりだす場所であった。

　成人式での振袖は当人ひとりで脱ぎ着しうるものではない。それを着付けてくれる人がいる。自らの手で着物を着るだけではなく，自分の娘や近所の女性たちに着付けをする女性たちの多くも，日常生活における実践からではなく，着付け教室という教育機関での学習をとおして「正しさ」を身につける。言説や写真のメディアと身体実践の装置。成人を迎える本人や着付けをする人，そして年に一度一斉にその光景に遭遇する人。人びとの「正しさ」はこうした空間のなかで醸成され，その「正しさ」をもって，先の「編集手帳」のごとく批判的なまなざしを若者たちへと向ける。

2-3　着物の購入と所有をめぐる幸福と不幸

　着物が人びとの非日常的な晴着となるなかで，成人の日も正月や結婚式と同様に，それをまとい祝う記念の一日となる。また，そこでは盛装の着物を「正しく」着ることが求められる。けれども，より重要なことは，このような成人式をはじめとする特別な機会に着

第 2 章　成人式と着物をめぐる欲望__77

物を着ること，買えることがこの時代を生きる多くの女性たちにとって幸福の標印とされたことである。先の「若い人の正式な装い」の広告や着物の「正しさ」を指摘する「編集手帳」のような記事は，いずれも着物を購入することを前提としている。

　また，成人式での着物姿はたんなるあるひとときの幸福ではない。着物をまとう機会が当時多数存在していたように，それは女性の一生の，生涯の幸福を映し出している。たとえば，20歳を迎えた成人式と（短期）大学の謝恩会での振袖，自らの結婚式での打掛，母となった七五三での訪問着，子どもの入学式やPTAでの（黒）羽織，夫の部下や自身の子どもの結婚式での留袖，そして先立つ夫の葬儀での喪服など。当時の多くの女性たちがたどるであろうライフコースのなかで，その節目となる傍らに着物があること。もちろん，当時の広告や記事がこれほどまで個人の半生と着物をリンクさせ，直接的にその一生を描くことはほとんどない。しかしながら，着物に袖を通すさまざまなシチュエーションを紹介する誌面に目を通すとき，その表象は明らかである。つまり，振袖や訪問着，留袖といった盛装の着物を，齢を重ねるなかで必ず個々人に訪れる特別の機会に着ることができること，買えることが，この時代を生きる女性たちの幸福であった。

　着物は女性たちの幸せの証であり，この時代の幸福をかたどる商品である。けれども，多くの人びとにとって着物が買うべきものとなるとき，あるいは買うものでしかないとき，その背面には次のような複雑な想いが人びとの心のうちに芽生え始める。以下は1970年1月6日付の『読売新聞』に掲載された，成人式を迎える娘を持つ，ひとりの主婦からの投書である。

　　　ことし，成人式を迎える長女が，寝床にはいろうとしながら

78

「着物が着たいなア」とポツリといった。わが家の経済状態から、いま流行の豪華な和服などとても買えないことはかねていってあった。それも本人も十分自覚していて、その上での一言だけに、私は胸がジーンとするようにこたえた。とっさに「そうね」とあいまいな言葉を返して目を伏せたものの、悲しくなった。最下級品の振りそでにしても5万円近い。それに帯が3万。上に見えるだけで軽く10万はかかる。下着やはき物、付属品までちょっと思いついた品だけでも、私には気の遠くなるような金高になる。とてもかなえてやれそうもない。高校を出して、タイプの技術をまがりなりにもつけさせたのが、私の親としての精一杯の努力だった。形ばかりの成人式なんて行くことはない。行きたければ通勤着で胸をはって行くがいい……そんなふうに理屈を押しつけてはみても、和服を着てみたいとあこがれる娘の方が世間並みなので、私の考えは強がりの、冷たい母なのだろう。せめて、あすのお弁当は念入りに作って持たせてやろうと思った。(「赤でんわ　晴れ着を着せてやりたい」読売新聞. 1970.1.6)

　成人式の振袖を買えることが幸せであること。けれども、それは同時に買えないことが不幸せの標印となってしまう(見田 1965; 小形 2022b: 14)。買ってあげることのできないこの母親の悩みと悲しみはけっして彼女ひとりのものではなく、子を持つ多くの母親たちの悩みと悲しみでもあり、特別な日を迎える多くの娘たちの悩みや悲しみでもあった。事実、この読者投稿は大きな反響を呼び、1週間後には「成人式と振り袖　『赤でんわ』の"母心"に反響続々」(読売新聞. 1970.1.14)という特集が組まれる。そこでは年長者からの「きもののことよりももっと娘を仕込むことを」といった厳し

第2章　成人式と着物をめぐる欲望__79

い意見や，「自分がつらいと思うとき，親はそれ以上につらく感じていることを子どもだってわかっている」という娘心溢れる意見，なかには私の着物を「差しあげます」といったものまで，さまざまな感想が寄せられた。

　成人式をはじめ晴着をめぐる人びとの苦悩は，こうした投稿欄に毎年のように見られる。1970年代後半より着物がさらなる高級化を迎えた状況に至っても，当然その苦悩が尽きることはない。人間国宝の着物や海外のラグジュアリーブランドの着物など，稀少な着物を手にした顕示的な驕傲が耳目を集めるなかで，その苦悩はよりいっそうの物暗さを与える。1981年6月25日付の同紙には，埼玉県富士見市に住む娘世代の専門学生からの投書が掲載されている。この娘は次のように綴る。

　　（中略）成人式というと振りそで，何十万もする着物を思い浮かべてしまいます。成人式は振りそでの発表会ではないことぐらい十分承知していますが，やっぱり欲しいし，着たいし，あこがれがあります。友だちの全部といえるくらいが振りそでの注文を終え，あとは仕立てあがりを待ち，着る日を待つだけということを知っているので，やはり欲しいんです。何度自分から「成人式に着る振りそでを買って欲しい」と言おうとしたかわかりませんが，まじめに一生懸命働いている父や，母の荒れた手を見るとどうしても言えません。（中略）これ以上負担をかけたくない，でも欲しい，と私の気持ちが戦っているみたいです。来年成人式を迎える女の子のうち，私と同じような人，何も言わずに買ってもらえる人，欲しくも着たくもない人，いろいろいると思いますが，同じ成人式を迎える女なのにどうしてこんなに差があるのかなあと思います。（「赤でんわ　成人式の

振りそでと戦う」読売新聞．1981.6.25)

「やっぱり欲しい」「やはり欲しい」「でも欲しい」。彼女は成人式にて振袖を着ることを夢に描いている。だが，家庭の経済状況も重々承知しており，「一生懸命働いている父」と「母の荒れた手」を見るとどうしても言うことができない。もちろん，わがままを言えば，両親は彼女のために購入してくれるであろう。ただ，同時に，高額な支払いによって手にした着物も，おそらく数える程度にしか袖を通さないこともわかっている。だからこそ，彼女は何度も逡巡し，葛藤するのであろう。そして，「同じ成人式を迎える女なのにどうしてこんなに差があるのか」と，世の中の不条理を嘆く。

この投書は多くの読者の心を動かし，2カ月後には主に親世代からの応答が「こだま　『成人式の振りそで』に娘心，親心…」(読売新聞．1981.8.25) として，その翌週には同じ悩みを抱えた娘たちからの「赤でんわ　『成人式の振りそで』反響を読んで」(同紙．1981.9.6) が掲載された。そのなかでは「実は私もあなたと同じ市の成人式に参加するんです。振りそでを着ていないのが私です。当日会場でお会いしましょうね」という心温まる声かけもなされていた。彼女のこうした想いもまた，やはりこの時代を生きる多くの女性たちの言葉であった。

やがて，このような情況の一部は，成人式という式典のあり方そのものを問う。そこでは成人式での振袖着用の禁止，あるいは成人式自体の中止を求める運動が各地で起こり，いくつかの自治体では禁止や中止が実施された。たとえば，富山県砺波市では夏ごろより同市連合婦人会が「成人式には洋服で出席しよう。振りそでの成人者には婦人会服を着てもらいます」というチラシを配り，当日振袖姿で出席しようした女性には「紺の上っぱり」をかぶせたという

(「『晴れ着隠せ』なんて…式場で紺の上っぱり」読売新聞. 1976.1.16)。
ほかにも，静岡県富士宮市は教育委員会が中心となって成人式への
着物での参加を禁止したり（「成人式の和服お断わりに敬服」同紙.
1967.12.17），奈良県御所市では市長が「晴れ着追放」を提唱した
ことから「平常着で参加する人だけご招待します」という招待状が
出されたりした（「晴れ着追放」同紙. 1975.1.13）。

　成人式での振袖着用禁止をめぐって賛否両論の声が上がる。晴着
を買いたくても買えず，その恥ずかしさや悔しさから成人式に欠席
する人びとがいる以上配慮するのは当然であり，そもそも外見の服
装が大切なのではなく，内面の人格こそが重要なのだという称賛。
一方で，一生に一度の晴れ姿を心待ちにしていた娘や，その華やか
な装いを楽しみにしていた親からの非難。なかには，「人権侵害の
疑いがある」と地方法務局に訴える者まで現れる（「晴着に『入場お
断り』平服申合せの成人式」朝日新聞. 1966.2.2）。たかが一日の振袖，
されど一生の振袖なのである。もちろん，成人の本来の意味につい
て説法する者もいる。ただし，成人の日それ自体が戦後の産物であ
ることや，当初は閑散としたイベントであったことはすっかり忘れ
去られているのだけれども。

　着物が欲しい，買いたい，着たいという夢。なぜ友人は購入でき
るのに，自分は購入できないのかという不条理の感覚。あるいはな
ぜ友人は豪華な着物が着られるのに，自分はこの程度の着物しか着
られないのかという嫉妬の感情。自らの憧憬と現実の落差によって，
また他人との異なる境遇を目にすることで，それぞれの心の内に疎
外の感情が芽生える。けれども，こうした想いはこの時代を生きる
多くの人びとが，着物を買えることが幸福であり，買えないことが
不幸であるという前提へと疎外されているからにほかならない（真
木 1977）。いや，幾人かの人びとはすでにどこかでこのことに気づ

82

いていたといえる。なぜ、ほとんど袖を通すことのない着物を、このような複雑な感情を抱きつつ、大枚を叩いて購入しなければならないのか、と。ただ、人びとはこの情況から解放される手段を知らない。だからこそ、着物を購入できない親や本人は他人よりもいっそう不幸であると実感し、悲嘆し、苦悩するのであろう。美麗な1枚の袖は多くの人びとの涙で濡れている。だが、やがてこのような哀歓も、1990年代以降、主要となる新たな結びつきによって忘れ去られていく。

3　成人式と着物の再会

3-1　振袖と成人式の先鋭化

　日本社会が1990年代に入るとバブル経済ははじけた。もちろん、バブルが消えたといっても、多くの人びとが突如として不景気を実感するわけではない。そこには不況を一時的なものとみなし、再び好景気へと転じるであろうという淡い期待や、バブル景気がもたらした残り香のようなものが漂っている。だが、そうしたなかにもやがて人びとが深く実感することとなる、長く暗いトンネルはひたひたと迫りくる。着物産業も、同様に、すぐに大きく瓦解したわけではなかった。しかしながら、1つのグラフがはっきりと示すとおり、着物の市場規模は1980年代に約1兆5000億円前後で推移していたが、その後は減少の一途をたどり、97年には1兆円を割り込み、現在では約3000億円程度にまで縮小している（図2-1）。そこに産業の明るい回復の兆しを見ることはできない。

　けれども、当然のことながら、これは着物がまったく購入されなくなったということを意味しない。産業全体としては縮小傾向にあ

第2章　成人式と着物をめぐる欲望＿83

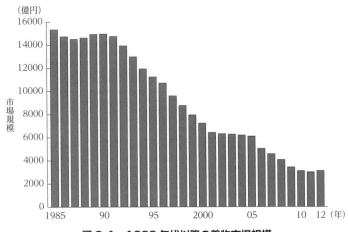

図2-1　1990年代以降の着物市場規模

(出所)『繊維白書』矢野経済研究所より作成。

るが，より詳細に資料を見ると，購入される着物は種類によって極端に減少しているものと，それほど減少していないものに二極化していることに気がつく。このことは着物を着る機会と大きく連動している。それは着物の種類の振袖への集中として，またその機会の成人式への特化として現れる。

たとえば，『繊維白書』における「主要アイテム別小売市場規模」では，1989年における上位5つは訪問着が1829億円，留袖が1621億円，続いて振袖が903億円，喪服が852億円，付け下げが573億円という順番であった（表2-1）。振袖はけっして一番ではなかった。だが，2011年には振袖が475億円，訪問着が460億円，小紋が150億円，付け下げが28億円，留袖が25億円となる。ちなみに1989年に4位だった喪服は20億円しかない。やはり全体として落ち込んでいるのは明白だが，なかでも留袖と訪問着，喪服が大幅に減少していることがわかる。留袖と喪服に至ってはそ

表2-1 着物の主要アイテム別小売市場規模

	小紋	付け下げ	訪問着	振袖	留袖	喪服	大島紬
1989 年	463 億円	573 億円	1829億円	903 億円	1621億円	852 億円	593 億円
2011 年	150 億円	28 億円	460億円	475 億円	25 億円	20 億円	240 億円

（出所）『繊維白書』矢野経済研究所。

れぞれ全体の約 1% しかない。他方で，振袖が 1 位となっており，減少幅も約半分ほどにとどめている。換言すれば，現在の着物市場はかつてのような留袖や喪服などではなく，振袖を中心として，その衰退を食い止めていることがうかがえる。

　非日常のための盛／正装としての着物は，先述したように，1960 年代に形成された。人生の節目となるさまざまな機会に，それぞれにふさわしい種類の着物を購入し，自らのものとして所有することの喜び。こうした状況に先の動向を重ねてみると，まず，それぞれのライフコースのなかで着物を着るという前提そのものが大きく崩れていることがわかる。なかでも，入学式や PTA での黒羽織と結婚式での留袖，そして葬式での喪服はほとんど購入されていない。多くの人びとはもはや子どもの PTA にて黒羽織をはおらず，結婚式でも留袖を身につけず，先立つ夫の葬儀でも着物の喪服を身につけることはしない。

　ある種のつくられた神話が崩れていく。こうしたなかで生き残りを見せたのが振袖であった。けれども，その振袖でさえ先の調査が示すように，市場規模は約半分にまで縮小している。この傾向はこれまでの種類の退潮と機会の喪失という双方の負の連関が示唆するように，振袖をまとう場面とも大きく関係している。1993 年冬号の『美しいキモノ』の「読者の皆さまへ」のなかで，編集者は次のようにその危機感を募らせていた。

秋から冬へと街のようすが少しずつ変わってゆくにつれ，き
もの姿の人を見かけることが多くなってうれしくなります。
（中略）ただ，残念に思うのは，40歳以上とお見受けする方々
ばかりで，若い方のきもの姿が少ないこと。例年，成人の日に
は振袖を着た人が街にあふれ，卒業式シーズンまでは若い方の
きもの姿が珍しくなくなるほどですが，それ以降は結婚式場で
も見かけることが少なくなっているのが現実です。彼女たちに
とって，振袖も袴姿も一種のユニフォームであって，礼装のき
ものなのだという意識はほとんどないのでは？　第二次ベビー
ブームの世代が成人に達しつつある昨今，他のきものに比して
振袖が売れているようですが，「成人式のきもの」として振袖
を薦めるのではなく，一枚の振袖がいろいろな場面で着られる
ことや，きものを着る楽しさを話しながら色柄を選んであげた
いものです。ほとんどの人が初めてのきもの体験となる振袖。
そのとき彼女たちが抱く実感が，振袖に代わるきものへの興味
と関心を呼び起こす引き金となるのですから。（「読者の皆さま
へ」『美しいキモノ』166: 514）

　一般に振袖は未婚の女性が身につける着物とされる。かつて，こ
の振袖をまとう機会は成人式に限らなかった。謝恩会や正月，仕事
初めや結婚式など数々の場面を有していた。けれども，ここで記さ
れるように1990年代からはそのほとんどの機会を失い，振袖はも
はや「成人式のきもの」とされている。もちろん，「一枚の振袖が
いろいろな場面で着られること」や「振袖に代わるきものへの興味
と関心を呼び起こす」ことなどが希求される。だが，ほとんど着る
機会のない着物をいったい誰が買うというのだろうか。
　着る機会が減るなかで振袖をはじめとする着物が売れないこと，

買われないことは必然的な結末なのかもしれない。もはや多くの人びとにとって，着物はかつてのように購入したいと欲望する対象ではなくなってしまった。この欲望の変化は，後述する，着物をめぐる人びとの社会的行為と大きく結びついている。

3-2　ママ振というモノ語り（物語）

　多くの女性たちは着物を買わなくなった。自分のモノとして購入したい，所有したいと願う対象ではなくなってしまった。ただし，それはけっして着物が着られなくなった，あるいは着たくないということを意味していない。むしろ，毎年，成人の日には成人式会場にてまるでユニフォームのように一斉に白のショールを身につけた姿や，花魁のような奇抜な恰好をした女性たちに遭遇することができ，メディアを介すれば飲酒や喫煙による乱痴気騒ぎの光景も含めて，必ず成人式のニュースを見ることができる。当事者にとっても，それを眺める人びとにとっても，成人式はいまや欠かすことのできないイベントの1つなのだろう。そこには無関心でも明確な反対でもない，生温かな甘受が瀰漫している。

　それでは新品の振袖が購入されないなか，成人式ないしはたちのつどいを控えた女性たちは，いったいどのような手段を講じて着物を手にしているのだろうか。また，そこではどのような着物への想いが語られているのだろうか。前節同様に，近年の成人式をめぐる読者投稿を渉猟してみると，次のような語りで占められている。

　　このところ，なぜか涙もろい。特に息子や娘の世代にかかわることになると，いつの間にか涙が出る。コロナの影響で成人式に帰省できなかった双子の娘は，3月に写真を撮る。その準備で振り袖や小物を和だんすから取り出した。私が着た振り袖

のほかに，結婚前に母が私に持たせてくれた着物や小物の数々があるのを目にしたとたん，涙があふれた。着物の大半は一度も手を通していない。(中略) 約30年前，あっという間に結婚が決まり，着付けを習っていた母が，心を込めて選んで送り出してくれたのだと，今になって思う。若かった私は母の気持ちに気づいていなかった。和だんすの中にしまい込み，振り返ることもなかった。そんな母も1月で81歳。これまで大した親孝行もせず，のんびりと人生を送ってきた私だが，たくさんの愛情で精いっぱい育ててくれた母に，何か贈り物をしたい。娘たちの振り袖の写真とともに (「ひととき　母から託された着物」朝日新聞．2021.02.03)。

　成人を迎えた女性たちの幾分かは母親あるいは祖母が着用した着物を受け継ぐ。それはかつて購入し，所有する欲望の対象であった着物である。母親が袖を通した振袖は「ママ振」と呼ばれている。もちろん，「ママ振」はバブル経済が崩壊したのちの長きにわたる不景気という経済的な理由や，ほとんど使用しない商品がすでに手元にあるのであれば新たに購入する必然性はないという合理的な選択から生まれた現象なのかもしれない。けれども，それは人びとと着物の結びつきをめぐる語りの位相で，大きく2つの興味深い姿をのぞかせる。

　1つは成人式での振袖をめぐる語りの内容である。前節のように，かつて振袖は購入される対象であり，広告をはじめとするメディアは女性の幸福を表象していた。そこでは着物を買えることが幸福であり，買えないことが不幸とされた。多くの女性たちはこの振袖を手にしえない悲しみや不条理を綴った。けれども，こうした悲愴や憤怒の感情は1990年代以降ほとんど見られない。着物を買えない

ことの嘆きよりも，むしろ先の投書のごとく，母や祖母が袖を通した着物を継承したという私的な思い出や記憶の物語が強調されていく[2]。着物は2世代あるいは3世代の母娘をつなぐ，モノを介した固有の物語，すなわちモノ語りとなる。

　もう1つはこれら投書の主体である。実はこのモノ語りをする人びとは成人を迎えた当人ではない。その多くはかつて娘のときに振袖を購入してもらった母親たちである。子どもが成人を迎えるにあたってたとう紙を解き，以前に自身が身にまとった振袖に手を触れ，自らの若き日を顧み，当時の母親へ感謝し，そして同じ境遇となったいまの心情を寄せる。それぞれのさまざまな想いに濃淡はあれど，先の投書をはじめとして多くはこうした母親たちによるモノ語りの構成である。たしかに，そこには新聞というメディアの特質，すなわち購読者の年齢も考慮に入れなければならない。だが，このような私的な語りこそがもはやほとんど着物を着ることのない日々の生活のなかで，新しい1枚の着物を購入する状況とは異なる，着物をまとうことの理由の1つともなっている。

　こうした私的な着物のモノ語りは多くの人びとの共感を呼ぶ。それはモノをとおしてつながる母娘の物語だからであり，またかつて購入と所有の有無をめぐって各々にさまざまな複雑な感情をもたらしたモノだからかもしれない。着物にはそれぞれの感傷と共鳴を想起させる（魔）力がある。ただし，このような着物をめぐる思い出

2　このような着物をめぐる思い出や記憶の語りそのものは，1970年半ば以降，さらなる高級化による芸術作品としての着物の形象が定着していくなかで徐々に姿を見せる（小形 2022b）。だが，先述したように，振袖は下降する着物市場のなかで売上の中心を占めていたことからわかるように，人びとの購入したいという欲望が残ったために，「ママ振」をはじめとする思い出や記憶の語りは90年代以降に現れ始める。

や記憶のモノ語りは，後述する，現在大勢を占めている人びとと着物のあるいは人間と衣服の新しい関係における，現状へのまた未来への不安を代補するものとして機能しているともいえる。すなわち，母娘をめぐる着物の私的なつながりを強調するとき，あるいは着物を通じた思い出や記憶を呼び起こすとき，それはこのような語りそのものが新たに出来している社会的行為のなかで，もはや将来持ちうるものではないこと，失われつつあるものとして眼前に立ち現れているのかもしれない。着物をとおして他者との思い出やつながりをもはや結びをえないのではないか，と。だからこそ，人びとは着物をまとう必然的な理由を有しているという幾分の顕示と，こうした必然性そのものが消失しつつあり，将来ほとんど見ることのできない不安を内包させながら，私的な着物の物語を紡ぐ。

3–3　レンタルという社会的行為

　けれども，実のところ，このような「ママ振」もけっして多いわけではない。約四半世紀近く箪笥や長持にしまわれていることによる虫食いや色褪せなどの衣料管理の問題，着る本人の好みや時代の流行による色彩やデザインなどの趣向の問題など，たとえ手元にあった場合にもさまざまな理由によって選ばれないケースが見受けられる。こうしたなかで，1999 年の『美しいキモノ』の記事が伝えるように，人びとの多くは次のような新しい手段によって成人式の振袖を手にする。

　　　成人式にはおばあさまやお母さまがお使いになっていた振袖を着たり，新たに買い揃えたりするのがいちばんですが，現実は……。レンタルしようと考えている新成人も多いのではないでしょうか。そんな方にぜひ検討してもらいたいのが，美容や

記念写真までトータルに用意されたパック。大きなホテルや結婚式場，貸衣装店などでは，成人式パック的なものが用意されているので利用するといいでしょう。信頼できるところなら，安心して一生に一度の晴着を飾ることができます。でも記念写真の前撮りなどは，8月頃からすでに始まっているため，2000年の新成人にとってはギリギリのスケジュール。2001年に成人式を迎える場合は，今からリサーチしておけば安心感も増すのではないでしょうか。(「賢く成人式を迎えたい」『美しいキモノ』190: 124-5)

　1990年代以降に台頭したのは振袖のレンタルであった。振袖のレンタルを利用する人びとの正確な数字については把握しえていないが，現在全体の約5割から6割といわれている（「[ふぃめーる]"晴れ姿"レンタル派　幅広がる振りそで需要」読売新聞. 1998.1.14;「成人式の振りそでレンタル急成長　呉服店でも拡大」朝日新聞. 2002.1.11）。成人を迎える多くの女性たちは，ハンガーに吊るされた数多の振袖のなかからお気に入りの1枚を選ぶ。さらには着付け，お化粧や髪結い，前日までの記念撮影が「トータルに用意されたパック」のなかに含まれている。

　そこではすべてがパッケージ化されている。金額を多く支払えば，手の込んだ稀少なランク上位の振袖を選ぶことや，記念写真と当日の式典とで異なる振袖を身につけることもできる。一方で，より合理的かつ格安なパックもある。インターネットのサイトから好みの振袖と必要な小物を注文すると，前日あるいは当日までにそれら一式が詰められたダンボールが自宅や会場に届く。式典と記念撮影を終えれば，その場で着替えて再びダンボールに梱包し，郵送にて返却すればイベントはすべて完了となる。

第2章　成人式と着物をめぐる欲望__91

成人式でのレンタルの興隆。現在に残る着物を着る機会のうち，卒業式での袴や観光地での浴衣など，そのほとんどはレンタルである。そればかりではなく，成人式の振袖でさえレンタルによって占められている。さらに，こうした着物にはすでにある種の「型」が設けられている。花や御所解（ごしょどき）の古典的な文様や，ストライプのモダンな図柄，赤色や青色または黄色といった色味など，いくつかのタイプが設定されている。このような区分は着物そのものに限らない。淡色系といったコーディネートや，花魁風といったやや特殊なスタイルまでも，すでにラベリングされており，選択肢が用意されている。人びとはこのようにしてあらかじめ設けられた項目のなかから，在庫のある着物と帯，小物などの組み合わせを確認しながら，それぞれが思い描く着物姿をつくりあげていく。とりわけ，成人式では前日までのスタジオやロケーションでの撮影，また両日の髪結やメイクなどグレードに違いはあれど，あらゆることが「型」のなかにすっぽりと収められている。すでにパッケージとなった成人式の「型」。人びとはある種の「型」となっている振袖だけではなく，成人式そのものを借りて（レンタルして）いるのかもしれない。

　こうした事態はさまざまな箇所に変化をもたらす。たとえば，先述してきた，1960 年代頃から着物を購入すること，所有することが女性の幸福であると共示していた代表的なメディアの 1 つ『美しいキモノ』ではその誌面が大きく様変わりしていく。1992 年には「東西お薦めのレンタルショップ」という成人式のレンタル振袖を特集した記事を掲載していた（『美しいキモノ』159: 160-1）。だが，2000 年になると，春夏秋冬号の 1 年をとおして「特集　40 歳からのきもの入門」が組まれるようになり（『美しいキモノ』191～194），明らかに想定する読者層の変更ないし限定が見られる。それは毎年成人式の振袖を特集してきた従来の編集方針からの転換で

あり，やはり成人式での振袖が購入からレンタルへと移行している証左といえる。

　また，このような新たな着物との営みは人びとの成人式での振袖や着物そのものへのまなざしをも変えていく。かつての買えることが幸福であり，買えないことが不幸であるといったころの着物への愛憎の語りは，次のような異なる語りへと移ろう。

　　4歳年下の妹が，成人式を迎える。6年前に母が家を出て，2年もしないうちに現在75歳の父が大手術，退院して間もなく，脳こうそくで再入院となった。わがまま頑固一徹の父の看護，家事，父が元気な時に借りていた畑の農作業。「なぜ私だけが」と大人げない私は行き場のない気持ちを妹によくぶつけてしまった。それなのに，いたらぬ私を怒鳴る父との間に入り助け舟を出してくれる妹であった。頑張り屋で，私と違って高校の成績も良かったのに就職を選び，アルバイトの給料もそっと私に手渡してくれた。私自身は成人式に着物を着なかったので，せめて妹には着せてやりたいと思っていたが，お金は自分で用意しており，「レンタル店で似合うのを選んでくれるだけでいいよ」と，姉妹で選んだ。小さいころはケンカばかりで，分けたケーキも大きい方を取るような姉だったのに，私をいつも支えてくれるようになっていた。本当に感謝の気持ちでいっぱいである。15日，晴れるのを祈りつつ，立派に成長した妹に心から「おめでとう」と言いたい。（「声　私を支える妹，晴れて成人式」朝日新聞. 1999.1.15）

　これまでの新聞の投書には振袖を購入できない母親と，着ることのできない娘の悲哀があった。振袖で式典に出席することを禁止し

(提供) 朝日新聞社。

写真2-2　北九州の成人式

たり，成人式そのものを中止しようとする自治体もあった。けれども，それは前提として振袖は購入するものであり，人びともまたそれを所有したいと願ったからであった。

現在，このような情景はほとんど見ることができない。レンタルが普及したことで，人びとは買うよりも安く，易く振袖を身につけることできるようになった。両親や祖父母による購入を期待するのではなく，かつてであれば着ることを諦めるしかなかったものが，現在では自らの手でレンタル代を稼ぎ，自身の好みの1枚を気兼ねなく借りることで，成人式にて着物を着るというそれぞれの夢がかなえられている。近年，「金色や銀色などの派手な衣装をまとった男性」や「花魁の格好をした女性たちの姿」で大きな話題となっている北九州での成人式も，その「多くが仕事やアルバイトでコツコツと貯金して衣装を借りている」という（「北九州成人式　熱い思い様々」読売新聞. 2016.12.13.；**写真2-2**）。もちろん，レンタルとなっても購入時の4分の1から5分の1程度の価格であり，いまだ高額であるという批判はある（「声　高すぎる着物のレンタル代」朝日新聞. 2012.11.8）。先の女性も振袖のレンタル費用を工面するのには多くの苦労を要したことだろう。

また，振袖がレンタル商品となるなかで，成人式当日になっても注文した振袖が届いていないというケースは後を絶たない。2018

年にはいわゆる「はれのひ事件」が生じた（「『はれのひ』社長が謝罪　破産手続き開始」読売新聞. 2018.1.27；「はれのひ元社長逮捕　業績偽り融資詐取容疑」朝日新聞. 2018.6.24）。当時、はれのひ株式会社は晴着の販売とレンタル、ならびに記念写真の撮影を大都市圏を中心に展開していた。ところが、2018年の成人の日に1店舗を除くすべてが突如として閉鎖され、連絡がつかなくなった。そのため、はれのひから晴着の購入やレンタル、着付けの予約をしていた人びとは、当日晴着が届かず、混乱と呆然のなかその日を過ごす事態となった。被害者は約300人近くにのぼったという。

　けれども、注目すべきはこうしたなかでも以前のように成人式への出席を諦めたり、成人式そのものを中止しようとしたりする動きではなく、むしろボランティアや企業、あるいはクラウドファンディングなどによってさまざまな支援策が講じられ、成人式をみんなでなんとか実現しようとする温かな動きが見られたことである。購入からレンタルへと、成人式の振袖ならびに着物との結びつきが大きく変わりつつあるなかで、成人を迎える本人や家族だけではなく、多くの人びとのまなざしもまた変わりつつある。かつての無関心や賛否両論の対象であった成人式はいまではひとつのイベントとして積極的に受け入れられ、古来の通過儀礼や日本の伝統文化に縁由を求める視線とは異なる位相から大いに楽しまれている。

4　レンタルに込められた欲望

　成人の日と成人式。こうした日に成人とは何か、大人とは何か、あるいは成長するとはいかなることか、といった（もはや忘れ去られてしまった）観念的な問いかけがあらためてなされることも必要な

ことかもしれない。また，2022 年に成人年齢が 18 歳へと引き下げられたことで，少年法の取り扱いや飲酒・喫煙，公営競技の年齢をめぐる弊害や混乱が幾分生じており，その実務的な整理を議論することも要用なことかもしれない。

　けれども，ここで重要なことは観念的な議論や実務的な処理ではない。あるいは，成人の日と成人式を戦後につくられたイベントにすぎないと喝破することでもない。重要なのはこのイベントのなくならなさ，なかでも人びとのそのときの服装とくに着物との関わり方であり，その内に潜む欲望のかたちであった。全国に少しずつ浸透した成人式も当初は洋服が大勢を占めていた。だが，着物が人びとの非日常着となるなか，成人の日は旧来の冠婚葬祭と同様に扱われ，盛／正装としての着物をまとう重要な一日となる。成人式と着物はこのとき結ばれた。そして，なにより肝要なのは，こうした成人式での振袖をはじめとする着物が購入される商品であり，所有したいと欲する対象だったことである。着物を買えること，持てることは多くの女性たちにとって幸福であり，その反対は不幸を標印していた。

　1990 年代以降，こうしたいままでの着物をめぐる関係と人びとの欲望が大きく変貌を遂げた。成人式の振袖はほとんど購入されず，なかには「ママ振」を手にする女性もいるが，多くはレンタルの着物を利用している。買うのではなく借りる着物。それでは，最後に，現在主流となっている着物のレンタル，着物を借りるという社会的行為にはいったいどのような欲望が込められているのだろうか。たしかに，このような一時的な手段が人気となる背景にはいわゆる「失われた 30 年」の経済低成長の貧しさや，住宅事情の狭小問題などもあるのかもしれない。だが，けっしてこれら消極的な理由にのみ還元されるものではない。借りることには，先述したように，

たんに着物をレンタルするだけではない，ほとんどパッケージ化された「型」そのものを借りるという意味が内包されている。そして，人びとのこの「型」を借りる行為は，たとえば次のような成人式の風景とともにある。

　　外国人の若者が多い豊島区は 13 日，区主催の式典に合わせて，区内の外国人向けの晴れ着の着付け体験を初めて企画した。（中略）事前に申し込んだ男女十数人が振り袖や羽織はかまで着飾った。（中略）この日は午後からの成人式に出られるように，着付け体験は午前中，式典会場隣の区民センターで催された。台湾から立教大学に留学中の陳沐凡さん（20）は赤い振り袖を選んだ。アルバイト先の人から「赤が似合うよ」と言われたうえ，「明るく楽しいイメージの色だから」。来日前から成人式のことは知っていたが，「外国人は参加できないと思っていたからうれしい」と笑顔で語った。（「外国人も晴れ着姿で」朝日新聞. 2020.1.14）

　外国人の成人式での着付け体験のひととき。かれらは準備された数多の振袖から，自らの好みの 1 枚を借りて，各々が描く日本らしい，着物らしい格好をして楽しんでいる。それは普段の服装とは異なり，いかにも日本の伝統着に変身するという，ある種のコスチュームプレイ（コスプレ）といえるかもしれない。だが，これは外国人に限ったことではなく多くの新成人の経験も同様である。なぜなら，かれらもまた，ほとんど着物の袖を通したことがないのだから。「山のように届く振り袖カタログ，盛り髪，おいらん……もはやコスプレ」なのである（「キャンパる・斬る：成人」毎日新聞. 2010.1.15）。そこに国籍や人種の違いはない。

第 2 章　成人式と着物をめぐる欲望__97

着物を借りること，着物をレンタルすることには，日本風や着物らしさという「型」を借りて，そのなかにある現実の数多の選択肢と戯れながら，それぞれのイメージへと自らを変身させるコスプレの感覚がある。もちろん，コスプレという概念そのものについては別途検討しなければならない（成実 2009; 三田村 2008; 杉浦 2008）。けれども，少なくとも，多くの人びとはわざわざ着物を借りてまで，着ることを欲している。そこには変身の欲望がある。

　成人式で着物を着ること，変身すること。それは成人や大人になることなどではない。ましてや，そこにイニシエーションの象徴性や日本文化の伝統性があるわけでもない。それは日本の伝統服とされている着物にコスプレすることであり，いつもとは少し違う自分に着がえることである。着物を着ることはいまやコスプレというひとつの変身である。成人の日は人びとが着物のコスプレを楽しむ機会の一日であり，なかでも成人式は観光などのプライベートとは異なる，公に許されたイベントなのである。いつもはコスプレに気恥ずかしさを覚える人も気兼ねなく楽しむことができる。だからこそ，先の北九州の成人式に代表されるような，「金色や銀色などの派手な衣装をまとった男性」や「花魁の格好をした女性たちの姿」を目にすることも一般的になりつつあるのだろう。人びとは成人式というパブリックなコスプレの機会を得て，それぞれの変身の欲望を満たしている。

　着物のコスプレ。もちろん，こうした感覚はレンタルという社会的行為のみによって生まれるわけではない。この点についてはあらためて別稿に譲らねばならないが，たとえば着物そのものの変化，すなわち反物というマテリアルにおけるインクジェット・プリントの新しい捺染≒印刷技術の台頭や，SNS をはじめとするメディアを介したコミュニケーションの状況などが挙げられる。あるいは，

人びとがほとんど着物を着る術を知らないという身体的経験の喪失という根底的な問題もある。さらには，2010年代より盛んにうたわれた，アニメや漫画などのさまざまな日本文化をフラットにしたクールジャパンという国家的プロジェクトの影響も含まれうるかもしれない。

　ただ，着物を着ることがコスプレとなるなかで，とりわけ成人式での着物が興味深いのは，「ママ振」という他者との思い出や記憶をめぐる私的なモノ語りではないだろうか。人びとはモノを介して過去とのつながりを確認し，想起する。けれども，レンタルはもはやモノそのものを必要とはしない。ある一瞬の機会が終われば手元に残ることはなく，返却されるだけである。「ママ振」には母や祖母も袖を通した着物を，自分もまた受け継いでいるという必然と幾ばくかの顕示とともに，未来におけるこうした私的な語りそのものへの不安を内包させていた。けれども，おそらくこうした「ママ振」の語りそのものがレンタルのなかで失われていくことだろう。では，そのとき人びとはいったいどのような私的なモノ語りを紡ぐことができるのだろうか。もしかすると，このときはじめて人びとはコスプレとは感じなくなるほどに，モノを介した私的な物語の行方の不安さえないかたちで，着物のコスプレを，服を着ることを楽しめるのかもしれない。

　文化事象は複合的な視座より考えなければならない。たが，少なくとも，借りるという社会的行為は買うこととは異なる，新しい着物との関係をひらくとともに，人びとに新たな欲望を垣間見せる。いや，正確には，それは人間が衣服に抱くさまざまな欲望を削ぎ落とした，より根源的な欲望を露出しているのかもしれない。自らのために所有するものでも，受け継がれるものでもない着物。それは着物のみならず衣服を着ることで，何者かになるという最も原初的

第2章　成人式と着物をめぐる欲望＿99

な行為といえる。着ることによる変身。レンタルの着物は人間とモノとの関係の，現在的かつ根源的な欲望のかたちを教えてくれる。

■文献

Boorstin, Daniel J., 1962, *The Image: Or What Happened to the American Dream*, Atheneum.（星野郁美・後藤和彦訳，1974，『幻影の時代——マスコミが製造する事実』東京創元社.）

Dayan, Daniel and Elihu Katz, 1992, *Media Events: The Live Broadcasting of History*, Harvard University Press.（浅見克彦訳，1996，『メディア・イベント——歴史をつくるメディア・セレモニー』青弓社.）

Hobsbawm, Eric and Terence Ranger, 1983, *The Invention of Tradition*, Press of the University of Cambridge.（前川啓治・梶原景昭訳，1992，『創られた伝統』紀伊国屋書店.）

真木悠介，1977，『現代社会の存立構造』筑摩書房.

見田宗介，1965，『現代日本の精神構造』弘文堂.

———，1979，『現代社会の社会意識』弘文堂.

三田村蕗子，2008，『コスプレ——なぜ日本人は制服が好きなのか』祥伝社.

成実弘至編，2009，『コスプレする社会——サブカルチャーの身体文化』せりか書房.

小形道正，2013，「ファッションを語る方法と課題——消費・身体・メディアを越えて」『社会学評論』63（4）：487-502.

———，2016，「ファッション・デザイナーの変容——モードの貫徹と歴史化の行方」『社会学評論』67（1）：56-72.

———，2021，「非日常化する着物と衣服を買うこと——1960年代から1980年代（上）」『Fashion Talks…』13：58-67.

———，2022a，「衣服と人間の関係史——つくること，買うこと，借りること」『広告』416: 151-64.

———，2022b，「非日常化する着物と衣服を買うこと——1960年代から1980年代（下）」『Fashion Talks…』14：48-59.

———，2023，「贈与・所有・変身——衣服をめぐる欲望の相乗性と相剋性から」『思想』1192：101-14.

杉浦由美子，2008，『コスプレ女子の時代』ベストセラーズ.

内田隆三，2005，『社会学を学ぶ』筑摩書房.

柳田國男，1931＝1993，『明治大正史 世相篇』講談社.

現代社会における人びとの「大人である」という認識 第3章
計量分析から見る主観的評価と客観的条件

林 雄亮

1 成人式と「大人である」こと

1-1 筆者の成人式経験

　筆者は北海道十勝地方に位置するある町の生まれで，大学進学を機に上京するまでそこで暮らした。成人式では，住民票のあった都内の自治体ではなく地元の町役場に電話をして，そちらの式に帰省を兼ねて参加した。少なくとも当時の筆者にとって成人式とは，20歳に達したことをありがたい話とともにあらためて認識するための場ではなく，中学時代までを一緒に過ごした仲間たちとの再会の場であった。おそらく友人の多くもそう思っていただろう。大学生のうちは帰省のたびに仲のよい地元の友人たちとは会えるものの，同学年のほとんどが一堂に会するのはたぶんこれが最初で最後である。

　当時は社会学者を志すことなど毛頭考えもしなかったが，人びとの人生やその比較から見えてくる格差の問題にはうまく言葉にできないながらも関心を持っていた。北海道の「ど」がつく田舎出身で，都会に比べて，進路選択や将来の夢に向かうルートの少なさに不条理を感じたこともあった。また，同じど田舎の出身でも，裕福な家庭もあれば貧しい家庭もある。大学進学が可能な層もいれば，経済

101

的理由で大学進学が不可能な，もしくは高い教育を受けようという動機づけがなされない出身背景を持つ者も少なくない。成人式という，年齢と出身地域の同じ集団が中学校卒業から5年後に見せる就学・就業状況，家族形成，生活様式，社会意識のバリエーションは，当時の筆者にとって当事者性を帯びた社会格差の発見だった。

　成人式では，すでに子どもをもうけた同級生の話も聞いた。学生である筆者と，高卒後に正社員として就職し，間もなく結婚と出産をほぼ同時に経験している彼／彼女らとでは，ライフステージの「進み具合」があまりにも異なる。「大人になったことを祝いはげます」日は，同じ民法上の「成人」でありながら，「大人」の基準と考えられているライフイベントをすでに経験した同級生と，その手前で将来に不安を感じている自分との差を経験する場でもあった。

1-2　成人期への移行の変容と新たなライフステージの出現？

　どのような社会でも，「子ども」から「大人」へは，あるきっかけや年齢を境に様変わりするのではなく，さまざまな経験や変化をとおして子どもから大人に「なって」いく。社会学では，このことを「成人期への移行（transition to adulthood）」という。成人期への移行には，一般に，学校教育を終えること，就職すること，離家する（親とは別に暮らす）こと，結婚すること，子どもを持つことといったライフイベントの経験がなされる（Shanahan 2000）。

　かつての「古典的な移行モデル」（久木元 2009）では，これらのライフイベントをある程度の年齢までに遅かれ早かれ経験することで，おおよそすべての人びとが「大人」になると想定されており，1980年代半ばまでは先進諸国における若者研究で主流の考えであった。

　しかし，1980年代に入ると欧米諸国の若年層の間で，失業率の

上昇，教育の長期化，早いうちに職業コースを特定することを避ける傾向，結婚を先延ばしにする傾向，就職を遅らせ，お金のためよりも満足のいく仕事を得ることを重視する傾向などが見出されるようになり（宮本 2004），こうした現象は，若者研究の動向にも変化を強いることになった。その後，ワルサーらの国際的な調査研究をはじめとして，ヨーロッパ社会では成人期への移行の再検討が迫られ，成人期への移行が「脱標準化（de-standardization）」し，「ヨーヨー型の移行（yo-yo transition）」へと変化してきたことが指摘されている（Walther et al. eds. 2002）。この「ヨーヨー型の移行」とは，「子ども→大人」という一方向的で不可逆的な移行ではなく，おもちゃのヨーヨーのように「子ども↔大人」を行ったり来たりするという意味で，成人期への移行が長期化，複雑化したことを表している。

　このような成人期への移行モデルの変化とともに，それまで主流であった「青年期（youth）」と「成人期（adulthood）」という連続するライフステージの間に，「ヨーヨー型の移行」を象徴するような新たなライフステージの存在を提唱する研究者もいる。その第一人者であるジェフリー・アーネットは，この時期を成人形成期（Emerging Adulthood，以下 EA と略す）と呼び，一方向的な移行期を意味する若年成人期（Young Adulthood），早期成人期（Early Adulthood），後期青年期（Late Adolescence），若者層（Youth）などとは明確に区別する（Arnett 2000, 2012）。

　アーネットによれば，EA はアメリカにおいては 18〜25 歳，その他の産業諸国においては 18〜29 歳が妥当な年齢層であるという（Arnett 2012）。さらに，EA の 5 つの特徴として，①アイデンティティの探求（「私は誰なのか？」という疑問に答えようとすること，恋愛や仕事についてさまざまなことを試してみること），②不安定性（とく

に恋愛や仕事，居住形態が安定しないこと），③自己中心性（自分に強く関心が向く），④思春期でも大人でもない過渡期としての「はざま」の感覚，⑤開かれた可能性と楽観的思考が挙げられている（Arnett 2014)[1]。

　欧米諸国からは10年ほど遅れて，日本でも若者の社会的地位の低下や不安定化が指摘されるようになった。宮本みち子は，日本社会において，成人期への移行に困難を抱える若年層の存在を指摘し，青年期から成人期への過渡期にある時期を「ポスト青年期」と表現している（宮本 2004）。アーネットのEA論に比べて，安定した就業にともなう経済的に自立した生活の実現や，結婚や出産といった家族形成の面により焦点を合わせた概念だが，ライフステージにおけるその位置は両者でほぼ一致している。

1-3　現代社会と人びとの「大人である」という認識

　平成以降の日本社会は昭和の時代までとは一転して，労働市場の流動化や格差の拡大，超少子高齢・人口減少社会の到来という新たな問題に直面してきた。高度経済成長期にできあがった日本型雇用システムは綻び始め，2000年代以降になると非正規雇用の拡大，不安定就労や貧困の問題も深刻化してきた。これらに対する明確な処方箋もないまま30年以上が経過し，現在では国際競争力の低下も叫ばれるようになっている。

　上記のような社会環境の変化のなかで，宮本の「ポスト青年期」にしろ，アーネットのEAにしろ，現代日本社会に生きる人びとのライフコースにおいても，そのような時期が存在することにはほぼ

1　EA論をはじめ，成人期への移行に対する分析視角をレビューした優れた日本語文献として中村（新井）ほか（2011）がある。

疑いはないだろう。「大人」になることには複数の側面があり，それぞれが独立に，さらに「子ども↔大人」のように可逆性をともなっている。

とすれば，20歳のある日の瞬間を切り取ることは，成人期への移行においてそれぞれの側面に進行具合の異なる人びとによる，バラツキの大きな写真ができあがることになる。冒頭で述べた著者の成人式経験も類に違わず，共感してくれる読者もそれなりにいるのではないかと思う。

後述する全国規模の社会調査データを用いて，2019年に20歳であった人びと（194名）の当時の状況を記述してみると，正社員で働いている者は16%，アルバイト等の非正規労働者は11%，学生は70%となっている。また22%が親とは別に暮らしている。まだ20歳ということもあり既婚者は2名，子どもがいる者は3名にすぎないが，学校に通っているかどうか，働き方の違い，定位家族との関係においては，やはり大きなバリエーションが確認できる[2]。

このように複雑化した成人期への移行が展開される社会状況では，人びとの「大人である」という認識にも相違が生じるはずである。自分は大人といえるのか，そもそも何をクリアしたら大人なのか，何を身につければ大人と呼べるのかということについて，画一的でないさまざまな様相が見られるのではないか。またその「大人である」ことに対する思いは，人びとの属性や経験とどのように関わっているのか。田中治彦も，成人式で祝われる法律上の成年（20歳，18歳）と，「大人である」感覚には乖離があることを指摘している

2　この分析はJLPSの2019年調査データを用いて，1999年生まれの対象者に限定して行ったものである。

（田中 2020）。おそらくその乖離の方向や具合も，人びとの間で一様ではないだろう。そこで本章では，人びとが「大人である」ということをどのようにとらえているのかという意味世界を探求することにしたい。

2　3つの問いと計量分析によるアプローチ

2-1　本章の問い

　本章では，社会調査データの計量分析という方法で，次の3つの問いに取り組む。社会調査データの計量分析は，得られたデータを可能な限り客観的に評価し，解釈できる点に利点がある。

　第1の問いは，どれくらいの人びとが自分自身を「大人である」と認識しているのか，というものである。諸外国との比較も交えて，記述的な分析から考察する。

　第2の問いは，一般に「大人である」というとき，人びとはどのような事柄を「大人である」ことの条件と考えているのかというものである。どのような事柄が「大人である」ことの条件として挙げられやすいのか，また，それぞれの事柄が「大人である」ことの条件として挙げられることに対して，人びとの社会的属性や特徴はどのような影響を持っているかを明らかにする。

　第3の問いは，どのような社会的属性や特徴を持つ人びとが自分を「大人である」と考えているのかというものである。第2の問いが人びとの客観的視点からの「大人である」ことの条件を分析するのに対し，第3の問いは人びとの主観としての「大人である」ことを扱う。ただし，自分を「大人である」と考えるか否かには，それぞれの人の「大人である」ことの判断基準が関わってくる。し

たがって，第2の問いで考察する「大人である」ことの条件が，自分を「大人である」と考えることにどう影響するかについても検討する。

2-2 東大社研若年・壮年パネル調査データ

　本章では，自分を「大人である」と考えているか，「大人である」ことの条件に関する質問項目が含まれている，東大社研若年・壮年パネル調査（以下，Japanese Life Course Panel Surveys の頭文字をとって JLPS と呼ぶ）のデータを使用する[3]。パネル調査とは同一の個人や世帯に対して一定間隔で繰り返し調査を実施する手法であり，この調査は東京大学社会科学研究所により 2007 年から毎年実施されている。若年パネル調査の第1回（一般に「第1波」と呼ぶ）の回収票数は 3367 ケース，回収率は 35% であり，壮年パネル調査ではそれぞれ 1433 ケース，40% である。

　この調査では，比較的広い年齢層の「大人である」ことに関する意識について考察が可能である。第1回の若年パネル調査は 2006 年 12 月末現在で満 20〜34 歳（1972〜1986 年生まれ），壮年パネル調査は同時点で満 35〜40 歳（1966〜1971 年生まれ）の日本人男女を対象としており，2019 年には満 20〜31 歳の若年リフレッシュサンプルが追加されている。調査内容は共通のため，これらの調査データを合併して利用できる。

　次節からの分析で用いるのは JLPS の 2022 年の調査であり，若年サンプル，壮年サンプル，若年リフレッシュサンプルを総合すると，調査時点での回答者の年齢は 20 代半ばから 50 代半ばまでとなっている。使用する変数は，自分を「大人である」と考えるか否

3　調査設計や回収率等については藤原ら（2020）を参照。

表 3-1　JLPS（2022 年調査）データの記述統計

	変数	%	*n*
性別	男性	41.9	4382
	女性	58.1	4382
年齢層	24–29 歳	13.6	4382
	30–34 歳	14.1	4382
	35–39 歳	13.4	4382
	40–44 歳	12.8	4382
	45–49 歳	19.1	4382
	50–56 歳	27.0	4382
持ち家居住ダミー（1 をとる割合）		70.4	4373
婚姻状況	既婚	62.8	4379
	未婚	32.0	4379
	離別・死別	5.2	4379
子ども有りダミー（1 をとる割合）		56.3	4371
教育年数	9 年	1.2	4360
	12 年	24.7	4360
	14 年	31.1	4360
	16 年	38.5	4360
	18 年	4.4	4360
自分が大人であると思うか	大人である	52.7	4485
	大人でない	15.5	4485
	どちらともいえない	31.8	4485
大人になるために必要なこと（選択率）			
20 歳になること		37.1	4348
親から経済的に自立すること		85.9	4348
親とは別に暮らすこと		14.0	4348
学校教育を終えること		24.9	4348
就職すること		57.8	4348
性体験のあること		5.3	4348
結婚すること		14.7	4348
子どもを持つこと		15.7	4348
自分の感情をいつもコントロールできること		66.9	4348
自分の行動の結果に責任を持つこと		94.4	4348
両親と対等な大人としての関係を築くこと		23.8	4348
両親や他人から独立して自分の信念・価値を決定できること		49.0	4348
家族を経済的に支えられること		44.2	4348
自分の家を購入すること		3.6	4348
子どもを育てられること		21.5	4348
妊娠しないために避妊すること		15.0	4348

（出所）　筆者作成。

か，「大人である」ことの条件のほか，対象者の性別，年齢，学歴，働き方，婚姻状況，子どもの有無，持ち家の有無である。これらの変数の記述統計を**表 3-1** に示す[4]。

3 「大人である」という主観とその条件

3-1 自分は「大人である」という認識と性別・年齢との関連

図 3-1 と**図 3-2** は，「世間では人のことを『大人である』とか『大人でない』などといいますが，あなたはご自分が大人であると思いますか」という質問への回答の分布を年齢層別に示したもので，**図 3-1** は男性，**図 3-2** は女性の結果である。この調査の対象者は全員が 20 歳以上であるため，字面的に解釈すれば当然「大人である」はずである。またこの回答者の男性の 59.0%，女性の 64.8% は結婚しており，男性の 50.8%，女性の 59.5% はすでに子どもがいる人びとである。

しかし**図 3-1** および**図 3-2** を見ると，自分を「大人である」と回答した者の割合は男女ともに全体で 5 割を少し上回る程度にすぎず，「大人でない」と回答する者が 15% 前後，そして「どちらともいえない」という回答をする者が 3 割前後も存在することがわかる[5]。年齢層による違いに着目すると，40 代前半の女性に

---

4 自分を「大人である」と考えるか否かと「大人である」ことの条件の質問項目は，JLPS の 2012 年の調査にも設けられている。「大人である」と考えるか否か，「大人である」ことの条件について 2012 年と 2022 年の比較を行ったものとして石田ほか（2023）がある。

5 この質問項目に対して「大人である」「大人でない」「どちらともいえない」のいずれも選択しなかった無回答のケースは分析から除外している。無回答は男性全体の 1.0%，女性全体の 0.7% にすぎなかった。

第 3 章 現代社会における人びとの「大人である」という認識___109

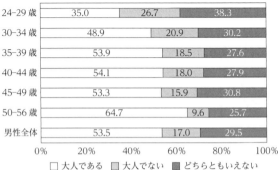

(出所) 筆者作成。

図3-1 自分は「大人である」か「大人でない」か(年齢層別,男性)

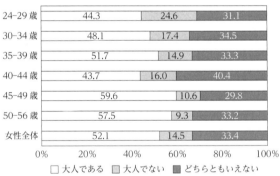

(出所) 筆者作成。

図3-2 自分は「大人である」か「大人でない」か(年齢層別,女性)

おいて「大人である」という回答の割合が他の年齢層に比べて小さいことを除けば，男女ともに年齢が高くなるにつれて「大人である」という回答が徐々に多くなる。しかし，40代後半や50代においても「どちらともいえない」という回答が約3割も存在している。また「大人でない」という回答は，男女ともに年齢が高くなるほど割合が小さくなっていくが，50代になっても男女ともに1割程度の人びとが自分を「大人でない」と考えている。

やや古いデータになるが，アメリカにおける同様の調査結果では，「大人である」との回答が13～19歳で19%，20～29歳で46%，30～55歳で86%，「ある面では大人だが別の面では大人ではない」という回答は，13～19歳で48%，20～29歳で50%，30～55歳で12%となっている（Arnett 2001）。アメリカでは年齢による回答傾向の違いがはっきりしているが，図3-1および図3-2を見る限り，現代日本社会では年齢と自分を「大人である」と考えるか否かはそれほど強く関連してはいない[6]。

3-2 「大人である」ことの条件とその共通性

図3-1および図3-2で示したように，成人であっても自身を「大人である」と考えている者は，半数ほどしかいない。このことは人びとの「大人である」という認識に対して，20歳に達するという年齢条件がそれほど大きな意味を持っていないことを示唆して

6　過去10年以内に刊行された論文から諸外国の状況を確認すると，デンマークにおいて17～29歳を対象にした調査では，「大人である」が27%，「大人でない」が11%，「ある面では大人だが別の面では大人ではない」が62%となっている（Arnett and Padilla-Walker 2015）。ギリシャで17～27歳の大学生を対象に実施した調査では順に16%，13%，71%となっている（Galanaki and Leontopoulou 2017）。

第3章　現代社会における人びとの「大人である」という認識

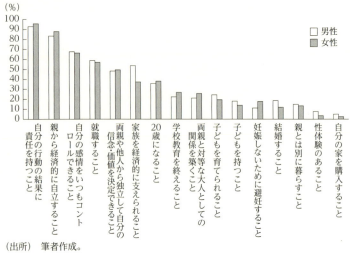

図 3-3 「大人である」ことの条件（男女別）

いる。それでは，人びとはどのようなことを「大人である」ために必要だと考えているのだろうか。本節では，「一般に『大人である』ためには次のようなことが必要だと思いますか」という質問に対する回答から考察しよう。

JLPS で「大人である」ことの条件として提示されているのは**表3-1**と**図3-3**に示した 16 項目であり，あてはまるものをすべて選択してもらう形式で尋ねている。**図3-3**では，これらを男女計で選択率が高いものから順に配置し，棒グラフで男女別の選択率を示している。

最も多くの人びとが選択したのは「自分の行動の結果に責任を持つこと」であり，男女ともに 9 割を超えている。「親から経済的に自立すること」も男女ともに 8 割を超え，これらの 2 項目はほとんどの人びとにとって「大人である」ことの条件と考えられている。

「自分の感情をいつもコントロールできること」も3分の2程度の人びとが選択しており、これら上位3つは諸外国でも最上位にランクインしている（Arnett 2001, 2014; Arnett and Padilla-Walker 2015）。

「20歳になること」の選択率は男女ともに4割弱にすぎず、文字どおり成人年齢に達するということが、一般的な「大人である」という感覚とはズレていることがうかがえる。上位の項目を鑑みると、人びとにとって「大人である」とは、単に法的、制度的に成人年齢に達することではなく、大人として認められるべき行動や意識の実践としてとらえられているようである。また、「就職すること」を例外として、成人期への移行におけるイベントの選択率（「学校教育を終えること」「子どもを持つこと」「結婚すること」「親とは別に暮らすこと」）もさほど高くない。

男女差が大きい項目として、「家族を経済的に支えられること」は男性が女性を15ポイント以上上回っている。下位の項目でも「妊娠しないために避妊すること」「結婚すること」は比較的男女差が大きく、結婚や避妊といった性にまつわることで男女差が生じやすいといえよう。

日本の高校生・大学生に同様の質問をしている「第8回青少年の性行動全国調査」でも、これらの項目の序列はほぼ同じであることがわかっている（結果は省略）[7]。すなわち、現代日本社会における年齢や社会経済的地位が異なるグループでも、「大人である」ことの条件の序列関係は共通しているようである。

---

7 「第8回青少年の性行動全国調査」については、日本性教育協会編（2019）を参照。

第3章　現代社会における人びとの「大人である」という認識__113

4　誰がその条件を挙げるのか

4-1　分析方法──二項ロジスティック回帰分析

前節で示した「大人である」ことの条件は，自分自身を「大人である」と判断するかどうかという主観ではなく，社会一般において「大人である」と判断される際に必要だと考えられる条件を尋ねている。しかし，何をもって「大人である」と考えるかは，当然個人によって異なりうる。そしてこの価値観は，性別や年齢といった人口学的要因，学歴や働き方といった社会経済的要因，さまざまなライフイベントの経験によって形成される部分も少なくないと考えられる。とくにライフイベントの経験については，すでに経験した者にとってはさほど「大人である」ことの条件としてふさわしいと思われないかもしれないが，経験していない者にとってはそのライフイベントが「大人である」ことの証としてとらえられている可能性もある。またその反対として，経験したからこそそのライフイベントを重要であると認識し，「大人である」ことの条件として挙げる可能性もあるだろう。

そこで本節では，先の 16 項目それぞれが「大人である」ことの条件として挙げられることに対して，人びとのどのような社会的属性やライフイベントの経験が寄与するのかを二項ロジスティック回帰分析を用いて検討する[8]。従属変数は，当該項目を「大人である」ことの条件として挙げた場合は 1，挙げなかった場合は 0 をとるダミー変数である。独立変数は女性ダミー，年齢，学歴（教育年

8　二項ロジスティック回帰分析とは，ダミー変数である従属変数に対して，複数の独立変数の影響を推定するモデルである。ダミー変数とは 0 か 1 のみをとる 2 値変数で，経験や状態の有無を表す際に用いられる。

数），現在の働き方として正規雇用を基準カテゴリーとした非正規雇用ダミー，自営ダミー，無職・学生ダミー，子ども有りダミー，婚姻状況として未婚を基準カテゴリーとした既婚ダミー，離別・死別ダミー，持ち家居住ダミーである。

4-2　社会的属性とライフイベントの経験の影響

　分析結果を一覧に示したものが**表3-2**である。分析結果の見方として，ここではロジスティック偏回帰係数（*b*）の値が統計的に有意であるかどうかに着目する。標準誤差（*s. e.*）の右のアスタリスク（*）が統計的に有意であることを表している[9]。

　各独立変数のロジスティック偏回帰係数は，「大人である」ことの条件として挙げられる確率に対して，その変数がどのような影響を与えるかを示している。符号が正（プラス）であれば「大人である」ことの条件として挙げられやすい方向に作用し，負（マイナス）であれば「大人である」ことの条件として挙げられにくい方向に作用していることになる[10]。

　結果の読み方を「自分の行動の結果に責任を持つこと」を例に説明すると，女性ダミーの影響は係数の値が正で有意であることから，男性に比べて女性はこの項目を「大人である」ことの条件として挙げやすい傾向があるといえる。また無職・学生の係数の値が負で有意であることから，基準カテゴリーである正規雇用で働いている者

　9　この分析において「統計的に有意である」とは，その独立変数の影響が確からしいものと判断できることを意味する。

　10　ロジスティック偏回帰係数はその絶対値が大きいほど影響が強いことを意味するが，女性ダミーと年齢など，測定の単位が異なる変数どうしで比較することはできない。年齢と学歴（いずれも年単位）や，子ども有りダミーと持ち家居住ダミー（いずれも有無を示すダミー変数）等は単位が等しいため比較可能である。

表3-2 「大人である」ことの条件に関する二項ロジスティック回帰分析結果

従属変数	自分の行動の結果に責任を持つこと b	s.e.	親から経済的に自立すること b	s.e.	自分の感情をいつもコントロールできること b	s.e.	両親や他人から独立して自分の信念・価値を決定できること b	s.e.	就職すること b	s.e.	妊娠しないために避妊すること b	s.e.	家族を経済的に支えられること b	s.e.
女性（基準：男性）	.627	.147***	.293	.096*	-.031	.072	.041	.068	-.009	.069	.441	.099***	-.705	.070***
年齢	.011	.008	.022	.005***	.003	.004	-.003	.017***	.008	.004**	-.019	.005***	-.000	.004
学歴（基準：教育年数）	.026	.037	.028	.025	-.048	.018*	.105	.083	-.068	.018***	-.037	.024	-.103	.018***
非正規雇用（基準：正規雇用）	-.293	.180	-.020	.124	-.089	.088	.142	.117	-.265	.084**	.129	.114	-.118	.085
自営（基準：正規雇用）	.319	.300	-.083	.179	-.175	.122	.183	.102	-.447	.117***	.345	.161*	.092	.119
無職・学生（基準：正規雇用）	-.444	.197*	-.344	.134*	-.189	.103	.246	.099*	-.559	.099***	.443	.126***	-.207	.102*
子ども有り	.040	.242	.465	.156**	-.184	.108	-.089	.102	.091	.102	.227	.146	.235	.104*
既婚（基準：未婚）	.498	.247*	.681	.153***	.014	.115	.179	.108	-.017	.109	.019	.156	.258	.111*
離別・死別（基準：未婚）	.151	.368	.122	.238	-.068	.177	-.298	.171	.128	.172	-.155	.247	.119	.172
持ち家居住	-.225	.155	-.260	.102*	.134	.074	-.250	.071***	.082	.071	-.034	.098	.093	.073
定数	1.662	.675*	.026	.459	1.344	.338***	-1.400	.320*	1.025	.323**	-.921	.445*	1.314	.326***

従属変数	20歳になること b	s.e.	学校教育を終えること b	s.e.	両親と対等な大人としての関係を築くこと b	s.e.	子どもを育てられること b	s.e.	子どもを持つこと b	s.e.	自分の家を購入すること b	s.e.
女性（基準：男性）	.067	.071	.190	.079*	.186	.081*	-.405	.085***				
年齢	-.029	.004***	-.009	.004	-.001	.004	-.010	.005*				
学歴（基準：教育年数）	-.023	.018	.026	.020	.015	.095*	-.105	.021***				
非正規雇用（基準：正規雇用）	.031	.086	.111	.094	.191	.136	.074	.104				
自営（基準：正規雇用）	-.110	.124	.040	.142	.172	.112	.345	.133*				
無職・学生（基準：正規雇用）	.047	.101	-.006	.113	-.058	.117	.192	.122				
子ども有り	.111	.106	.279	.115*	.128	.125	1.031	.149***				
既婚（基準：未婚）	.215	.112	-.095	.124	-.363	.213	-.345	.160*				
離別・死別（基準：未婚）	-.432	.190*	-.072	.205	-.041	.082	-.304	.222				
持ち家居住	.098	.073	-.130	.082	.030	.089	.030	.089				
定数	.709	.329*	-1.475	.369***	-1.548	.374***	.366	.382				

従属変数	結婚すること b	s.e.	親とは別に暮らすこと b	s.e.	性体験のあること b	s.e.	自分の家を購入すること b	s.e.
女性（基準：男性）	-.635	.100***	-.222	.098*	-.948	.159***	-.860	.190***
年齢	-.006	.005	-.014	.005**	-.012	.008	-.001	.010
学歴（基準：教育年数）	-.138	.024***	-.075	.025**	-.106	.037***	-.159	.044***
非正規雇用（基準：正規雇用）	.175	.151	.228	.117	.307	.192	.275	.229
自営（基準：正規雇用）	.267	.150	.079	.168	.375	.221	.339	.318
無職・学生（基準：正規雇用）	-.010	.150	-.016	.145	-.438	.285	-.146	.261
子ども有り	.442	.155**	-.134	.140	-.174	.215	-.249	.266
既婚（基準：未婚）	.093	.169	.236	.149	.383	.233	.181	.287
離別・死別（基準：未婚）	-.289	.267	-.130	.243	.003	.418	.090	.460
持ち家居住	.027	.103	-.074	.099	-.062	.157	.406	.205*
定数	.381	.436	-.577	.445	-.577	.666	.961	.799

（注）すべての分析結果のケース数は4328であり、bはロジスティック偏回帰係数、s.e.は標準誤差を表す。擬似決定係数は省略。*は5%水準、**は1%水準、***は0.1%水準で当該独立変数の係数が統計的に有意であることを示す。
（出所）筆者作成。

に比べて無業者や学生はこの項目を挙げにくい。同様に，既婚者は未婚者に比べてこの項目を「大人である」ことの条件として挙げやすい傾向があることもわかる。

　以下では 16 項目を個別に見ていくと煩雑になるため，独立変数の影響の仕方が類似した項目でグルーピングしながら結果を解釈していこう。

　はじめに，「自分の行動の結果に責任を持つこと」「親から経済的に自立すること」は，女性ダミーと既婚ダミーがいずれも正で有意となっている。すなわち，女性は男性に比べて，既婚者は未婚者に比べてこれらの項目を「大人である」ことの条件として挙げやすい。また無職・学生ダミーが負で有意で，非正規雇用と自営の影響は有意ではないことから，専業主婦（主夫）を含む無職者や学生は，働いている者に比べてこれらの項目を挙げにくい傾向がある。

　「結婚すること」「子どもを持つこと」「子どもを育てられること」「家族を経済的に支えられること」に対しては，女性ダミーと学歴の負の有意な影響，子ども有りダミーの正の有意な影響が確認できる。これらの生殖家族の形成やその維持に関する項目は，男性，低学歴，子ども有りという社会的属性と強く結びついていることがわかる。

　生殖家族の形成前後に位置する出来事としてまとめられる「親とは別に暮らすこと」「性体験のあること」「自分の家を購入すること」についても女性ダミーと学歴の負の影響があり，男性や比較的低い学歴を持つ者は，古典的な成人期への移行を強く意識している様子がうかがえる。

　「20 歳になること」「妊娠しないために避妊すること」に対しては，年齢の負の影響が相対的に強いことが特徴である。すなわち，若い者は成人年齢に達すること自体を「大人である」ことの条件と

第 3 章　現代社会における人びとの「大人である」という認識＿117

しがちだが，年長者ほど 20 歳という年齢に「大人である」ことの本質を見出していない。避妊については女性，若者，無職・学生という社会的属性との関連が強いことから，現在妊娠を望んでいない若い女性の意識が表明されているようである。

「就職すること」に対しては，働き方の影響が際立っている。非正規雇用，自営，無職・学生がいずれも負で有意な影響を示しているため，正規雇用で働いている者はそれ以外の者に比べて「就職すること」を「大人である」ことの条件として挙げやすい。一般に職場で正規雇用として勤めるにあたっては，採用時のハードルが比較的高いことから，経験者にとって「就職すること」に価値が見出される可能性はある。

「両親や他人から独立して自分の信念・価値を決定できること」に対しては，16 項目で唯一，学歴の正の影響が見られる。低学歴者は先に見た古典的な成人期への移行を象徴する項目を挙げる傾向にあるが，高学歴者はこの内面的な価値意識を重視するようである。

「学校教育を終えること」「両親と対等な大人としての関係を築くこと」「自分の感情をいつもコントロールできること」については5% 水準で有意な影響を持つ変数が 1，2 個あるのみで，特定の社会的属性やライフイベントの経験との結びつきが弱い。

ところで，「就職すること」に対して正規雇用ダミー，「子どもを持つこと」に対して子ども有りダミー，「自分の家を購入すること」に対して持ち家居住ダミーがそれぞれ有意な正の影響を持っていることは，これらの自身のライフイベントの経験に照らして「大人である」ことの条件を挙げている可能性が示唆される[11]。これについ

11　ただし，例外として「結婚すること」に対して既婚ダミーの影響は有意ではない。

118

ては次節で詳しい分析を行おう。

5　誰が自分を「大人である」と考えるのか

5-1　社会的属性が自己認識に与える影響

　前節で見たように，人びとには各々に抱く「大人である」ことの条件が存在するだけでなく，何を「大人である」ことの条件と考えるかは，人びとの社会的属性やライフイベントの経験の有無によって異なっている。

　それでは，第３節で扱った自分を「大人である」と考えるか否かに対して，人びとの社会的属性やライフイベントの経験の有無はどのような影響を与えているのだろうか。本節では多項ロジスティック回帰分析を用いて検討する[12]。従属変数は自分を「大人である」と認識するか否かの質問に対する回答で，「大人である」「大人でない」「どちらともいえない」の３値である。このうち「どちらともいえない」を基準カテゴリーとし，「大人である」と「大人でない」のそれぞれに対する諸要因の影響を見ていく。

　表3-3の結果を見てみよう。結果の読み取り方は表3-2の二項ロジスティック回帰分析の結果と基本的に同じである。まず，モデル１は人びとの属性に関する項目のみを独立変数として投入したものである。「どちらともいえない」を基準としたとき，年齢，学歴，既婚ダミーは「大人である」と回答することに対して正の有意な影響を持っている。つまり，年長者や高学歴者，既婚者は自分

12　多項ロジスティック回帰分析とは，３つ以上の質的な値をとる従属変数に対して，複数の独立変数の影響を推定するモデルである。

第3章　現代社会における人びとの「大人である」という認識＿119

表 3-3 自分が「大人である」かどうかに関する多項ロジスティック回帰分析結果

	モデル 1				モデル 2			
	大人である (基準：どちらともいえない)		大人でない (基準：どちらともいえない)		大人である (基準：どちらともいえない)		大人でない (基準：どちらともいえない)	
	b	s.e.	b	s.e.	b	s.e.	b	s.e.
女性（基準：男性）	−.031	.079	−.243	.105*	−.085	.082	−.113	.110
年齢	.013	.004**	−.021	.006***	.020	.004***	−.022	.006***
学歴（教育年数）	.139	.020**	.072	.027*	.138	.021***	.083	.028*
非正規雇用（基準：正規雇用）	−.262	.094*	.134	.128	−.290	.096*	.109	.131
自営（基準：正規雇用）	−.149	.134	.146	.191	−.158	.137	.087	.194
無職・学生（基準：正規雇用）	−.443	.113***	.309	.140*	−.501	.117***	.344	.144*
子ども有り	.115	.117	−.389	.163*	.089	.120	−.472	.167*
既婚（基準：未婚）	.623	.124**	.027	.164	.636	.128***	−.004	.166
離別・死別（基準：未婚）	.106	.186	−.187	.270	.201	.190	−.175	.275
持ち家居住	−.167	.081*	.027	.109	−.179	.083*	.049	.111
大人の条件：行動の結果に責任を持つ					.271	.159	.011	.201
大人の条件：親から経済的に自立する					−.117	.111	−.026	.152
大人の条件：感情をコントロールできる					−.244	.078**	.311	.115*
大人の条件：就職する					.007	.077	−.307	.105*
大人の条件：自分の信念・価値を決定できる					.049	.078	.281	.108*
大人の条件：家族を経済的に支えられる					−.188	.080*	.389	.110***
大人の条件：20歳になる					.730	.080***	−.275	.119*
大人の条件：学校教育を終える					.201	.090*	−.182	.132
大人の条件：両親と対等な関係を築く					−.052	.093	−.112	.126
大人の条件：子どもを育てられる					.157	.109	.287	.142*
大人の条件：妊娠しないために避妊する					−.086	.144	.232	.181
大人の条件：結婚する					.059	.111	.033	.146
大人の条件：親と別に暮らす					.124	.145	.118	.183
大人の条件：性体験をする					−.272	.114*	.399	.136**
大人の条件：自分の家を購入する					.256	.194	.435	.238*
定数	−2.220	.366***	−.730	.493	−2.695	.414***	−1.332	.550*

(注) すべての分析結果のケース数は 4294 であり、b はロジスティック偏回帰係数、s.e. は標準誤差を表す。*は 5 %水準、**は 1 %水準、***は 0.1 %水準で当該独立変数の係数が統計的に有意であること を示す。

(出所) 筆者作成。

表3-3 自分が「大人である」かどうかに関する多項ロジスティック回帰分析結果（続き）

基準カテゴリはいずれも「どちらともいえない」。

変数	モデル3-1 大人である b	s.e.	モデル3-1 大人でない b	s.e.	モデル3-2 大人である b	s.e.	モデル3-2 大人でない b	s.e.	モデル3-3 大人である b	s.e.	モデル3-3 大人でない b	s.e.
女性（基準：男性）	-.093	.083	-.112	.110	-.091	.083	-.119	.110	-.086	.082	-.114	.110
年齢	.021	.006***	-.022	.006***	.020	.004***	-.022	.006***	.020	.004***	-.022	.004***
学歴（基準：教育年数）	.140	.021***	.082	.028**	.141	.021***	.079	.028**	.137	.021***	.087	.028**
非正規雇用（基準：正規雇用）	-.287	.096**	.113	.131	-.284	.096**	.117	.131	-.288	.096**	.110	.131
自営（基準：正規雇用）	-.161	.137	.094	.194	-.165	.138	.111	.194	-.161	.137	.095	.194
無職・学生（基準：正規雇用）	-.500	.117***	.346	.144*	-.502	.117***	.351	.145*	-.499	.117***	.332	.145*
子ども有り	.082	.120	-.455	.167**	-.038	.123	-.267	.173	.095	.121	-.477	.167**
既婚（基準：未婚）	.528	.130***	.050	.171	.638	.128***	-.015	.167	.633	.128***	.000	.166
離別・死別（基準：未婚）	.220	.191	-.194	.276	.211	.191	-.223	.277	.195	.190	-.183	.275
持ち家居住	-.175	.083*	.048	.111	-.174	.083*	.046	.111	-.194	.084*	.103	.114
大人の条件：行動の結果に責任を持つ	.262	.160	.008	.201	.253	.160	.022	.202	.270	.159	.021	.201
大人の条件：親から経済的に自立する	-.121	.112	-.021	.152	-.123	.112	-.014	.153	-.123	.111	-.013	.152
大人の条件：感情をコントロールできる	-.245	.078***	.314	.115**	-.245	.078***	.314	.115**	-.241	.078**	.304	.115**
大人の条件：就職する	-.005	.077	-.299	.105**	-.009	.077	-.287	.106**	.008	.077	-.312	.108**
大人の条件：自分の信念・価値を自律的に支えられる	.053	.078	.277	.108*	.052	.078	.280	.108**	.050	.078	.283	.108**
大人の条件：家族を経済的に支えられる	-.180	.081*	.383	.110***	-.182	.081*	.378	.110***	-.188	.081*	.390	.110***
大人の条件：20歳になる	.726	.080***	-.274	.119*	.733	.080***	-.280	.119*	.727	.080***	-.270	.119*
大人の条件：学校教育を終える	.188	.090*	-.177	.132	.202	.091*	-.186	.132	.200	.090*	-.184	.132
大人の条件：両親と対等な関係を築く	-.041	.093	-.112	.126	-.046	.093	-.119	.126	-.053	.093	-.116	.126
大人の条件：子どもを育てられる	.158	.109	.290	.141*	.168	.110	.278	.141*	.160	.109	.277	.141
大人の条件：子どもを持つ	-.117	.146	.233	.179	.035	.147	.138	.185	.034	.146	.237	.181
大人の条件：妊娠しないために避妊する	.057	.111	.182	.224	.053	.111	.190	.224	.060	.111	.125	.183
大人の条件：結婚する	-.666	.234**	.106	.185	-.672	.234**	.115	.185	-.661	.234**	.034	.145
大人の条件：親と別に暮らす	.033	.146	.033	.146	.035	.146	.034	.146	.125	.145	.258	.194
大人の条件：性体験をする	-.263	.115*	.402	.136**	-.264	.115*	.406	.137**	-.276	.114*	.415	.136**
大人の条件：自分の家を購入する	-.570	.211**	-.409	.249	-.572	.212*	-.399	.252	.258	.194	.442	.238
既婚×[条件]子どもを持つ	1.077	.250***	-.218	.268					1.257	.515*	.273	.414
持ち家居住×[条件]自分の家を購入する					1.425	.264***	-.789	.265**	.831	.553	-1.000	.496
定数	-2.658	.415***	-1.336	.551*	-2.626	.415***	-1.358	.554*	-2.661	.415***	-1.441	.553*

（注）すべての分析結果のケース数は4294である。bは多項ロジスティック偏回帰係数、s.e.は標準誤差を表す。*は5%水準、**は1%水準、***は0.1%水準で当該独立変数の係数が統計的に有意であることを示す。擬似決定係数は省略。
（出所）筆者作成。

を「どちらともいえない」ではなく「大人である」と考えている傾向がある。

働き方の影響については，非正規雇用，無職・学生の負の影響が確認できる。非正規雇用や無職・学生は，正規雇用に比べて自分を「大人である」と回答しにくく，「どちらともいえない」を選択しやすい。

一方で，「どちらともいえない」に対して「大人でない」と回答する傾向については，女性ダミーの負の影響が確認できる。つまり，女性は男性に比べて「大人でない」よりも「どちらともいえない」を選択しやすい。年齢は負の影響があり，年長者ほど「大人でない」よりも「どちらともいえない」と回答する傾向がある。学歴の影響は「大人である」の場合と同様に正であり，高学歴者は「どちらともいえない」という曖昧な回答をしにくく，「大人である」または「大人でない」といった明確な意思表示をする傾向があることがわかる。また無職・学生は「大人でない」と回答しやすく，子どものいる者は「大人でない」と回答しにくい。ここまでの結果は，おおよそ想定された結果となっている。

5-2　「大人である」ことの客観的条件が自己認識に与える影響

モデル 2 では，「大人である」ことの条件として考えていることが自分を「大人である」と認識することにどのような影響を与えるかを考察するため，モデル 1 に図 3-3 で示した 16 項目を独立変数に追加した [13]。モデル 1 に含まれる独立変数の影響が，モデル 2

13　モデル 1 とモデル 2 は入れ子構造になっており，このような関係にある統計モデルを階層モデルと呼ぶ。また，表 3-3 の「大人の条件」の表記は図 3-3 の表記を一部簡略化している。

で新たに独立変数を追加したことで見られなくなったり弱くなったりすれば，モデル1に含まれる独立変数の影響が見かけ上のものであり，モデル2で新たに追加した独立変数の重要性が示唆される結果となる。

　結果を見ると，モデル1から含まれている変数の影響は，女性ダミーの有意な影響がなくなったこと以外はほぼ同じである。追加された「大人である」ことの条件については，いくつか有意な影響を持つものが確認できる。「自分の感情をいつもコントロールできること」「家族を経済的に支えられること」「親とは別に暮らすこと」を「大人である」ことの条件として挙げた者は，自身を「大人である」よりも「どちらともいえない」，また「どちらともいえない」よりも「大人でない」と考える傾向にある。その一方で，これらと真逆の影響を持つのが「20歳になること」である。「20歳になること」を「大人である」ことの条件として挙げた者は，当然ながら自分を「大人である」と認識する傾向がある。

　その他にも「就職すること」「両親や他人から独立して自分の信念・価値を決定できること」「学校教育を終えること」「子どもを育てられること」「性体験のあること」「自分の家を購入すること」の有意な影響が確認できる。これらの「大人である」ことの条件がどのように自己認識に影響を与えるかは解釈が困難な点もあるが，むしろここで重要なのは，社会的属性やライフイベントの経験の有無だけでなく，何を「大人である」ことの条件と考えるかによっても自身の「大人」としての位置づけが異なっているということである。学歴や働き方といった社会の階層性，生殖家族の形成というライフイベントに加えて，「大人である」ことの条件という人びとの社会観もまた重要な要素となっている。

第3章　現代社会における人びとの「大人である」という認識 123

5–3 「大人である」ことの条件の実現が自己認識に与える影響

　自分を「大人である」と判断するには，自らが設定した「大人」へのハードルを，自らが越えられているかどうかが重要なのではないか。つまり，結婚を例にすれば，「結婚すること」を「大人である」ことの条件と考えており，かつ，自身が既婚者であれば，自分を「大人である」と考えるのではないか，ということである。

　そこでモデル 3 では，新たに「大人である」ことの条件とライフイベントの経験の交互作用項の影響を考察する。具体的には，「既婚ダミー」と「大人の条件：結婚すること」の交互作用項である「既婚×［条件］結婚する」ダミー変数（モデル 3-1)[14]，「子ども有りダミー」と「大人の条件：子どもを持つこと」の交互作用項である「子ども有り×［条件］子どもを持つ」ダミー変数（モデル 3-2)，「持ち家居住ダミー」と「大人の条件：自分の家を購入する」の交互作用項である「持ち家居住×［条件］自分の家を購入する」ダミー変数（モデル 3-3)をそれぞれモデル 2 に追加している。この交互作用項の影響が従属変数の「大人である」に対して正で有意なら，その条件の実現によって自身を「大人である」と位置づけていると解釈できる。

　モデル 3-1 では，交互作用項は正の有意な影響を持っている。したがって，結婚することを「大人である」ことの条件として挙げた既婚者は，より自分を「大人である」と認識しやすいということになる。モデル 3-2 でも同様に，「子どもを持つこと」を条件として挙げており，実際に子どもがいる者は，「大人である」と認識し

　14　交互作用項の変数は，「既婚ダミー」と「大人の条件：結婚すること」の変数の掛け算で表される変数である。したがってこの 2 変数の掛け算で求められる変数は，「『大人である』ことの条件として結婚することを挙げ，既婚である者」が 1 をとり，それ以外の者は 0 をとるダミー変数となる。

やすい。

　モデル 3-2 の交互作用項は,「大人でない」に対しても負の影響を持っている。「子どもを持つこと」を条件として挙げており,実際に子どもがいる者は「大人でない」よりも「どちらともいえない」と答える傾向があることになる。モデル 3-3 の持ち家についても同様の傾向があることがわかる [15]。

　以上のことから,社会的属性やライフイベントの経験,そして「大人である」ことの条件の影響に加えて,自身が挙げた条件の実現は,自身をより「大人である」と認識する方向へと作用することが明らかとなった。

6　「大人である」ことへの意識から見た現代社会

　本章では,「大人である」ことについての人びとの意識について,社会調査データの計量分析によって考察してきた。得られた知見は以下のように要約できる。

　第 1 に,20 代半ばから 50 代半ばまでの人びとのうち,自分を「大人である」と考えているのは約半数にすぎない。また年齢が高い者ほど自分を「大人である」と考える傾向はあるものの,日本社会は諸外国に比べて年齢による認識の違いは小さい。20 歳そこそこで自分を「大人である」と考えるのは稀だとしても,その後 50 代になっても自分をはっきりと「大人である」といえない背景には,

---

15　モデル 3-3 については,親元で暮らしている場合などを含め,現在居住している持ち家が必ずしも自分で購入したものとは限らないため,「大人である」ことの条件と実際の経験との間で厳密な対応関係はとれていない。

第 3 章　現代社会における人びとの「大人である」という認識＿125

人びとの思い描く「大人」像において，成人年齢に達することや年齢を重ねること自体はさほど重要視されていないということがあるといえる。

　その一方で，第2に，「大人である」ことの条件の分析から浮かび上がってきたのは，現代日本社会における階層性を帯びた「大人」像である。「大人である」ことの条件として，古典的な成人期への移行モデルを強く意識し自らもそれを実践する者，特定のライフイベントではなく価値意識を重視する者など，さまざまな「大人」像が存在するなかで，それらはジェンダーや学歴，働き方といった社会的属性によって規定されている部分が少なからずあり，社会階層間でコンセンサスのない「大人」像が成立している。

　第3に，自分を「大人である」と考えるか否かには，働き方や婚姻状況，ライフイベントの経験が関わっており，年齢よりも学歴の影響が強いことも特筆に値する。すなわち，人びとの「大人」像が社会的属性やライフイベントの経験によって異なるだけでなく，それぞれの「大人」像と自分を照らし合わせたときの自己認識にも，社会的属性やライフイベントの経験が重要な役割を果たすということになる。

　このように，成人期への移行が「古典的な移行」から「ヨーヨー型の移行」へ変化したという現代社会では，人びとの「大人である」ことに関する意識にもさまざまな分化が生じている。本書のテーマである成人式に話を戻すと，成人式の参加者たちは，見かけ上は同質な人びとの集まりであっても，実際には社会的属性やライフイベントの経験によって，それぞれが異なる「大人」像を描き，その「大人」像への進み具合も異なる人びとの雑多な集まりである。

　成人式で再会した，同じ地域で同じ時代を過ごした同級生たちは，その後，何を共有しながら成人期を進んでいくのだろうか。現代社

会において成人式とは，成人期へ足を一歩踏み入れる「始まり」の
イベントではなく，子ども期からの卒業という「終わり」のイベン
トともいえる。旧友たちと思い出話に花を咲かせる一生で一度のイ
ベントが，互いに背を向けて歩み出すきっかけとなっているのだと
したら，それは成人式の潜在的な新たな機能といえるのかもしれな
い。

　謝　辞　本研究は，日本学術振興会（JSPS）科学研究費補助金・特別推
進研究（25000001, 18H05204），基盤研究（S）（18103003, 22223005），
基盤研究（B）（23H00885）の助成を受けたものである。東京大学社会
科学研究所（東大社研）パネル調査の実施にあたっては，社会科学研究所
研究資金，株式会社アウトソーシングからの奨学寄付金を受けた。パネル
調査データの使用にあたっては東大社研パネル運営委員会の許可を得た。
第8回青少年の性行動全国調査データの使用にあたっては，第9回青少
年の性行動全国調査委員会の許可を得た。

■文献

Arnett, Jeffrey J., 2000, "Emerging Adulthood: A Theory of Development From the Late Teens Through the Twenties," *American Psychologist*, 55（5）: 469-80.

———, 2001, "Conceptions of the Transition to Adulthood: Perspectives From Adolescence Through Midlife," *Journal of Adult Development*, 8（2）: 133-43.

———, 2012, "New horizons in emerging and young adulthood," Alan Booth and Susan L. Brown et al. eds., *Early Adulthood in a Family Context*, Springer.

———, 2014, *Emerging Adulthood: the Winding Road From the Late Teens Through the Twenties*, 2nd ed., Oxford University Press.

Arnett, Jeffrey J. and Laura M. Padilla-Walker, 2015, "Brief Report: Danish Emerging Adults' Conceptions of Adulthood," *Journal of Adolescence*, 38: 39-44.

藤原翔・石田浩・有田伸, 2020, 「パネル調査によるひとびとの『人生のあゆみの追跡』」藤原翔・石田浩・有田伸編『人生の歩みを追跡する——東大社研パネル調査でみる日本社会』勁草書房.

Galanaki, Evangelia and Sophie Leontopoulou, 2017, "Criteria for the Transition to Adulthood, Developmental Features of Emerging Adulthood, and Views of the Future Among Greek Studying Youth," *Europe's Journal of Psychology*, 13（3）: 417–40.

石田浩・石田賢示・大久保将貴・俣野美咲, 2023, 「『働き方とライフスタイルの変化に関する全国調査 2022』分析結果報告——パネル調査からみるワクチン接種, スキル形成, 意識, ダブルケア」東京大学社会科学研究所パネル調査プロジェクトディスカッションペーパーシリーズ, 165.

久木元真吾, 2009, 「若者の大人への移行と『働く』ということ」小杉礼子編著『若者の働きかた——キャリア形成と就業構造を実証分析する』ミネルヴァ書房.

宮本みち子, 2004, 『ポスト青年期と親子戦略——大人になる意味と形の変容』勁草書房.

中村（新井）清二・原未来・船山万里子・宮島基・児島功和・斉藤直子, 2011, 「〈大人への移行〉過程を捉える分析視角の検討——「移行の長期化」をめぐる議論を手がかりとして」『教育科学研究』25: 13–24.

日本性教育協会編, 2019, 『「若者の性」白書——第 8 回青少年の性行動全国調査報告』小学館.

Shanahan, Michael J., 2000, "Pathways to Adulthood in Changing Societies: Variability and Mechanisms in Life Course Perspective," *Annual Review of Sociology*, 26: 667–92.

田中治彦, 2020, 『成人式とは何か』岩波書店.

Walther, Andreas and Barbara Stauber et al. eds., 2002, *Misleading Trajectories: Integration Policies for Young Adults in Europe?*, Leske + Budrich.

「荒れる成人式」とは何だったのか

「大人になれない」新成人をめぐるモラル・パニック

第4章

赤羽由起夫

1 「荒れる成人式」とは何だったのか？

1-1 「荒れる成人式」という社会問題

　突然だが，成人式と聞いて，思い浮かぶ光景は何だろうか？　読者のなかには，式典で自治体の首長を相手に騒ぎを起こす新成人の姿や，路上で警察ともみ合う新成人の姿を思い浮かべた人もいるだろう。このような事件が起きた成人式は，「荒れる成人式」という不名誉な名前がつけられ，一時期，大きく社会問題化することになった。本章の目的は，そうした「荒れる成人式」とはどのような社会問題であったのかを明らかにすることである。

　以下の引用は，2001年に「荒れる成人式」が社会問題化するきっかけとなった成人式の事件についての新聞記事である（「大荒れ成人式　一升瓶ラッパ飲み，壇上へクラッカー」朝日新聞. 2001. 1. 9. 大阪朝刊：31)[1]。

　　８日，各地で開かれた成人式で飲酒をしたり，やじを飛ばし

---

[1] 以降の新聞記事の引用では，東京版および朝刊の表記は省略，：に続く数字は紙面を示す。見出しの表記はデータベースに従っている。

たり，クラッカーやおもちゃの鉄砲を壇上に向けて撃ったりする新成人が相次いだ。取材記者が暴行され，警察の捜査が入る事態も起きた。あまりのマナーの悪さに，橋本大二郎・高知県知事が「出ていけ」と一喝する場面も。式中の携帯電話の使用や私語の多さはここ数年問題になっており，今年は自治体側でも式典の場所や方法を工夫するところが出てきた。

●高知

高知市の成人式は8日，市内の県民体育館であり，新成人約3000人が出席。松尾徹人市長に続き，橋本知事が約5分間，情報化をテーマに話した。

市長の時は騒ぎにならなかったが，知事の話の途中に十数人の新成人が「帰れ，帰れ」と手拍子を打ちながら連呼した。知事が「静かにしろ」「出ていけ」としかると，逆に「お前が出ていけ」と声が飛んだ。知事が「会場の人たちはどう思いますか」と問いかけると拍手が起きたが，一部の若者は「言いたいように言わせてくれ」などと言い，退出しなかった。(中略)

●香川

高松市総合体育館で開かれた同市の成人式には，約2500人が出席。増田昌三市長の祝辞の最中，市長めがけて数人がクラッカーを鳴らしたり，会場を何度も出入りしたりし，一部はロビーでけんかを始めた。取材中の山陽新聞記者(35)がロビーで若者から暴行を受けて顔などに3日間のけがをし，高松北署が傷害容疑で捜査を始めた。最前列に座った男性らは時折，持ち込んだ一升瓶などをラッパ飲みしたという。

この記事では，高知県高知市の成人式において，当時の橋本大二郎知事に対して「帰れ」というやじが飛んだ事件や，香川県高松市

の成人式において，当時の増田昌三市長に対してクラッカーが鳴らされた事件などが報じられている。これらの事件をきっかけとして「荒れる成人式」が社会問題化し，それ以降，毎年のように「荒れる成人式」が報道されるようになった。

1-2　成人式は本当に荒れたのか？

　ところで，個人的な話で恐縮だが，筆者が出席したのは2003年1月の松本市の成人式であった。しかし，そのときの成人式では，むしろ式を予定どおりに始めることができたため，当時の市長のあいさつで感謝の弁が述べられていたような記憶もある。全国的には「荒れる成人式」がまだ話題になっていたころではあるが，少なくとも私の経験では成人式は荒れなかったのである。

　実際のところ，このような経験は私個人だけのものではない。なぜなら，本章でこれから論じていくように，当時（正確には2002年）の新聞の地方版では，成人式が荒れなかったことが多く報道されていたからである。つまり，多くの地方において成人式は荒れなかったにもかかわらず，全国的には「荒れる成人式」が社会問題化したわけである。そうだとしたら，「荒れる成人式」とはいったい何だったのだろうか？

　この「荒れる成人式」のように，ある逸脱行為が急速に社会問題化する現象は「モラル・パニック」と呼ばれている。後述するように，モラル・パニック論では，ある逸脱行為がしばしばその実態とは不釣り合いに大きく社会問題化することが論じられており，これは「荒れる成人式」にもあてはまるものである。このモラル・パニックの発生と拡大において非常に大きな役割を果たすのがマス・メディアによる報道である。実際，「荒れる成人式」においても，事件の映像がテレビで繰り返し報道されることで問題が拡大した側面

が大きかった。

　以上をふまえて，本章では，「荒れる成人式」に関するマス・メディアの記事をモラル・パニック論の視点から分析していくことで，「荒れる成人式」とは何だったのかを明らかにする。その際，第1に，「荒れる成人式」はどこから来たのか，第2に，「荒れる成人式」はどこへ行ったのか，を検証していくことによって，この問いに答えていきたい。

2　全国紙と週刊誌

　ここでは，分析対象となる新聞と週刊誌での「荒れる成人式」関連の記事の概要を説明する。

2-1　新聞記事

　新聞は『読売新聞』『朝日新聞』『毎日新聞』である。これらの新聞を用いる第1の理由は，単純に，当時の日本で最も読まれていた全国紙だからである。2001年の朝刊発行部数は，『読売新聞』が1021万3095部，『朝日新聞』が829万4956部，『毎日新聞』が394万6827部であった（メディア・リサーチ・センター　2002:1304-5）。

　第2の理由は，データベースが完備されているため研究がしやすいという点である。使用したデータベースは，読売新聞社「ヨミダス歴史館」，朝日新聞社「朝日新聞クロスサーチ」，毎日新聞社「毎索」である。

　これらのデータベースで「成人式 AND 荒れ」を検索し[2]，記事の全文を入手できたもののうち，成人式あるいは新成人の荒れにつ

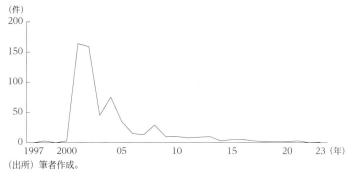

図 4-1　新聞「荒れる成人式」記事の件数の年次推移

いての記事を選出した。記事数は，『読売新聞』185 件，『朝日新聞』230 件，『毎日新聞』199 件，計 614 件であった。以降，これらの記事を新聞「荒れる成人式」記事と呼ぶ。

図 4-1 は，新聞「荒れる成人式」記事の件数の年次推移を示したものである。2001 年と 2002 年に一気に記事数が増大し，その後，減少していったことがわかる。

なお，新聞を分析するうえでは，次の 2 点に注意している。

まず，新聞記事には本社版と地方版がある点である。本社版は日本全国か複数の都道府県を含む大きな地域区分で同一の記事が掲載される[3]。地方版は各都道府県，あるいはもっと細分化された地域

2　各紙の比較が可能になるように検索の条件を揃えているが，できるだけ多くの記事を検索できるように指定は最小限にしている。「ヨミダス歴史館」では「平成・令和　1986〜」を使用し，検索方式を「全文検索」として「言葉の揺らぎ（表記の多様性）を含めないで検索」に指定している。「朝日新聞クロスサーチ」では「記事　1985〜」を使用し，「異体字を含む」「同義語を含む」のチェックを外したうえで，対象紙誌名を「朝日新聞」，検索対象を「見出しと本文」に指定している。「毎策」では「毎日新聞記事検索」を使用し，「見出しと本文に含まれる文字列を検索」を指定している。

第 4 章　「荒れる成人式」とは何だったのか　133

区分の記事が掲載される。

　次に，新聞の読者層は，大卒の団塊世代とその周辺世代が中心であると考えられる点である。実際，新聞を読むことを欠かせないと考える世代は，調査年度が違っていても1934〜48年生まれをピークとして，その前後の世代に集中している（NHK放送文化研究所編 2010: 179-80）。また，学歴が高いほど新聞を欠かせないと考える人びとは多くなるという特徴もある（佐藤 2008: 195-7）。

2-2　週刊誌記事

　週刊誌は，大宅壮一文庫[4]が提供するデータベース「大宅壮一文庫雑誌記事索引」において，「成人式騒動」という備考がついている記事である。以降，これらの記事を週刊誌「成人式騒動」記事と呼ぶ[5]。

　図4-2は，週刊誌「成人式騒動」記事の件数の年次推移を示したものである。2001年に一気に記事数が増大した後は，毎年数件程度で推移している。

　なお，月刊誌は，記事数が週刊誌の半分以下であり[6]，新聞や週刊誌よりも速報性にとぼしく，記事の性質が異なると考えたため，

　3　『読売新聞』には東京本社，大阪本社，西部本社がある。『朝日新聞』には東京本社，名古屋本社，大阪本社，西部本社がある。『毎日新聞』には東京本社，大阪本社，西部本社がある。東京本社以外の本社で独自記事がない場合は，東京本社の記事が全国の記事となる。

　4　評論家・大宅壮一（1900-1970）の雑誌コレクションを引き継いで設立された日本ではじめての雑誌図書館である（https://www.oya-bunko.or.jp）。

　5　新聞と同様に「成人式 AND 荒れ」でも検索しているが，新聞のデータベースとは違って，記事タイトルのみしか検索できないため，検索できた記事数が少なくなってしまった。そのため，記事件数も多く，かつより記事内容を反映していると思われた「成人式騒動」の備考を用いている。

　6　週刊誌43件に対して，月刊誌21件であった。

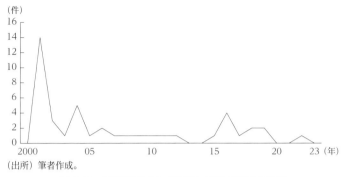

図 4-2　週刊誌「成人式騒動」記事の件数の推移

今回は分析対象から除いた。

　本章では，週刊誌を分析するうえで，新聞と比較して娯楽的かつ視覚的なメディアと位置づけて分析を進める。もっと正確にいえば，週刊誌をテレビ的な関心を見ることができる紙メディアとして扱う。その理由は，「荒れる成人式」の映像を繰り返し放映したテレビの影響力は無視できないものの，当時のテレビ報道が資料として残っていないからである。そのため，その代替として，実際のテレビ報道の画像が掲載されていることがあり，娯楽的・視覚的な関心が共通している週刊誌を用いることにした。

3　記事分析の視角と背景

3-1　モラル・パニックとは何か？

　本章の分析視角は，モラル・パニック論である。その提唱者であるスタンリー・コーエンは，モラル・パニックについて次のように述べている。

ある問題に直面した社会は，ときにモラル・パニックにおちいる。ある事態，出来事，個人，集団が，社会的価値や関心にとって脅威であると定義されるようになる。その意味づけがマス・メディアによって様式化・ステレオタイプ化される。道徳のバリケードが，文筆家，聖職者，政治家，その他の良識的な人びとによって配置される。社会的信用のある専門家が診断を下し，対策を提言する。対処法が創出されるか，あるいは（多くの場合）それが実行される。その事態は消滅するか，潜行化するか，もしくは悪化して，より顕在化することになる。

(Cohen [1972] 2002: 1)

　エーリッヒ・グードとナフマン・ベン＝イェフダは，ある逸脱行為への社会的反応をモラル・パニックであると判断するための5つの指標を挙げている（Goode and Ben-Yehuda 1994: 33-41）。それは第1に，ある集団やカテゴリーの行動とその行動が社会に及ぼす影響に対する「懸念」が高まること。第2に，問題となっている行動に関わる集団やカテゴリーへの「敵意」が増大すること。第3に，その脅威の深刻さ，およびそれがある集団や行動によって引き起こされていることに対する広範な「合意」が存在すること。第4に，実際の問題の程度に対して不釣り合いな社会的反応が見られるという「不均衡さ」が存在すること。第5に，モラル・パニックが生じている時期に高まる敵意は長期間持続しないという「一時性」である。

　これから確認していくように，「荒れる成人式」は，荒れる新成人への懸念や敵意，その問題性への合意があったこと，実態とは不釣り合いに問題化したという不均衡さや，そのわりには早く終息した一時性において，グードらの示した5つの指標にあてはまる。

136

3-2　モラル・パニックの継起モデル

　分析に際しては，コーエンの提起したモラル・パニックの継起モデルを用いる。コーエンは，モラル・パニックを「警告」「衝撃」「点検」「対応」という 4 つの段階に分けて分析している[7]（Cohen [1972] 2002: 12-3）。

　1 つめの「警告」とは，危険が生じるかもしれないという懸念が生じ，人びとが差し迫った危険についてのやりとりや兆候にさらされる段階である。2 つめの「衝撃」とは，事件が発生し，その被害に対する人びとのパニックが生じる段階である。3 つめの「点検」とは，事件に遭遇した人びとが，何が起こったのか，どのような状況に置かれているのかについて，おおまかな見取り図を描き始める段階である。4 つめの「対応」とは，事件に対する社会的な意見・態度が表明されたり，具体的な対応が生じたりする段階である。

　なお，この継起モデルは災害研究をもとにしたものであるため，「警告」が最初の段階とされているが，実際のモラル・パニックにおいては，「警告」なしに事件が生じて「衝撃」の段階が起こったり，その事件への「対応」が次の事件に対する「警告」や「衝撃」の性質に影響を与えたりするといった展開が起こりうる。

　この継起モデルは単純なものであるが，むしろ「荒れる成人式」の分析には向いている。なぜなら，「荒れる成人式」は毎年 1 月にしか起こらないため，単純な時系列での分析ができるからだ。つまり，「荒れる成人式」という「衝撃」の段階が毎年 1 月に固定されているため，「警告」「点検」「対応」の段階もある程度，固定され

　7　コーエン（Cohen [1972] 2002）には邦訳がない。日本語で読めるコーエンの紹介として徳岡秀雄（1987: 228-46）がある。また，この 4 段階のモデルを用いていじめ問題を論じた議論として，加野芳正（2011: 208-19）がある。これらは本章でも参考にしている。

第 4 章　「荒れる成人式」とは何だったのか＿137

た時期に生じることになるのである。

3-3　青少年問題という文脈

「荒れる成人式」報道の分析に入る前に，その歴史的文脈も確認しておきたい。なぜなら，どのような社会問題も歴史的な空白のなかから生じるものではないからである。ここでは，その社会的背景について簡潔にいくつかの点を指摘しておく。

まず，「荒れる成人式」を含む青少年問題の全体を視野に入れると，次の3点が指摘できる。

第1に，当時は，ほかにもさまざまな青少年問題がモラル・パニックを引き起こしていたことである。そのため，「荒れる成人式」もそれらの青少年問題をめぐる一連のモラル・パニックの1つとしてとらえる必要がある。たとえば，1990年代から2000年代に起きた青少年問題をめぐるモラル・パニックとしては，少年犯罪（赤羽 2022a; 牧野 2008）や，いじめ（加野 2011: 208-19; 徳岡 1997: 126-42），援助交際，ひきこもり，ニート（トイボネン／井本 2013）などがある。

第2に，これらの青少年問題の社会構造上の背景として，1990年代における教育の不安定化が挙げられる。日本では高度経済成長によって，1970年代半ばまでに，学校のレベルで就職先が決まる「学校教育の職業振り分け機能の成功」と親の学歴を超えることができる「学歴の世代間上昇」が実現した（山田 2004: 86-92）。しかし，バブル経済の崩壊とともに1990年代には，このような教育システムが不安定化し，さまざまな教育や就職をめぐる問題が浮上したのである（山田 2004: 157-86）。

第3に，これらの青少年問題の社会意識上の背景として，人口の多い団塊世代（1947〜49年生まれ）を含む当時の中年層（40〜50

代）の世代の存在が大きいと考えられる。なぜなら，この世代が，青少年を問題視した人びととの中心にいたからである。もう少し詳しく説明すると，次の3点が指摘できる。まず1つに，少子高齢化の進行によって，人口構造上，当時の中年層がマジョリティ，青少年がマイノリティとなったことである（グッドマン 2013）。2つめは，当時の中年層が社会の中核を担う世代となっていたうえに，子育て中，あるいは子育て経験を経ていたことで，教育や青少年への関心が高かったと考えられることである（赤羽 2022b: 24）。3つめとしては，当時，社会の中核にいた世代（とりわけ正規雇用の男性）は，さまざまな青少年問題を，社会の構造的な変化に起因するものとは認識せず（小熊 2019: 67-85），青少年の心理的な問題としてとらえていたことである（後藤・内藤・本田 2006）。

3-4 「荒れる成人式」問題の背景

　以上をふまえつつ，「荒れる成人式」が社会問題となった背景をもう少し掘り下げておく。重要な点は2つある。

　第1に，1990年代以降，青少年が「大人になる」ための重要な社会的経路が機能しなくなったことがある（第1章参照）。日本では1960年代前半に，新規学卒就職によって学校（中学校や高校）を卒業した直後に会社に就職することで成人期に移行する「戦後型青年期」が成立した（乾 2010）。しかし，1990年代以降，それがうまく機能せずに非正規雇用が増加することになった。これに先述した教育の不安定化もともなって，青少年が「大人になれない」ことが問題となったのである。そのなかで「荒れる成人式」は，「大人になれない」青少年の問題を象徴する場の1つとなったと考えられる。

　第2に，当時の人びとが，「大人になれない」青少年を，心理的

に未熟な存在としてとらえたことがある。というのも，高度経済成長を経て一定の豊かさが実現したことで，階層差を無視して青少年をひとくくりにとらえることが可能になったからである（第1章参照；赤羽 2022a: 73-99）。つまり，階層差を無視することで，青少年問題を社会経済的格差の問題ではなく，青少年全体の心理的な問題としてとらえたのである。実際，成人式で荒れた若者たちは非大学進学層が多いと考えられ（森 2005: 112-44），学歴格差の問題としてとらえることも可能なはずであった。しかし，当時は青少年問題を社会構造の変化からとらえる視点が希薄だったうえに，現在のように格差が問題化する前であったため，成人式で荒れた若者を，未熟な青少年の代表例のようにみなすことができたのである。

3-5 「荒れる成人式」の分析に向けて

このように，「荒れる成人式」問題は，1990年代から2000年代の日本社会という歴史的文脈のなかから登場したものである。これらの背景をふまえつつ，続く節では，年と視点を分けて「荒れる成人式」問題の報道を分析していく。

第4節では，2001年の「荒れる成人式」報道を分析する。ここでは，「荒れる成人式」はどこから来たのかを検証し，「荒れる成人式」の誕生に迫りたい。

第5節では，2002年の「荒れる成人式」報道と，その後の「荒れる成人式」の報道を分析し，その背景を説明する。ここでは，「荒れる成人式」はどこへ行ったのかを検証し，「荒れる成人式」の終焉に迫りたい。

4 2001年成人の荒れ

4-1 「荒れる成人式」の誕生

　2001年の「荒れる成人式」の分析に入ろう。まずは，「荒れる成人式」のモラル・パニックにおける「衝撃」と「点検」の段階について確認する。

　「荒れる成人式」の「衝撃」の段階は，1月8日（月）に起きたいくつかの事件によって生じた。本章の冒頭で見たように，とくに有名なものは，高知県高知市で起きた橋本大二郎知事への「帰れ」コールと，香川県高松市で起きた増田昌三市長へのクラッカーだろう。これらの事件の映像はテレビでも繰り返し報道され，事件による騒動が全国的に拡大することになった。**写真4-1**は，当時の橋本県知事が「帰れ」コールに対して「静かにしろ」と注意をしている場面のテレビ画像，**写真4-2**は，当時の増田市長が新成人にクラッカーを鳴らされた場面のテレビ画像である。

　これらの事件をきっかけとして「点検」の段階が始まったが，少なくとも2001年の「荒れる成人式」の場合は，個々の事件において特筆すべきことはあまりない。なぜなら，これらの事件の発生が翌日に報じられた段階で，事件の概要はおおむね把握されていたからである[8]。

　ここで重要なのは，このとき「荒れる成人式」という言葉がつくられたという点である。新聞において，1つの記事内に「成人式」と「荒れ」が使われている記事は2001年以前にもあるが，「荒れる成人式」が使われたのは2001年になってからである。初出は，1月9日の『朝日新聞』朝刊，香川版であり（「祝いの場，騒ぎ続々

　8　ただし，高松市の成人式に関しては，その後も数件ほど，報道が継続している。

（出所）『週刊ポスト』2002年1月25日号，38頁。

写真4-1　TBS「ニュースの森」

（出所）『FOCUS』2001年1月24日号，9頁。

写真4-2　日本テレビ「ニュースプラス1」

荒れる成人式，会場で聞く」朝日新聞．2001．1．9．香川版：29），その後，本社版の投書欄などでも使用されるようになった。

　このように，社会問題が命名されることは非常に重要である。なぜなら，命名されることによって，個々の事件がより大きな問題の事例として位置づけられるからである（Best［2008］2017＝2020: 51-2）。「荒れる成人式」の場合も，その名称が与えられることに

よって，高知市や高松市の個々の事件が，「荒れる成人式」の一事例として位置づけられるようになったのである。

4-2 2001年の「荒れる成人式」の概観

このようにして始まった2001年の「荒れる成人式」問題だが，モラル・パニックにおける「対応」の段階の分析に移る前に，その事例と報道の特徴を概観したい。

まず，「荒れる成人式」の事例については，最終的に『朝日新聞』がまとめているので，それを以下に引用する（「『時代とズレ』あり方模索　成人式でトラブル続出〔検証〕」朝日新聞. 2001. 1. 26: 33）。

〈今年の成人式をめぐる主なトラブル〉
〈6日〉
●埼玉・深谷市
　壇上の市長が，私語をやめない新成人に立腹し，壇上で祝辞を投げる
●香川・善通寺市
　一部の若者が会場で酒盛り。市長が開会前に退席
〈7日〉
●沖縄・那覇市
　複数の新成人らが，会場の門扉を損壊。若者2人が名乗り出て謝罪し，市は告訴を取りやめに
●静岡市
　事前申込制にしたが，市主催の式典に申し込み抽選で選ばれた300人のうち，約170人が無断欠席
〈8日〉
●埼玉・川口市

第4章　「荒れる成人式」とは何だったのか__143

式典前に一部の若者が缶ビールを持って騒ぎ，待機していた警察官が制止する騒動に
●高知市

来賓の橋本大二郎知事が参加者による「帰れ」コールに「出ていけ」と一喝。中心となった4人が謝罪
●香川・高松市

新成人十数人が最前列で騒ぎ，5人が増田昌三市長に向けクラッカーを鳴らす。記者への傷害事件も
●香川・観音寺市

おもちゃのピストルの弾が壇上に。後日，男性会社員（20）が謝罪
●宮崎・延岡市

出席者が別の出席者を焼酎（しょうちゅう）の一升瓶で殴り，傷害の疑いで逮捕される

このように，成人式をめぐるトラブルとしては，高知市と高松市を含めて9件が挙げられている。次節で論じるので簡単に触れておくと，実際の「荒れる成人式」がたった9件のみであったことは重要な点として指摘できる。

次に，本章の主な分析資料である新聞「荒れる成人式」記事と週刊誌「成人式騒動」の報道の特徴を見てみたい。

2001年1月における新聞「荒れる成人式」記事の特徴には，次の2つがある[9]。

第1に，新聞「荒れる成人式」記事は『朝日新聞』の記事が多

9　新聞は速報性があり，記事数も多いので，1月の記事のみを対象とした。週刊誌は新聞より報道が遅く，記事数も少ないので，2月の記事も対象とした。

かった。記事件数を見ると，『朝日新聞』は 46 件であったのに対して，『読売新聞』は 13 件，『毎日新聞』は 19 件であった。

　第 2 に，新聞「荒れる成人式」記事は本社版の記事が多かった。記事件数を見ると，『読売新聞』13 件のうち 8 件，『朝日新聞』46 件のうち 30 件，『毎日新聞』19 件のうち 18 件が本社版の記事であった。このように，ある社会問題が新聞の本社版に掲載されることは，その性質を論じるうえで重要である。なぜなら，ある社会問題が本社版に掲載されるということは，それが一地方の問題ではなく，全国的に対応すべき問題としての公共性を持ったことを意味するからである（北澤 2015: 50–61）。つまり，2001 年には，「荒れる成人式」が地域の枠を越え，全国的に対応すべき問題として登場したということになるのである。

　2001 年の週刊誌「成人式騒動」記事については**表 4–1** にまとめている。14 件の記事があった。量的に特筆すべき特徴はないため，その内容については分析のなかで適宜，紹介していく。

4–3　新成人への批判

　それでは，「荒れる成人式」のモラル・パニックにおける「対応」の段階の分析に移る。「対応」は，事件に対する社会的な意見・態度の表明（Cohen［1972］2002: 35–58）と，具体的な対応（Cohen［1972］2002: 59–119）に区別できる。ここでは社会的な意見・態度の表明を中心に分析する。具体的な対応については，2002 年の成人式に向けたものであるため，次節で扱う。

　「荒れる成人式」についての意見は，新成人を批判する意見と，成人式を批判する意見に二分できる。新成人を批判する意見は，大人としてふるまえない新成人を批判するものであり，しばしば成人式を廃止すべきという主張と結びついている。これに対して，成人

表 4-1　2001 年の週刊誌「成人式騒動」記事

番号	タイトル	執筆者	雑誌名	発行日
1	成人式なんかやめよう 「七五三並み」大暴れ事件続出	後田竜衛	AERA	1 月 22 日
2	2 児のパパもいた逮捕高松バカ成人の「顔」 全員出頭で社会人の責任まっとう		FOCUS	1 月 24 日
3	新春ワイド 驚愕！仰天！おおわらわ！ 成人式大暴れで逮捕された男なんと 2 児の父でした！		週刊文春	1 月 25 日
4	田園まさに蕪れ放題 (6) 誰が始めた「成人式」発案者の罪つくり		週刊新潮	1 月 25 日
5	自我作古 238 回 新成人告訴逮捕を過剰制裁と言う理由	筑紫哲也	週刊金曜日	1 月 26 日
6	人権とメディア 101 回 大荒れ成人式報道 逮捕＝実名は大人の仕事？	山口正紀	週刊金曜日	1 月 26 日
7	橋本大二郎高知県知事「バカ成人と団塊親」で激白 成人式はバトルロワイヤル 緊急インタビュー	橋本大二郎	週刊ポスト	1 月 26 日
8	NEWS 成人式「出ていけ！」の裏に橋本知事の「全共闘」魂	橋本大二郎	週刊朝日	1 月 26 日
9	高松・成人式クラッカー妨害で「逮捕男」たちの意外な素顔 あまりの暴挙に市長が告訴！ 原因は式典 3 時間前からラッパ飲みしていた酒だった!?		FLASH	1 月 30 日
10	鎌田慧の眼 179 回 大人の見識を示せ	鎌田慧	週刊女性	1 月 30 日
11	勝谷誠彦の書いてはいけない 44 回 高松市の成人式クラッカー事件で，青年 5 人が威力業務妨害で逮	勝谷誠彦	宝島	1 月 31 日

	捕　成人式を騒がす阿呆対策に来年は極道の親分の講演を			
12	成人式騒乱事件を考える 「馬鹿につける薬はあるか!?」 群れて暴れて目立ってからフツーの大人になりたい若者たち　飯島愛的"結果オーライ人生"を夢見る危うさ		女性セブン	2月1日
13	世間漫録 185回 近ごろの若者は	井尻千男	週刊新潮	2月1日
14	あぁ、愛すればこそ… アイツのこ こが許せないっ！(19)　逮捕されたバカ成人は丸刈りにすれば許されるとでも思っているのか	志茂田景樹	週刊女性	2月20日

(出所)　筆者作成。

式を批判する意見は，旧態依然とした成人式を批判するものであり，しばしば成人式を改善すべきという主張と結びついている。

　各メディアを比較すると，『読売新聞』『毎日新聞』と週刊誌は新成人を批判する論調が多いものの，『朝日新聞』は成人式を批判する意見も比較的多く取り上げている。まずは新成人への批判を確認する。

　『毎日新聞』は1月10日に（「大荒れの成人式　傍観する冷淡さも許すまい」毎日新聞. 2001. 1. 10: 5），『読売新聞』は1月12日に（「新成人逮捕　許されぬ二十歳のルール無視」読売新聞. 2001. 1. 12: 3），新成人の態度を批判する社説を出している。ここでは『読売新聞』の社説を引用する。

　　　約157万人が大人の仲間入りをした今年の成人式は，一部とはいえ，二十歳になった若者と思えない傍若無人の行動が極まった感がある。（中略）

無論，新成人をひとくくりにした非難はできないが，一部出席者の傍若無人には，規範意識の欠落が著しい。

　「成人の日」は戦後の祝日法で制定された。「おとなになったことを自覚し，みずから生き抜こうとする青年を祝い，はげます」という法の趣旨は，わが国の長い伝統に根差すものである。

　かつては，家族が親類を集めて子供の元服を祝い，地域で「若者組」への入会式を行うといったならわしがあった。

　その伝統の重みを忘れた成人式を見ると，家庭でどうしつけられ，学校で何を学んできたかと，思わざるを得ない。

　社会で生きて行くのに欠かせないルールや行儀を身につけないまま，二十歳になった新成人が少なくない。（中略）

　地域の実情に合わせて成人式の廃止も視野に入れ，そのあり方を議論することも避けられないだろう。

　ここでは，「二十歳になった若者と思えない傍若無人の行動」に対して「成人式の廃止も視野に入れ」た議論の必要性が主張されている。

　また，週刊誌においても新成人への批判が多く見られ，**表4-1**における番号5，6，10を除いた11件の記事が新成人に批判的であった。「成人式なんかやめよう」というタイトルのついた記事は次のようなものである（番号1）。

　　「七五三並み」の困ったボクちゃんたちは，21世紀最初の成人式でも大暴れした。阿波踊りよろしく「同じアホなら暴れにゃ損，損」……というわけでもなかろうが，今年の新成人の暴走は，なぜか四国で際立った。（中略）

　　若者言葉や文化に詳しい梅花女子大の米川明彦教授（45）は，

「大学では私語が減って静かになったが，よく見ると黙々と
携帯電話で『メール私語』を打っている。人の話を理解し，解
釈しようとすることを放棄しているのが今の若者だ。成人式も，
目立ちたいという心理に利用されているだけ。そんなものやめ
てしまえばいい」

　と話す。

　ここでは，「『七五三並み』の困ったボクちゃんたち」と新成人が
揶揄され，成人式を「やめてしまえばいい」というコメントが掲載
されている。

　以上のように多くのメディアでは，新成人に対する厳しい意見が
相次ぐことになった。実際，朝日新聞社が1月20日，21日に実
施した全国世論調査では，市町村が主催する成人式について「やめ
た方がよい」が47％となり，「続けた方がよい」の43％を上回る
結果となっている（「成人式『廃止派』が優勢　朝日新聞社世論調査」朝
日新聞. 2001. 1. 23: 1）。後述のように，『朝日新聞』が他紙よりも
新成人に厳しくない論調であったことも考慮すれば，より多くの割
合の人びとが「やめた方がよい」と考えていた可能性も高い。

4-4　成人式への批判

　このように，新成人への批判は多かったものの，『朝日新聞』は
比較的穏やかな論調であった。

　たとえば，他紙では新成人を批判する社説が掲載されたものの，
『朝日新聞』では成人式に関する社説がそもそもなかった。また，
コラムの「天声人語」（「成人式の『荒れた』傾向，激しく」朝日新聞.
2001. 1. 10: 1）では，新成人批判と成人式批判が両論併記されてお
り，「人の話は黙って聞くのが礼儀じゃないか。しつけがなっとら

ん」という旧成人の声，「聞きたくもない祝辞を聞かされるほどつまらないことはないよ」という新成人の意見などが「それぞれ三分程度の理はある」と紹介されていた。

加えて，先に『朝日新聞』における本社版の「荒れる成人式」記事数が多いことを確認したが，その30件の記事のうち18件が投稿欄の「声」からの記事であり，そこにはたとえば，「思うに，一段高い壇上に来賓らが並び知事が式辞を述べるというやり方は，余りにもやぼったくないか」（「荒れる成人式，背景を見よう〔声〕」朝日新聞. 2001. 1. 11: 14）というように，旧態依然とした成人式のほうを批判する投書も多く取り上げられていた。実際，成人式のあり方をめぐる個別の意見の投書は10件あり，そのうち7件は，新成人だけでなく成人式のあり方にも「荒れ」の原因を求めたり，新成人が「荒れ」た原因（就職難など）に共感的であったりして，それをふまえて成人式の改善を求めたものであった。

このように，成人式を批判する意見もあったものの，『朝日新聞』以外の報道もふまえれば，全体としては，新成人を批判する意見が優勢だったといえる。

4-5 2001年の成人式から2002年の成人式へ

以上のように，2001年の「荒れる成人式」を確認してきたが，簡単にまとめると，「荒れる成人式」は，荒れる新成人への懸念や敵意が人びとに共有された典型的なモラル・パニックだったといえるだろう。

しかし，この「荒れる成人式」をめぐるモラル・パニックは，その翌年である2002年の時点で，すでに曲がり角にさしかかっていたように見える。つまり，翌年には，「荒れる成人式」の終焉が始まっていたのである。

次節では，2002年の「荒れる成人式」を分析し，「荒れる成人式」の終焉について考察する。

5　2002年成人の荒れ

5-1　「荒れる成人式」への対応

　2001年の「荒れる成人式」に直面することで，多くの自治体では，翌年2002年の成人式に向けて対策を施す必要が生じることになった。これが，「荒れる成人式」のモラル・パニックにおける具体的な「対応」の段階となる。

　早くから具体的な対応の検討を始めていた事例としては，たとえば，3月に京都市教育委員会が「成人の日をみんなで祝う検討委員会」[10] を設置することを決めている（「見本になる成人式に　京都市教委が『祝う委員会』設置へ」朝日新聞. 2001. 3. 2. 京都版：31）。また，4月には，「荒れる成人式」の舞台となった高松市と高松市教育委員会が「2002年高松市成人式懇談会」を設置することを決めている（「来年の成人式考える　懇談会へ新成人公募　高松市と市教委」同紙. 2001. 4. 24. 香川版：29）。加えて，このような自治体の動きをサポートするため，4月に文部科学省は，2001年の成人式の成功事例を72例紹介した報告書を出しており（文部科学省国立教育政策研究所 2001），それは「〈1〉会場分散〈2〉地域住民の参加〈3〉新成人の意向反映──が成功のカギ」である（「成人式『小中学生参加』で平穏　自治体工夫, 72例を紹介／文科省まとめ」読売新聞. 2001. 4. 10:

　10　記事上では「成人の日をみんなで祝う推進委員会」と表記されていたが，誤りと思われるため修正した。

39）と報じられている。

　最終的に，2002年の「荒れる成人式」対策としては，式典や祝辞を縮小するといったものが全体として多かったようである。成人式を中止して別のイベントを開催したのは，確認できる限り東京都町田市のみであった。意見・態度の表明では，成人式廃止の意見が多く見られたが，やはりそれは現実的ではなかったといえるだろう。2002年の成人式の開催形態については『朝日新聞』がまとめているので，ここではそれを引用しておく（「式典は手短，イベント化　今年の成人式，昨年の暴走に懲りて対策」朝日新聞. 2002. 1. 11. 夕刊：19）。

　　クラッカーの連発にやじ。新成人の傍若無人さに「出て行け」と怒鳴った知事もいた。荒れた成人式は今年，どうなるのか。朝日新聞が全国の取材網を通して調べたところ，昨年の「反省」を踏まえ，「式典は手短に，新成人参加のイベントは盛りだくさんに」という自治体が多くなっている。

●14日に集中
　　式典の開催日は8月のお盆や正月の開催を除くと，都道府県庁所在地では13日が全体の4分の1，残りが14日に集中している。

　　全体の傾向ではっきり見えるのは式典の簡素化と時間の短縮だ。来賓の祝辞などを大幅に削り，せいぜい15〜30分前後のところが目立つ。進行や運営に新成人の代表が加わる自治体も多い。

　　会場も，体育館のような施設からホテル，公園などに変更する例が少なくない。スケート場（北海道苫小牧市）やチボリ公園（岡山県倉敷市）なども登場する。

　　市民会館から東京ディズニーランドに移すのが千葉県浦安市。

ディズニーソングが流れる中，ミッキーマウス，ミニーのダンスで開会。市長らの祝辞ごとに歌をはさみ，その後にディズニーのキャラクターが新成人に新しいダンスの振り付けを教えて全員参加で踊るという。

●まるで忘年会

　成人式そのものを中止してしまうのが東京都町田市。ただ，代わりに1月10日から3月10日を「新成人のための期間」としてイベント形式の「二十祭　まちだ」を開く。(中略)

●「荒れ」から1年

　20歳は酒解禁。しかし酒が入り，全国的に荒れたことを教訓に，福島市や秋田市，鳥取県大山町などでは式典に酒の持ち込みを禁止した。

　このように，2002年の成人式は全体として「式典の簡素化と時間の短縮」がなされることになった。今では恒例となった東京ディズニーランドでの成人式が，「荒れる成人式」をきっかけとして始まったことも興味深い。

　この『朝日新聞』の報道を含め，2002年の成人式が近づくにつれ，各紙では本社版でも地方版でも「荒れる成人式」対策に対する報道が多くなっている。これは，2002年の「荒れる成人式」へ向けた「警告」としても機能しただろう。

5-2　まだ少し荒れる本社版

　以上のように，さまざまな自治体において「荒れる成人式」対策が行われてきたなかで開催されることになったのが2002年の成人式である。

　結論から述べれば，たしかに「荒れる成人式」は2002年も起き，

第4章　「荒れる成人式」とは何だったのか＿153

2度目の「衝撃」と「点検」の段階が生じた。しかし，2002年の「荒れる成人式」の報道を見ると，社会問題としての「荒れる成人式」の盛り上がりはすでにピークを過ぎたように見える。なぜなら，新聞の本社版では「荒れる成人式」の認識が揺らいでおり，週刊誌の記事では「荒れる成人式」の記事が減少し，新聞の地方版では「荒れない成人式」の記事が多かったからである。ここではまず，新聞の本社版の記事から確認したい。

　2002年「荒れる成人式」の「衝撃」の段階は，成人の日の前日に開催された1月13日（日）の成人式におけるいくつかの事件によって生じた。なかでもとくに有名なものは，沖縄県那覇市の成人式において，会場に酒樽を持ち込もうとした少年たちと警察官とがもみ合いになった事件である（なお，沖縄の成人式については第5章）。この事件は，翌日の14日に各紙の本社版の記事で報じられることになり，「荒れる成人式」の2度目の「点検」の段階が生じたのである。

　しかし，2002年の「荒れる成人式」においては，各紙の本社版の「荒れる成人式」の認識が揺らいでいる。あらかじめ論点をまとめておくと，次の2点である。第1に，『読売新聞』『毎日新聞』は，那覇市の事件を「荒れる成人式」の一事例として報じたが，『朝日新聞』はそうではなかったこと，第2に，14日には成人式を「大荒れ」として報じていた『読売新聞』『毎日新聞』も，15日の記事では平穏な成人式だったという記事になってしまっていることである。

　まず，14日の新聞を見てみると，『読売新聞』も『毎日新聞』も「大荒れ」という表現を用いて，那覇市の成人式をほかの成人式の事件とともに報じている。とくに『毎日新聞』での扱いは大きく，東京朝刊では「成人式，大荒れ」という大見出しのもと，「『先輩に

酒届ける』車突入，6人を逮捕──沖縄・那覇」という記事が掲載され（**紙面4-1**），福岡県田川市と栃木県烏山町の事件とともに「荒れる成人式」の一事例として位置づけられた（2002. 1. 14: 27）。また，『読売新聞』の記事でも「成人式，今年も…大荒れ」として（2002. 1. 14: 31），那覇市の事件が烏山町の事件とともに報道されることになった（**紙面4-2**）。

これに対して，『朝日新聞』では，東京朝刊（2002. 1. 14: 35）において「酒だるかついで大暴れ　成人式6人逮捕　那覇」という記事で那覇市の事件を報じているものの，この記事では「荒れ」という言葉を使っていな

紙面4-1　『毎日新聞』2002年1月14日，東京朝刊，27面（一部）

紙面4-2　『読売新聞』2002年1月14日，東京朝刊，31面

第4章　「荒れる成人式」とは何だったのか

紙面4-3 『毎日新聞』2002年1月15日, 東京朝刊, 31面

い(そのため, この記事は新聞「荒れる成人式」記事には含まれていない)。つまり, 『朝日新聞』では, 那覇市の事件を全国的な問題としての「荒れる成人式」の一事例としてではなく, 那覇市の一事件として位置づけているといえる。

続けて, 15日の記事を見ると, 「大荒れ」の成人式を報じた『毎日新聞』も『読売新聞』も, 成人式があまり荒れなかったという報道になっている。『毎日新聞』の東京朝刊では, 荒れた事例をいくつか紹介しつつも, 「苦肉の策で『静』人式」(2002. 1. 15: 31)という見出しで, 成人式が静かだったことを報じている(紙面4-3)。また, 『読売新聞』も「荒れた昨年の教訓, 大きな混乱なく」(2002. 1. 15: 34)という見出しで, 荒れなかったことを報じている(紙面4-4)。つまり, 13日の成人式は「大荒れ」だったが, 14日の成人式は平穏だったとされたのである。

先に引用した『朝日新聞』の記事（2002. 1. 11. 夕刊）によれば，都道府県庁所在地では成人式の4分の1が13日に開催されたので，残りの4分の3は14日に開催されたことになる。しかし，これらの記事を見ると，14日には多くの成人式が開催されたにもかかわらず，『毎日新聞』も『読売新聞』も「荒れる成人式」の事例をあまり集めることができなかったのだろうと推測できる。

5–3　もう荒れない週刊誌，地方版

　以上のように本社版における「荒れる成人式」は前年ほど盛り上がらなかったが，週刊誌と地方版を見ると，この傾向はさらに顕著であった。

　まず，2002年における週刊誌の「成人式騒動」記事はたった3件であった。2001年には14件の記事があったので，5分の1近くになってしまったことになる。もちろん記事は新成人に批判的なものだったが，件数を見れば一気に減少したことがわかるだろう。

　もっと興味深いのは新聞の地方版である。ここで，2002年1月の新聞「荒れる成人式」記事における地方版の記事件数を確認すると，『読売新聞』46件のうち35件，『朝日新聞』47件のうち32件，『毎日新聞』42件のうち13件が地方版であった。2001年1月とは対照的に，『毎日新聞』以外は，地方版の記事が多かった。

　これらの地方版の記事において特徴的だったのは，「荒れる成人式」が，「荒れなかった成人式」と対比するために使われていることが多かった点である。つまり，全国的には「荒れる成人式」が問題化したものの各地方では荒れなかった，あるいは去年は「荒れる成人式」が問題化したものの今年は荒れなかったと主張するために，「荒れる成人式」という言葉が用いられたのである。

　実際，2002年1月の「荒れる成人式」記事の地方版から，開催

された成人式を報道した記事を選出したところ，成人式が荒れなかったことと対比する文脈で「荒れる成人式」に言及した記事は，『読売新聞』19件のうち8件，『朝日新聞』16件のうち10件，『毎日新聞』7件のうち5件であった。各紙の記事を引用すると次のとおりである。

　　県内でも14日，多くの市町村で開催され，2万4431人が大人の仲間入りをした。あいにくの雨模様の中，晴れ着やスーツ姿の若者たちが参加し，大人としての決意を新たにした。荒れる成人式が社会問題化しているが大きな混乱はなかった。（「2万4431人『大人』に　成人式　県内は大きな混乱なく」読売新聞. 2002. 1. 15. 熊本北版：29）

　　「成人の日」の14日，県内では58市町村中12市町で成人式があった。県教委によると，県内で今年成人を迎えるのは男女合わせて約1万5千人。「荒れる」成人式が問題となる中，県内での式はほぼ混乱なく終わった。（「友達に会った，社会人を自覚…　各地で成人式，混乱はなし」朝日新聞. 2002. 1. 15. 大分版：24）

　　簡素化され短時間だったが昨年の「荒れた成人式」とは一変，厳粛ムードの中，新成人たちはそれぞれの思いを胸に大人の仲間入りをした。（「善通寺市などで成人式　"荒れた"昨年と様変わり」毎日新聞. 2002. 1. 6. 香川版：23）

　このように，「荒れる成人式が社会問題化しているが大きな混乱はなかった」といったかたちで「荒れる成人式」が言及されたので

158

ある。

5-4 「荒れる成人式」の終焉

　以上のように，「荒れる成人式」問題は，2002年にはすでに社会問題としての陰りが見えていたことがわかる。少なくとも，全国的に成人式の改善が検討される社会問題としての「荒れる成人式」は，2002年の時点で終焉に向かっていたというのが筆者の見解である。

　このような事態になった理由としては，そもそも「荒れる成人式」がめずらしい現象であったことが考えられる。先に引用した『朝日新聞』の記事（2001. 1. 26: 33）によると，2001年における成人式の事件は９件であったのに対して，2001年１月８日における北方四島を除いた日本の市町村数は3228であった[11]。また，2002年に本社版で報じられた成人式の事件は７件であったのに対して[12]，2002年１月14日の市町村数は3223であった。つまり，市町村の数から単純に計算すれば，個々の市町村において，全国ニュースになるような「荒れる成人式」が起きてしまう確率は数百分の１であったのである。もちろん私語や携帯電話の使用などの問題は全国的にあっただろうが，文字どおりの「荒れる成人式」はとても少なかったと考えるのが妥当だろう。

　要するに，「荒れる成人式」は，その実態とはかけ離れて大きく

11　「e-Stat 政府統計の総合窓口」の「市区町村数を調べる」を利用した（https://www.e-stat.go.jp/municipalities/number-of-municipalities）。データは北方四島の６村を含むものであったが，これらの村が成人式を開催したはずはないので除外した。

12　沖縄県那覇市，福岡県田川市，栃木県鳥山町，青森県五所川原市，宮崎県宮崎市，埼玉県東松山市，神奈川県横須賀市である。

問題化してしまったため，その終焉も早かったのである。このように，実態と社会的反応との不均衡さや，すぐに終息する一時性という点から見ても，「荒れる成人式」は典型的なモラル・パニックであったといえるだろう。

　しかし，筆者を含めて当時の記憶がある人たちからすると，「荒れる成人式」はもっと息の長い問題だったように感じるのではないだろうか。実際，「荒れる成人式」は，その後のテレビのニュースやワイドショーでも，かなり長い間話題になっていた記憶がある。また，「荒れる成人式」は，2001年と2002年における一過性の騒ぎというよりも，むしろ毎年の恒例行事のようなものであったという感覚の人も多いだろう。

　そこで次項では，最後に，「荒れる成人式」問題のその後を追うことで，「荒れる成人式」が私たちに強く印象を残した理由についても触れておきたい。

5-5　「荒れる成人式」のその後

　あらかじめ結論を述べておくと，「荒れる成人式」の印象が強く残った理由は，「荒れる成人式」が全国的なモラル・パニックから那覇市における毎年恒例のニュース・イベントへと変貌したことであると考えられる。

　実際，週刊誌「成人式騒動」記事において合計2回以上取り上げられた市町村の推移（**表4-2**）を見ると，那覇市は2002年以降，近年まで連続的に取り上げられていたのがわかる。たとえば，**写真4-3**は週刊誌記事からのものであり，その記事タイトルは「CATCH UP　成人式の風景　那覇市　不肖・宮嶋が見た毎年恒例の乱痴気　沖縄は今年も無法地帯だった」というものであった。このタイトルにもあるように，那覇市の「荒れる成人式」は，「毎年

表4-2 週刊誌「成人式騒動」記事において合計2回以上取り上げられた市町村の推移

	那 覇	高 松	高 知	北九州	伊 東	高 岡	水 戸	和歌山
2001		11	6					
2002	2							
2003	1							
2004	2				2			
2005	1							
2006	1							
2007	1							
2008	1							
2009	1							
2010	1							
2011								
2012	1							
2013								
2014								
2015	1							
2016	2			2		2	2	2
2017	1							
2018				1				
2019	1			1				
2020								
2021								
2022								
2023								
計	17	11	6	4	2	2	2	2

（出所）　筆者作成。

写真4-3 『週刊文春』2012年1月19日号, 25頁

恒例の乱痴気」「沖縄は今年も無法地帯」として把握されていたのがわかるだろう。

とはいえ、「荒れる成人式」は、あくまで毎年恒例のニュース・イベントとして生き残ったものであり、もはやモラル・パニックを引き起こすようなことはなくなっている。実際、2016年には一時的に週刊誌記事が増えたこともあったが（図4-2, 表4-2）、同じ時期に新聞記事は増えていない（図4-1）。この大きな社会的背景としては、2000年代半ばから格差問題が再浮上したことが挙げられるだろう（第1章参照；赤羽 2023）。そのため、多くの青少年問題が格差問題として語られるようになり、「荒れる成人式」を、もはや青少年全体の心理的な未熟さの問題を象徴するものとみなして、非難することが難しくなったと考えられる。

このように、「荒れる成人式」は、モラル・パニックとしては終焉したが、毎年恒例のニュース・イベントとしては定着して生き残り、「荒れる成人式」の印象を強く私たちに残したのである。

6 負の象徴としての「荒れる成人式」

　本章の目的は，「荒れる成人式」とはどのような社会問題だったのかを明らかにすることであった。これまでの議論をふまえて，「荒れる成人式」はどこから来たのか，どこへ行ったのかをまとめると次のとおりである。

　まず，「荒れる成人式」は，1990 年代以降の日本社会の構造的変化や世代の状況を背景として多発した青少年問題をめぐるモラル・パニックの 1 つであり，「大人になれない」青少年の心理的な未熟さを批判する場となったと考えられる。実際，2001 年の「荒れる成人式」では，日本全国の事例が報道され，新成人への批判が集中することになった。

　一方，2002 年の「荒れる成人式」では，新聞の本社版の認識が揺らぎ，週刊誌記事が減少し，新聞の地方版で「荒れない成人式」の記事が多く掲載されるなど，明らかに騒ぎが沈静化し始めていた。その理由としては，そもそも「荒れる成人式」がめずらしい現象であったことが考えられる。

　とはいえ，「荒れる成人式」は，全国的なモラル・パニックから那覇市における毎年恒例のニュース・イベントへと変貌した。そのことによって，その後も私たちに強い印象を残すことになったのである。

　以上をふまえつつ，本書のテーマである成人式という点に着目して，「荒れる成人式」とは何だったのかを考察したい。

　「荒れる成人式」を通じて見えたことの 1 つは，成人式のしぶとさとでもいえるものである。もっと正確かつ抽象的にいえば，「大人になる」ことをめぐる人びとのさまざまな思いを投影できる象徴的な場としての安定性である。

第 4 章　「荒れる成人式」とは何だったのか　163

成人式は，良くも悪くもその時々の社会状況に合わせて，「大人になる」とはどういうことかといった議論を引き寄せる性質がある（第1章参照）。この点で，「荒れる成人式」は，悪い意味で「大人になる」ことを，つまり「大人になれない」ことを象徴する場として機能したことになる。ここで重要な点は，「荒れる成人式」が，「大人になれない」という負の側面を象徴することになったとしても，成人式そのものは無傷のまま残ったことである。実際，成人式は，「荒れる成人式」問題でどれだけ批判にさらされても，批判の嵐が去ってみると，何事もなかったかのように毎年開催され続けている。また，那覇市などでは実際に荒れている成人式もあるようだが，それでもやはり毎年開催され続けている。そこには，成人式という存在の安定感のようなものを感じることもできるだろう。むしろ，このように成人式の安定感があったからこそ，安心して新成人を批判できる場となった側面もあったかもしれない。

　祝日法によれば，成人式は「青年を祝いはげます」場であるはずである。しかし，実際に成人式が果たしている機能の1つが，その時々の「大人になる」ことをめぐる人びとの思いを象徴的に示すことであったとすれば，それがたとえ「青年を叩きおとしめる」場となったとしても，その機能を十分に果たしていたことになる。

　「荒れる成人式」とは，このように，「大人になる」ことをめぐる人びとの思いを投影できる象徴的な場としての成人式の安定性を，負の側面から示したものだったといえるのではないだろうか。

■文献
赤羽由起夫，2022a，『少年犯罪報道と心理主義化の社会学——子どもの「心」を問題化する社会』晃洋書房．

────，2022b，「『心の闇』と少年犯罪――コミュニケーションと感情の様
　式に着目して」『社会学ジャーナル』47: 21-35.

────，2023，「『心の闇』の知識社会学――なぜ『心の闇』は語られたのか」
　『社会学ジャーナル』48: 1-16.

Best, Joel, [2008] 2017, *Social Problems*, 3rd ed., W. W. Norton & Com-
　pany.（赤川学監訳，2020，『社会問題とは何か――なぜ，どのように生じ，
　なくなるのか?』筑摩書房.）

Cohen, Stanley, [1972] 2002, *Folk Devils and Moral Panics: The Cre-
　ation of the Mods and Rockers*, 3rd ed., Routledge.

Goode, Erich and Nachman Ben-Yehuda, 1994, *Moral Panics: The Social
　Construction of Deviance*, Blackwell.

ロジャー・グッドマン，2013，「変わりゆく風景――高齢化社会における若者問
　題の社会的文脈」ロジャー・グッドマン／井本由紀／トゥーッカ・トイボネン
　編著，井本由紀監訳，西川美樹訳『若者問題の社会学――視線と射程』明石書
　店.

後藤和智・内藤朝雄・本田由紀，2006，『「ニート」って言うな！』光文社.

乾彰夫，2010，『〈学校から仕事へ〉の変容と若者たち――個人化・アイデンティ
　ティ・コミュニティ』青木書店.

加野芳正，2011，『なぜ，人は平気で「いじめ」をするのか？――透明な暴力と
　向き合うために』日本図書センター.

北澤毅，2015，『「いじめ自殺」の社会学――「いじめ問題」を脱構築する』世
　界思想社.

牧野智和，2008，「少年犯罪をめぐる『まなざし』の変容――後期近代におけ
　る」羽渕一代編『どこか〈問題化〉される若者たち』恒星社厚生閣.

メディア・リサーチ・センター，2002，『2002 年版　雑誌新聞総かたろぐ』.

文部科学省国立教育政策研究所，2001，『平成 12 年度「成人式」実施状況調査
　結果』.

森真一，2005，『日本はなぜ諍いの多い国になったのか――「マナー神経症」の
　時代』中央公論新社.

NHK 放送文化研究所編，2010，『現代日本人の意識構造　第 7 版』日本放送出
　版協会.

小熊英二，2019，「総説――『先延ばし』と『漏れ落ちた人びと』」小熊英二編
　著『平成史【完全版】』河出書房新社.

佐藤俊樹，2008，「テレビを理解する　Understanding Television――デー タ
　からみたメディア空間の現代」NHK 放送文化研究所編『現代社会とメディ

ア・家族・世代』新曜社.

トゥーッカ・トイボネン／井本由紀, 2013,「若者問題を解く」ロジャー・グッドマン／井本由紀／トゥーッカ・トイボネン編著, 井本由紀監訳, 西川美樹訳『若者問題の社会学——視線と射程』明石書店.

徳岡秀雄, 1987,『社会病理の分析視角——ラベリング理論・再考』東京大学出版会.

————, 1997,『社会病理を考える』世界思想社.

山田昌弘, 2004,『希望格差社会——「負け組」の絶望感が日本を引き裂く』筑摩書房.

「鏡」としての沖縄の成人式

第5章

階層とジェンダーから見た
共同性との距離　　　　　　上原健太郎

1　沖縄の成人式における階層とジェンダー

1-1　問題意識

「沖縄の成人式は荒れている」——こうしたイメージを持っている人は少なくないだろう。現在もインターネットやSNS上には，沖縄の「荒れる成人式」に関連する動画，写真，記事などが溢れて

(出所) 與那覇 (2017)。

写真5-1　派手なパフォーマンスを繰り広げる若者たち（2009年1月11日）

いる。

2017年1月8日の『沖縄タイムスプラス』の特集記事「なぜ沖縄の成人式は "ド派手" になったのか？」（與那覇 2017）には冒頭の写真が掲載されている（**写真5-1**）。

お揃いの袴を身にまとった若者集団が，スクランブル交差点に集合し，自前の旗を振り回しながら集団で練り歩く様子が確認できる。その状況を見つめる通行人，カメラを向ける取材陣，若者集団を取り囲む警察の姿もある。写真に映っている場所は，那覇市の沖縄県庁前の交差点であり，国際通りの玄関口でもある。つまり，沖縄を代表する場所の1つである。この場所で，成人の日を迎えた若者たちが派手なパフォーマンスを披露する。これが沖縄の「荒れる成人式」の典型的なイメージだろう[1]。

筆者自身，沖縄出身で，地元の成人式に参加した経験がある。当時，大阪の大学に通っていた筆者は，成人式に向けてスーツを購入し，式典と2次会に参加した[2]。一方で，中学の同級生のなかには，袴姿で式典に参加し，その後，那覇の派手なパフォーマンスに参加したメンバーもいた。そのメンバーの顔を思い浮かべると，地元の青年会や自治会の行事に積極的に参加し，クラス会の幹事や学級委員など，学校生活のなかで「中心的な役割」を担ってきた人たちであった。だが同日，同会場に同席していたにもかかわらず，派手なパフォーマンスに参加した袴姿のかれらの一日を，筆者は知らない。

1　沖縄タイムスプラス（2016）では，沖縄の「荒れる」成人式のイメージを払拭させたいとし，お揃いの袴姿でリーゼント風の男性らが国際通りでゴミ拾いをする様子が取り上げられている。「荒れる成人式」が沖縄の成人式の典型イメージとして定着していることを示す記事だろう。

2　上原（2020b: 191）では，成人式に「スーツ姿」で参加した筆者に対して，「やー（お前），大阪に魂売ったば？」と袴集団の同級生たちがイジってきたエピソードを紹介した。

なぜ，袴姿のかれらの一日を知らないのか。筆者が参加した「成人式」と，かれらが参加した「成人式」は異なるのか。異なるとすれば，具体的にどう異なるのか。

　本章では，こうした小さな疑問を手がかりに，沖縄の成人式について検討する。具体的には，典型的な沖縄の「荒れる成人式」を過ごしたかのように見える若者たちにとって，成人式とはどのようなイベントであったのかに着目する。そのうえで，かれらとは異なる成人式の過ごし方をした若者たちにも視野を広げて，成人式に参加することがそれぞれの若者たちにとってどう意味づけられているのかを明らかにする。最終的に，「荒れる成人式」というセンセーショナルな言葉が，沖縄の若者たちのどんな社会的現実を覆い隠してきたのかを検討し，沖縄の成人式を論じるうえで今後必要な枠組みを提示する[3]。

　なお，本章では，地元自治体が主催する「式典」とは別に，「お揃いの袴」，那覇中心部で行われる「練り歩き」「鏡割り」「派手な車」といった集団的行為を「派手なパフォーマンス」と定義する。また，式典参加や「派手なパフォーマンス」だけでなく，2次会への参加等，成人式をめぐる一連の行為全体を「成人式」と定義する。従来の議論を参照する際に「荒れる成人式」という言葉がたびたび登場するが，本章ではこれを「派手なパフォーマンス」に付与されたセンセーショナルな言葉として批判的な立場から使用する。

1-2　分析の視点——階層とジェンダーから見た沖縄的共同性との距離

　本章では，「沖縄的共同性」をめぐる議論を参考にした視点を採

3　石岡（2023: 43-4）は，「貧困と構造的暴力」のエスノグラフィーを記述する際，センセーショナルな出来事に目を奪われてはいけないと説く。

用したい。沖縄的共同性とは，沖縄の人びとの行為を説明するのに社会学的研究が長く自明の説明変数としてきた，「中間集団レベルでのネットワークや共同性」のことである（岸 2013）。米軍の占領や経済的不利などのマクロな背景でも，そのなかでの個人のアイデンティティでもなく，地縁・血縁ネットワークに基づくものであり，沖縄の地域社会の根幹をなすものとしてこれまで繰り返し論じられてきた（岸 2020a; 上原 2020a）[4]。

　それに対して，近年，階層やジェンダーによって沖縄的共同性の「生きられ方」が異なることを明らかにし，沖縄的共同性の再考を促す研究が蓄積されつつある。たとえば，筆者を含む岸ほか（2020）の研究グループが著した『地元を生きる』では，「安定層」「中間層」「不安定層」に着目した。相対的に学歴も高く，安定した収入を得ている安定層は，「沖縄的なもの」としての共同性をいわば相対化し，冷静に，距離をとって語る（岸 2020b）。一方，高校や専門学校などを卒業し，中小零細サービス業などに従事する中間層は，地元のつながりを資源とし，その共同性のなかに没入し，働いている（上原 2020b）。そして，不安定層の男性は家族や学校，地域社会から排除され，過酷な生活状況下に置かれている（打越 2020）。その一方で，不安定層の女性はその男性たちから暴力を受け，深刻な貧困状況にある（上間 2020）。

　4　沖縄的共同性や後出の共同体を厳密に定義することは難しい。岸は「地元，あるいは共同性・共同体という言葉を特に区別せず，沖縄の地域社会の，インフォーマルなネットワークのこととしてゆるやかに使用する。必ずしもそれは，そこで『生まれ育った』場所だけを意味するのではない。家族，親族，あるいは出身小中学校の先輩後輩関係，同じ地域でバイトしたり仕事したりする仲間，会社のつながり，こうしたものをすべて包含する言葉として使用したい」（岸 2020a: i）と述べる。本章も同様の意味で，共同性，共同体を互換的な概念として使用する。

この知見をふまえると，派手な袴姿で那覇の練り歩きに参加するのは，主として中間層の若者である。なぜなら，「派手なパフォーマンス」をする集団は「出身中学」という強固な地縁ネットワークを基盤に構成されているからだ。そして，ネットワークとの距離に応じて，式典への参加，服装，「派手なパフォーマンス」への参加にバリエーションがあり，成人式の経験の仕方は異なる。

　では，中間層の男性たちは成人式をどのように経験し，語るのか。そして，中間層だけでなく，それ以外の層の男性，女性たちにとっての成人式は，中間層の男性たちのそれとはどう異なるのか。

2　沖縄の「荒れる成人式」論の批判的検討

2–1　沖縄の成人式の歴史的変遷

　調査協力者の具体的な語りを検討する前に，沖縄の成人式をめぐってこれまでどのような議論が蓄積されてきたかをおさえておく。

　與那覇（2017）は，過去の『沖縄タイムス』の記事を参照しながら，沖縄の成人式の歴史的変遷について整理している。それによると，戦後はじめて成人式が同紙の紙面に登場したのは 1954 年 1 月 17 日で，セーラー服や背広姿で式に参加する新成人の様子が紹介されている。1965 年の記事では，振袖，背広，学生服，ジャンパー姿の若者が，そして，1969 年の記事では女性のほとんどが振袖で，男性もほぼスーツ姿となっている。

　平成になった 1989 年の記事では，「目立つ男性の羽織はかま姿」の見出しが登場した。ただし，それ以前もちらほら袴姿の記述が確認できたという。そして 3 年後の 1992 年には，「目立ちたがり屋」の見出しで派手な袴姿の成人が紙面に登場した。2000 年には

「ド派手成人式」が大々的に新聞で取り上げられ，それ以降，「荒れる成人式」として全国的に注目されるようになっていく[5]。朝木絵(2010) によると，全国の「荒れる成人式」は2001年から始まり，約5年を経て落ち着く方向に向かった（第4章も参照）。沖縄の「荒れる成人式」もほぼ同時期に開始するが，2000年代後半に入っても沖縄の場合は落ち着く気配を見せず，むしろエスカレートしていった。

2-2　論じられてこなかったのはどの層か？

　では，その「荒れる成人式」とは具体的にどのような内容ととらえられてきたか。朝木（2010）によると，「荒れ」方には沖縄に「独自のスタイル」がある。そこで朝木が注目したキーワードが「出身中学校」「鏡割り」「国際通りでの練り歩き」の3点だ。まず，ヤンキー集団を中心に，出身中学校を単位としたグループが形成される。「決まった色の羽織袴を皆で揃えてくるしきたり」に従うかたちで，お揃いの羽織袴を着て成人式当日を迎える。それから「大きな酒だるの蓋を叩いて割り，酒を飲んで騒ぎ，盛り上がるパフォーマンス」が，他校出身者のグループと競い合うようにして実施される。日本酒ではなく泡盛が用いられる。さらに，各グループは，那

　5　ただし，「荒れる成人式」のパフォーマンスの萌芽は1992年の成人式のときにはすでに見られたという。なお，與那覇（2020）は別記事で，沖縄の成人式に対する全国メディア（新聞・テレビ）の注目が，2016年以降薄れていったことを指摘し，その注目が沖縄から北九州や横浜に移っていったと述べている。筆者も現在，過去の新聞記事を収集し，沖縄の成人式の歴史的変遷について整理している段階である。少し触れると，沖縄返還前後にあたる1960年代後期から80年代にかけて，米軍統治や本土復帰，自衛隊員の式典参加など，沖縄の「政治的な問題」と若者を結びつける場として成人式が語られていた。詳細は別稿に譲る。

覇の国際通りを，旗を掲げたり，出身中学の校名を叫んだりしながら練り歩く。

　かれらにとって，出身中学は「帰属意識や団結のよりどころ」であり，かれらが所属する「1つの社会」である。そのグループで揃いの袴を着て，鏡割りをして練り歩くことは，「地元地域への帰属意識，地元愛」が感じられる集団的行為となる。泡盛が好まれるように，それが沖縄というアイデンティティとも結びついている。これらの点は，ほかの先行研究も言葉は違えど指摘している。

　また，こうした一連の独自のスタイルは，「地元の先輩後輩の上下関係に支えられ，受け継がれ，恒例行事になっている」（朝木2010: 47）。朝木の指摘をふまえつつ，草野（2020）は，成人式のパフォーマンスを終点に，そこに至る時間軸の側面を指摘する。成人式そのものは一日で終わる。「鏡割り」や「練り歩き」といったパフォーマンスも成人式当日に披露され，完結する。しかし「その儀式のために何年にもわたって出身中学校の単位で組織的に準備」を行う必要があるのだ。そして，沖縄においてのみ，「荒れ」が継続した背景には，中学時代の上下関係が卒業後も色濃く残っていることがあると結論づけている。

　沖縄の「荒れる成人式」の社会経済的背景にも目が向くようになっている。「荒れる成人式」に参加する若者たちは日々，過酷な肉体労働に従事せざるをえない状況に置かれている。そんな若者たちが自らの存在を指し示すための消費文化が形成されていった（草野2020: 101-4）。與那覇（2017）も，沖縄のヤンキー文化に詳しい打越正行の見解に依拠しながら，学校から排除され，就労世界においても過酷な状況に置かれた若者たちにとって，成人式は「時を刻む」ことができる＝成長が実感できる通過儀礼としての側面があると指摘する。

以上，沖縄の成人式をめぐる議論を検討した。従来の議論は沖縄独自の派手なパフォーマンスを，(1)「出身中学」を基盤としたネットワークとの関連で，(2) 不良文化・ヤンキー文化と過酷な就労環境との関連で説明する傾向にある。しかしどちらも一面的である。たとえば，階層やジェンダーの視点から沖縄的共同性との距離に注目すると，(1) は共同性により近い中間層の特徴を取り上げ，(2) は相対的に共同性から遠い不安定層に着目している。しかし本章で徐々に明らかになるように，派手なパフォーマンスに参加する若者もけっして一枚岩ではなく，共同性との距離によってバリエーションがある。しかもおそらく，不安定層の最も不安定な若者たちは，そもそも成人式に参加していない可能性すらある[6]。そして男性と女性でも，成人式の経験は異なるだろう。さらにいうと，「出身中学」以外の，たとえば家族や親族といった共同性にも注目する必要があるだろう。

　すなわち，沖縄的共同性との距離に注目し，できる限り多様な層に視野を広げながら，沖縄の成人式を描き直す必要がある。本章が階層やジェンダーの視点を取り入れる理由はここにある。本章では，従来の沖縄の「荒れる成人式」論の知見をふまえつつも，階層とジェンダーの視点を導入し，「中間層の男性」「中間層以外の男性」

6　沖縄の不安定層の上下関係（しーじゃとうっとぅ関係）のあり様やその過酷さについて，参与観察調査を通じて丁寧に描いた研究に打越（2019）がある。打越が描いた人びとと，従来の議論が指摘する「出身中学を母体とする上下関係からなるコミュニティ」がイコールかどうかは検討の余地が大いにある。なぜなら，打越が描いてきたのは，学校や地域単位のコミュニティから基本的に排除されてきた人びとだからである。打越は，「ヤンキーの若者がエイサー青年団に参加するのは珍しいケースであった。ヤンキーの若者が青年団に参加しないのは，学校に通う同世代の若者との接点がほとんどないこと，定期的な練習に参加できないことが主な理由であった」（打越 2019: 37）と述べている。

「女性」に焦点を当てて，調査協力者たちの語りから沖縄の成人式を再構成する。

3　成人式調査の概要

　筆者は2008年9月から今日まで，沖縄の若者を対象に，フィールドワーク，参与観察，インタビュー，生活史といった質的調査を実施してきた[7]。筆者自身，多くの調査協力者たちと同じX市出身であることから，地元のネットワークを生かすかたちで調査を継続し，今回の成人式調査の調査協力者20名も，地元のネットワークを基盤としている[8]。とりわけ本章では，中間層と安定層の若者がインフォーマント（情報提供者）であり，かれらから聞きえた人

7　岸（2016: 15-20）は社会学分野における質的調査について概説する際，「フィールドワーク」「参与観察」「生活史」の3つの調査方法に着目した。「ある地域や集団を対象とした，総合的な調査」をフィールドワーク，「ある特定の組織や集団，地域に『入り込んで』，そこで生活したり仕事をしたりしている人びとのなかに混じって，そこで起こっている会話ややりとり（難しくいえば『相互作用』）を記録する」方法を参与観察，「たったひとり，あるいは数人の生い立ちや経験の長い語りにもとづいて社会的なことを考察する方法」を生活史と定義する。なお，筆者の調査手法や研究成果の詳細については，上原（2020b; 2020c; 2022）を参照。

8　今回の成人式調査は2023年8月から2024年5月にかけて実施した。対面でインタビュー調査を実施したケースもあれば，LINEなどのSNSを使ってテキストベースでエピソードを教えてもらったケースもある。あるいは，地元の飲み会に顔を出し，そこで聞いた話も多い。ICレコーダーで録音できた場合は，後日，自らの手で文字に起こした。その際，文意が変わらない範囲で適宜，加筆修正を行った。また，集団の会話のやりとりを文字に起こすことや，ICレコーダーの使用が状況的に難しい場合は，手帳を使ってメモだけ残し，後日，フィールドノートというかたちでまとめ直した（以下，データとして引用する際はFNと表記）。

表5-1　調査協力者の主な概要

仮名	性別	学歴	高卒後の主な社会移動（出産・家事・育児は除く）	出身中学	出身高校	服装	派手なパフォーマンス行為
大介	男	高卒	水道関連→病院→キセツ【県外】→通信制大学で保育士の資格取得（兼アルバイト）→保育士	A中学	A高校	袴	お揃いの袴，旗，派手な車，鏡割り，練り歩き
トオル	男	高卒	仕事を転々→友人の建設会社	A中学	A高校	袴	お揃いの袴，旗，派手な車，鏡割り，練り歩き
卓也	男	短大卒	高校専攻科→海運業	A中学	A高校	袴	お揃いの袴，旗，派手な車，鏡割り，練り歩き
直樹	男	高卒	無職→仕事を転々→介護施設で介護助手→介護士の資格取得→介護士	A中学	A高校	袴	（寝坊で不参加）
ヤスシ	男	高卒	職業訓練校→自動車部品関連【県外】→IT関連	A中学	B高校	スーツ	─
和樹	男	大学院卒	大学【県外】→大学院【県外】→IT関連→宿泊業の経営	A中学	B高校	スーツ	─
ナリ	男	大卒	大学→公務員	A中学	B高校	スーツ	─
カズト	男	大卒	大学→銀行員	A中学	B高校	袴	─

ユウヤ	男	専門卒	専門学校→保育士	C中学	B高校	袴	お揃いの袴,旗,派手な車,練り歩き
雅也	男	専門卒	専門学校→医療系の卸売業→電機メーカー	D中学	E高校	袴	お揃いの袴,旗,派手な車,鏡割り,練り歩き
クミコ	女	高卒	化粧品店→土産店→工場→娯楽業→保育士	A中学	G高校	振袖	旗,鏡割り
奈菜美	女	高卒	職を転々【県外含む】→親の介護中	A中学	D高校	振袖	―
加奈子	女	高卒	観光業→化粧品販売→介護士→自衛隊宿舎の管理人→自衛隊分屯地の売店→スナック	B中学	F高校	振袖	―
早苗	女	短大卒	短大→市役所の臨時職員→水道業	B中学	A高校	振袖	―
夏美	女	大学中退	大学中退【県外】→コールセンター【県外】→夫の家業の手伝い	B中学	B高校	振袖	―
エリ	女	専門卒	専門学校【県外】→観光業→公衆浴場業→情報通信業	C中学	F高校	振袖	―

(注) キセツとは，数カ月から半年の間，県外の工場など，住み込みで働くスタイルを指す。語源は「季節労働」で，主に沖縄の人びとによって用いられている。
(出所) 筆者作成。

びとの成人式を明らかにするが，かれらの語りにほとんど登場しない不安定層の若者については本文や注で適宜取り上げる。

表5-1 は，本章で取り上げる調査協力者16名の概要である。

第5章 「鏡」としての沖縄の成人式__177

2024年現在で，30代後半から40代前半（1983年〜88年生まれ）と，ちょうど沖縄の「荒れる成人式」が問題視されていた2000年代に成人式に参加した世代である（成人式に参加した時期：2004年〜09年）。表中には，従来の研究が指摘する「お揃いの袴」「旗」「鏡割り」「練り歩き」と，調査協力者たちの語りから浮かび上がった「派手な車」を「派手なパフォーマンス行為」として表記した。

なお，筆者は，第4節で登場する大介らのグループの自治会の集まりに何度も顔を出し，一緒に地域行事に参加したこともある。いまでもその付き合いは続いている。そのときの会話や雰囲気，かれらの様子なども，今回の成人式調査のデータを記述する際の重要な情報となっている。その意味で，成人式調査は，これまでのさまざまな調査で得られた情報，知識，関係性を前提に実施されている[9]。

4 中間層の男性たちにとっての成人式

本節では，中間層の男性たちの成人式に焦点を当てる。まずは，派手なパフォーマンスに参加する経緯とその内容を確認し，中間層の男性たちが成人式本番に向けて深く関与していくプロセスを記述する（4-1，4-2）。そのうえで，かれらが自らの行為をどのように

9　石岡丈昇（2016: 111-2）は，フィールドに「誰が」参入するかではなく，「誰として」参入するかが重要であり，その後のフィールドワークを決定づけるものでもあると述べる。筆者が「沖縄出身者」もしくは「地元が同じX市出身者」として参入したことは，成人式調査の方向性や実施内容に影響したと思われる。「○○中学の上原です」とあいさつを交わすだけで，話が弾んだり，別の調査協力者を紹介してもらえたり，調査中に駆けつけて話に参加してくれる人がいたりと，思わぬかたちで調査がスムーズに進み出したからだ。

意味づけているのかを「かっこよさ」の観点から検討する（4-3）。
次に，パフォーマンス後の行為にも着目する（4-4）。

4-1　派手なパフォーマンスに参加する経緯とその内容

　派手なパフォーマンスに参加したグループを，まずは取り上げる。
表5-1には掲載していない調査協力者も含めて，男性の調査協力
者14名のうち，集団で羽織袴を着て成人式に参加したのは10名
である。

　大介，トオル，卓也，直樹は，小学校時代から強固なつながりを
維持し，多くの時間をともに過ごしてきた。実家の距離も徒歩15
分圏内と近く，同じ小学校，中学校，高校を卒業した。休み時間，
放課後，休日もよく一緒に遊んできたメンバーで，10人規模の集
団だ。かれらはよく，自分たち「いつものメンバー」のことを「わ
ったー（自分たち）」「俺なんか」という主語で表現する。高校卒業
後の進路は，就職であったり，アルバイトを継続したり，高校の専
攻科に内部進学したり，無職だったりとさまざまだが，大学に進学
した者は1人もいない。かれらは高卒後も，これまでと同じよう
に集まり，行事に参加し，酒を飲み，つながりを大切にしてきた[10]。
現在も，地元の青年会活動，インフォーマルな飲み会，大人の運動
会，野球大会など，地元の地域社会で開催される行事に積極的に参
加している[11]。

10　中間層の若者のなかには「深夜帯」勤務のサービス業従事者が存在し，「日
　　中」勤務の友人たちとのつながりを維持することが難しくなるケースがある。こ
　　うした「生活時間のズレ」という課題に対して，地元のつながりを維持するため
　　に必要な社会的条件を検討したものに上原（2020c）がある。

11　本章が取り上げる中間層は，学校や地域社会を基盤にした強固なつながりの
　　なかで暮らしてきた。この点が，これまで打越（2019）が対象としてきた不安
　　定層と決定的に異なっている。

第5章　「鏡」としての沖縄の成人式＿179

筆者がかれらの飲み会に参加するようになったのは，20代半ば
である。かれらと同じ小学校，中学校を卒業しているにもかかわら
ず，かれらとお酒を飲みながらゆっくりと話す機会はそれまでまっ
たくなかった。かれらの飲み会や自治会の行事に参加するようにな
ってから，少しずつ仲間に入れてもらえるようになった。かれらと
関わるなかでとくに印象的なのが，全員が「過去のやらかした話」
をエピソードトークとして持っていることである。バイク事故の話，
教員を困らせた話，女性関係の話など，湯水のように湧いてくるエ
ピソードの数々。かれらはお酒が回ると，必ずといっていいほど，
「やらかした話」を武勇伝のように，自虐的に，ときに恥ずかしそ
うに披露する。そして必ず筆者に対して，「ケンタロー（筆者の名
前）が知らない世界だろうけど」と付け加えてくる。筆者とかれら
の歩んできた道のりが大きく異なっていたことを認識できる瞬間だ。
このように，かれらは同じ時間，場所，記憶を共有しながら大人に
なってきた。

　そんなかれらに居酒屋に集まってもらい，成人式のことを思い出
してもらった。大介らのグループは，「他シマ」[12] の同級生たちの袴
の色を事前に情報収集し，そのうえで，袴の色を決めた。準備には
半年ほどの時間を要したようである。また，仲間の1人である卓
也は，当日の朝，母親が勤める美容室で袴に着替えて，リーゼント
風に整髪した。その後，「溜まり場」であったボーリング場にみん
なで集まり，集合写真を撮った。式典の会場に少し顔を出した後，

　12　沖縄大百科事典刊行事務局（1983a: 324）によると，シマとは「部落などの
　　領域（テリトリー）」を指す言葉で，「内部的結束への愛着，生まれた土地への執
　　着心のシンボル」であり，「沖縄の人びとのシマへのこだわりは，シマの外にた
　　いする排他性と結びつく可能性も秘めている」。つまり「他シマ」とは，自らが
　　所属するシマとは異なるシマのことを意味する。

「国際行こうぜ」と，先輩から借りた派手な軽トラで揃って移動した。那覇に着くと，国際通りを集団で練り歩き，酒樽を割って飲酒した。ある友人は，那覇の国際通りのセンターラインの上を自前の旗を持って全力疾走した（FN.2023.9.2）。

このように，かれらが成人式に向けて入念に事前準備を行っていたことがわかる。また成人式当日の一連の行為も，従来の「荒れる成人式」論と合致する。

別の事例を参照しよう。C中学を卒業し，B高校に進学したユウヤは，成人式前に，X市内の中学校でヤンチャをしていたすべてのメンバーと集まり，成人式に向けて準備を行った。お揃いの袴のデザイン，色などを入念に話し合い，旗も作った。袴は自腹だったが，成人式に「袴を着ない」という選択肢がそもそもなく，袴を着るのが当然だった。成人式当日は，午前中に集まって集合写真を撮り，式典参加後は那覇に向かった。那覇では練り歩きを行った（FN.2023.9.2）。

このように，事前に行われる入念な準備と，当日の集合写真，那覇での派手なパフォーマンスといった一連の行為は，先ほどの大介たちの事例と類似している。また，成人式に参加し，袴を着ることがユウヤたちのグループにとって「当たり前の選択肢」としてあったこともわかる。

4-2　事前準備にかかるコスト

ここで2つの角度から，事前準備にかかるコストに注目する。

まず，袴の購入費用である。とくに10代後半の若者にとって，10万円前後の費用を工面するのは容易なことではない。先行研究でもその点は触れられている（草野 2020: 99）。

「いつものメンバー」の中心人物の1人である大介は，袴の色な

ど，事前の準備に積極的に関わっていたにもかかわらず，金銭的な
理由で袴を用意することができなかった。かれらが購入予定の袴は
一着10万円だった。そこに救いの手を差し伸べたのは大介の兄で
ある。

> 大　介：いちお，俺は，にいにい（兄）が，「やー（お前），袴
> 　　着ないばぁ？」って言うから「あー，お金ないからスーツや
> 　　っさー」って言ったら，にいにいが，「やー，袴代出すから，
> 　　やー，着れ」って。「ありがとうございます！」ってことで
> 　　着た。(2023.9.10，X市内)

　このように，大介の場合，兄のサポートがあった。サポートがな
ければ「いつものメンバー」とお揃いの袴を着ることができず，スー
ツ姿で成人式に出ることになっただろう。お揃いの袴は，帰属意
識を確認し，「出身中学」といったアイデンティティを誇示するア
イテムでもある。大介は兄のサポートがあり，袴を着ることができ
た。そして「いつものメンバー」と一緒に那覇で派手なパフォーマ
ンスを披露した。
　大介の事例から想像できるのは，「いつものメンバー」とお揃い
の袴を着ることを望みながらも，金銭的な理由でそれが叶わなかっ
た若者が一定数いるのではないか，ということだ。今回の調査では
そのような語りは聞かなかったが，お揃いの袴を着ることで帰属意
識を確認し，地元のアイデンティティを誇示するためには，乗り越
えなければいけない経済的条件があることにあらためて気づかされ
る[13]。

　13　大介の兄も，袴を着て，那覇での練り歩きや鏡割りに参加した経験があった。

次に，那覇への移動手段の確保について考えたい。先のユウヤたちは，地元の後輩たちに車を用意させて，当日の運転も後輩に任せた。調査協力者の1人である雅也も，仲間たちと事前にバスをレンタルし，当日はそのバスで地元と那覇を往復した。レンタル費用は12万円程度であった。ここでも事前準備にかかる経済的コストを確認することができる。

　一方，大介たちは，地元の「怖い先輩」から「イカツイ」車を借りることができた。成人式当日は運転をするのが「すごく怖くて，嫌だった」「本当は運転したくない。事故ったら殺される」という心境でハンドルを握った。「みんなで交代しながら運転しよう」と約束し，びくびくしながら運転したのを覚えている (FN.2023.9.10)。

　このように，地元の「怖い先輩」から車を借りる行為は，一見すると，車を容易に確保できるという点で利便性が高く，経済的にも合理的な判断だといえる。実際，レンタル費用は発生せず，当日の費用はガソリン代のみであった。一方で，「怖い先輩」から車を借りるという行為が，「事故ったら殺される」といった恐怖心をともなっていることもわかる。言い方を変えると，地元の先輩の車のハンドルを握ることは，神経を削るというコストを支払うことでもある。自家用車であったり，ユウヤや雅也たちのように後輩に運転させたり，バスをレンタルするならば，恐怖心を抱いたり，神経を削る必要はないだろう。派手な車を走らせて，自分たちの存在をアピ

おそらく，「自ら経験したこと」を弟にもしてほしいという思いや，経験できないことの弟の苦心を兄が想像し，工面したのかもしれない。少なくとも大介の兄が，「仲間と一緒に袴を着ること」の意義を認めていることは確かだろう。そうでなければ，弟に10万円の資金援助をしたとは考えにくいからである。なお，地元の先輩から車を借りたり，兄のサポートがあったりする事例は，地元の上下関係に支えられて派手なパフォーマンスが継承されるとする朝木（2010）の指摘と一致する。

第5章　「鏡」としての沖縄の成人式__183

ールし，沿道からの耳目を集めることに専念できる。ただし，大介たちのように地元の先輩から車を借りた場合，経済的な合理性と引き換えに，一定の精神的コストが発生するのである。そしてこの「交換」を通じて，地元の上下関係が再生産されていくのだろう。

　以上，経済的・精神的コストをともないつつも，地元の上下関係を基盤に，時間をかけて入念に，計画性を持って派手なパフォーマンスに深く関与していく中間層の男性の姿が浮かび上がってきた。

4-3　派手なパフォーマンスが「かっこいい」

　一連の派手なパフォーマンスについて，それに参加した中間層の男性たちはどのように感じ，意味づけるのか。調査協力者の1人である雅也は，中学卒業後，地元の県立高校に進学した。高校卒業後は県内の情報処理系の専門学校に通い，卒業後は県内の医療系の卸売業に就職した。現在は電機メーカーの営業をしている。雅也は中学時代のメンバーと現在もつながりを維持しており，模合仲間[14]でもある。その仲間たちと，20歳のときに成人式に参加した。これまでの事例と同様に，みんなで袴を揃えて式典に参加し，那覇でパフォーマンスをして，スーツに着替えて地元の2次会に参加した。

　　　雅　也：当時は沖縄の成人式って，えっとな，改造車出して，
　　　　バイクに乗って，袴着て，（パンチ）パーマ当てて，国際通り
　　　　で鏡割りして，酒飲んで。当時はそれが「かっこいいー」と

　14　模合とは「頼母子講や無尽講の一種で広く庶民に親しまれている相互扶助的な金融の仕組み」のことである（沖縄大百科事典刊行事務局編 1983b: 658）。模合については平野（野元）（2023）を参照されたい。

思って。それがなんか，中学校同士で競い合ってるじゃない
けど，どこよりも目立つ，みたいなものが流行っていたから。
国際通り行ったときに，やっぱり警戒で，警察が巡回してる
わけさ。どこかの中学校ともめている，というより，警察と
もめてるって感じで（笑）。（中略）そのあとは2次会。ホテ
ルで。（2023.9.30，X市内）

「出身中学」といった集団性を誇示する一連の派手なパフォーマン
スと，その背景にある出身中学間の競争という側面はこれまでの
事例と一致する。むしろここで注目したいのが，「当時はそれが
『かっこいいー』と思って」という語りである。「荒れる成人式」の
象徴とされる一連の行為そのものに「かっこよさ」を感じる内的な
感覚が確認できる。言い換えると，「派手さ」にある種の悦や快楽
が醸成されるのだろう。この点は，本章の冒頭で参照した與那覇
（2017）も指摘する。
　雅也はこうも語っている。

　筆　者：親に何か言われることはなかったの？　こういう派手
　　な格好して。
　雅　也：「ええ，ダサい」とは言われるけど，当時はそれが，
　　逆にやらないのが「ダサい」と思ってたから。やってなんぼ
　　だから。（2023.9.30，X市内）

　親からの評価は「ダサい」。しかし当時の雅也にとっては「派手
な格好をしないこと」が——スーツ姿を暗示していると思われる
——「ダサい」のである。
　以上，一連の派手なパフォーマンスについて，集団性の誇示，出

身中学間の競争といった側面と，その過程で「かっこよさ」の感覚が得られている側面を確認した。先行研究が指摘するように，「地元地域への帰属意識，地元愛」を再確認する手段としてそれらの集団的行為は位置づけられるだろう。

4-4　パフォーマンスの後──家族や親族に顔を出す

　次に，パフォーマンスの後，かれらがどのような行動をとったのかを探っていく。当然ながら，パフォーマンスが終わったタイミングで若者たちの「成人式」が完結するわけではない。パフォーマンス終了後も，かれらの成人式は続いていく。大介たちのパフォーマンス後の動きを確認しよう。

　那覇でパフォーマンス中の大介のもとに，母親から着信があった。「親族にお礼しなさい」と言われた大介は，パフォーマンスから離脱し，急いでタクシーに乗って実家に帰った。大介の母親は，親族から「お前の子どものためにお金を持ってきたのに，子どもがいないとはどういうことか」と言われたという。大介以外のメンバーも，家族や親族から「秒で帰ってこい」と連絡があり，パフォーマンス後は家に帰って家族や親族に袴姿を披露し，お礼を伝えた。つまり，「那覇にいたのはほんの一瞬だけ」であった。成人式のメインイベントは，「親族に袴姿を見せること」だったという。大介たちは，当時のことを「那覇のごちゃごちゃ（メディアに映されているような世界）は，たぶん，形式的なもの」「もちろん，酒樽を割って飲んだ。けどそれは儀式の一環。何をするわけでもないけど，酒樽を用意して，飲んで，ちょっといい車を用意して，帰るってだけ」と振り返った（FN.2023.9.2）。

　このように，袴を着て，整髪して，派手な車で那覇に向かい，旗を持って練り歩き，酒樽を割って飲酒することは，「家族や親族に

顔を見せること」に比べたら，「形式的なもの」にすぎないと意味づけられている。「那覇にいたのはほんの一瞬だけ」「何をするわけでもないけど，酒樽を用意して，飲んで，ちょっといい車を用意して，帰るってだけ」という語りがその象徴だろう。ちなみに，Ｃ中学出身のユウヤも，那覇でのパフォーマンス終了後に，いったん自宅に戻って両親と家族写真を撮っている。それが終わると，２次会用のスーツに着替えて，会場がある那覇のホテルに再び向かった（FN.2023.9.2）。

　以上，中間層の若者たちが，那覇でのパフォーマンスの後に帰宅し，家族や親族の集まりに「顔を出すこと」を重視する側面が明らかとなった。ここからは，家族や親族に価値を置き，行為を決定するといった共同体規範[15]の存在とその強度が指摘できる。要するに，中間層の若者たちにとって成人式というイベントは，先行研究が指摘する「出身中学」としての帰属意識の確認の場だけでなく，家族・親族を含む，沖縄的共同性の確認の場でもあるのだ。筆者の手元には２枚の写真がある。ユウヤたちの「いつものメンバー」の集合写真と，ユウヤと両親が自宅の軒先で撮った家族写真だ。漆黒の羽織袴を着て，リーゼント頭のユウヤの表情は，一方ではいかつさを演出し，もう一方では柔和である。

　ここまで，派手なパフォーマンスに参加した中間層の男性たちを検討した。かれらは，従来の議論が指摘するように，出身中学を基盤とした集団であり，ときに経済的・精神的コストをともないつつも，式本番に向けて入念に準備を行い，那覇の国際通りで派手なパフォーマンスを披露した。ここからは，成人式に参加することへの強い意気込み，意志，態度が読み取れる。かれらに「成人式に参加

15　注４を参照。

しない」という選択肢は存在しない。かれらは，出身中学間の競争を意識しつつ，お揃いの袴を着て，派手な車に乗り，酒樽を割って，街を集団で練り歩くことを当然視し，そこに「かっこよさ」を見出していた。深く，強く，成人式に関与するのが中間層の男性たちの特徴であった。

一方で，「荒れる成人式」をめぐる従来の認識が見過ごしてきた側面も浮かび上がってきた。それは，派手なパフォーマンスよりも「家族・親族に顔を出す」という儀礼を重視していることだ。ここに，沖縄的な共同体規範が強く作動している点が確認できる。従来の「荒れる成人式」論が注目してきた派手なパフォーマンスは，当事者たちにとってはあくまでも「形式的なもの」として認識されていた。

このように，中間層の男性たちにとっての成人式は，学校や家族，地域社会といった重層的な中間集団＝沖縄的共同性にいわば没入した状況のなかで展開され，経験され，意味づけられているといえよう。

5　中間層以外の男性たちにとっての成人式

本節では，中間層以外の男性たちに着目する。まず，お揃いの袴を着る中間層周辺の男性たちを検討する（5-1）。次に，安定層の男性に着目し，「袴を着る」という選択肢がそもそもなかったことと，地元社会との距離について確認する（5-2）。そのうえで，中間層と安定層の男性を比較し，成人式に対する態度や熱量の違いを「語り方」に着目しながら考察する（5-3）。

5-1　中間層周辺の男性たち──出身中学内の複数の袴

　「出身中学」を単位とし，お揃いの羽織袴を着て派手なパフォーマンスに参加する中間層の男性たち。しかし調査を進めていくと，同じ「出身中学」内にも小さな「シマ」がいくつも存在することが徐々に浮かび上がってきた。

　筆者の手元に4つの中学校の集合写真があるが，それぞれの集合写真のなかに，異なるカラーの袴集団が2つ以上存在している。大介たちと同じA中学を卒業したヤスシによると，学校に来ていたメンバーは「白」の袴で，学校に来ていなかったメンバーは「黒」の袴を着ていたという。いずれも那覇の派手なパフォーマンスに参加したが，後者の集団のほうが「ヤンチャだと思う」と振り返る（FN.2023.9.3）。

　このように，同じ地元の，同じ中学出身のなかにも，「白」と「黒」の集団が存在し，前者は学校に来ていたメンバー，後者は学校に来ていなかったメンバーとして区別されている。本章で中心的に取り上げている大介たちの集団は，前者である。どちらの集団も，一見すると，派手な袴を身にまとい，那覇の練り歩きに参加する「同じような集団」として括られるが，同じ中学校に在籍し，内部の人間関係の付置を理解しているヤスシの目には，その違いがはっきりと見えている。そして，「ヤンキーほど，派手だった」（FN.2023.9.1）。ここでいう「ヤンキー」とは，学校に来ていなかった黒色の袴集団を指している。学校空間から排除されているという点で，黒色の袴集団は「不安定層」として位置づけることができるだろう。

　すなわち，出身中学内にも差異が存在する。従来の議論では，出身中学「間」の差異は強調されてきたが，出身中学「内」の差異はあまり重要視されてこなかった。さらにいうと，袴を着ている集団

すべてが派手なパフォーマンスに参加するわけではない。たとえばB中学出身のなかに青色の袴で揃えた男性集団がいたが，その集団を知っているA中学出身のヤスシによれば，「あのメンバーは基本，ヤンチャなメンバーではないし，国際通りの練り歩きに参加するタイプではないし，実際にしていない。お揃いの袴を着ることに意味がある」と語っている（FN.2023.9.3）。

　「荒れる」わけでもなく，那覇に行くわけでもないメンバーが，お揃いの袴を着て式典に参加する。この点も，従来の「荒れる成人式」論が見落としてきた側面だろう。実際，本章の調査協力者のうち，袴を着たのは10名で，そのうち，那覇のパフォーマンスに参加したのは6名であった（寝坊のために参加できなかった直樹を含む）。つまり，残りの4名はお揃いの袴を着たものの，那覇の派手なパフォーマンスには参加していない[16]。

　同じ出身中学のなかに，お揃いの袴を着ている集団が複数存在する。「ヤンキー」と呼ばれる集団もいれば，そうでない集団もいる。派手なパフォーマンスに参加する集団もいればそうでない集団もいる。袴に関してこれまでの話をまとめると，出身中学「間」の差異だけでなく，出身中学「内」の差異も存在し，このような内部の差異に目を向けることではじめて浮かび上がる若者たちの姿がある。その意味で，出身中学内部は非常に多様で，幅があり，グラデーションがある。「出身中学」を単位にお揃いの袴を着るという従来の

　16　調査協力者の1人であるカズトは，大介たちとお揃いの袴を身にまとった。しかし大介たちとは異なり，高卒後は県内の国立大学に進学し，卒業後は県内の銀行に勤めている。つまりカズトは安定層である。カズトが袴を着たのは，大介たちと住んでいる地区が一緒で，小学校からつきあいが維持されていたからだ。カズトは「袴は，地元のヤンチャ組ともつながりがあったから声がかかったんだと思う」と回想する（FN.2023.9.1）。なお，那覇での派手なパフォーマンスにカズトは参加していない。

認識は，その点で大雑把であることがわかる。

5-2　安定層の男性たち——袴を着る選択肢の不在

　男性の調査協力者 14 名のうち，スーツを着て参加したのは 4 人である。本項では，和樹，ナリの事例を参照する。2 人は A 中学出身で，卒業後は B 高校の「進学クラス」に進学した。大学進学を前提としたコースである。高校卒業後は 2 人とも国立大学に進学した。具体的に見ていくと，和樹は県外の国立大学に進学した後，別の国立の大学院に進んだ。大学院卒業後は県外で働き，その後，県内の宿泊施設を経営している。一方のナリは，県内の国立大学に進学した後，沖縄県の公務員として働いている。そして 2 人とも，成人式にはスーツで参加した。

　当時，県外で 1 人暮らしをしていた和樹は，同じ「(県外の大学に進学した) 内地組」の友人も参加すると聞いて，地元の成人式に参加することにした。しかし中間層の大介たちとは異なり，袴を着るという選択肢はなく，スーツで参加した。袴姿のメンバーを思い浮かべながら，「袴のメンバーは基本，沖縄に残ったメンバーってイメージ」と語っている。また，大学浪人中の友人たちがお金がなくてスーツが買えず，私服で参加していたことに対して，「気の毒で仕方がなかった」と振り返っている (FN.2023.9.1)。

　このように，和樹は，同じように県外の大学に進学した友人も参加すると聞いて，成人式への参加を決めた。まず，「袴を着る」という選択肢がなかったことは注目に値する。「袴のメンバーは基本，沖縄に残ったメンバー」であり，県外に進学した自分や「内地組」の友人たちとは異なる存在として認識されていることがわかる。また，大学受験の浪人組は金銭的余裕がなく，スーツを買うお金がなかったというエピソードからも，進学コースに進み，受験浪人して

いる人たちの固有の状況が確認できる。

　県内の国立大学に進学したナリも，「袴を着るという選択肢がなかった。そもそもそういう話が来なかった」と語っている（FN. 2023.9.1）。この語りからも，袴を着た大介たちとは状況が異なることは明らかだろう。

　和樹から借りた成人式当日の大量の写真を，和樹と一緒に眺めているときに，筆者はあることに気づいた。それは，写真のなかに袴姿の人がほとんど写っていないことだ。中間層の男性から借りた写真にはたくさんの袴姿の男性たちが写っていたこととは対照的であった。筆者が和樹に対して「みんなスーツだな，袴姿があまりいないね」と尋ねると，和樹はボソッと「そういうことよ」と漏らした（FN.2023.9.1）。この何気ない「そういうことよ」という語りからも，出身中学のメンバーで結成された袴集団との差異を和樹が感じ取っていることが読み取れる。

　進学組である和樹が感じ取ったこの袴集団との差異は，そのまま地元との距離として考えることができるだろう。和樹自身，大学進学のためにいったん地元社会から離れて県外で生活を送っていた。「5年ぶり」に成人式で地元の出身中学のメンバーと会うことにちょっとした気まずさがあり，「空白の5年間の感覚はものすごく感じた」と語っている。地元社会の共同性に没入する中間層と，そこから「距離」を感じる和樹との違いが確認できる。地元の共同性に没入する中間層は，仲間と時間をかけて入念に準備をし，当然のようにお揃いの袴を着て，成人式本番を迎える。それに対して，地元の共同性から距離をとる安定層は，袴を着るという選択肢すらなく，スーツを着て式に参加する。

　出身中学の集合写真について，中間層のユウヤはこう説明する。ユウヤを含む最前列の袴集団が最もヤンチャしていたメンバー，真

ん中に位置する別の袴集団は「真面目」なメンバー，最後列の数人のスーツ姿の男性たちは「勉強して大学に行くような人たち」（FN. 2024.5.11）。出身中学内部のさまざまな差異を象徴するエピソードだろう。

5–3 「語り方」の違い──エピソードの具体性と多寡

　和樹，ナリ，カズトと同席しながら3人の話を聞いているときに，印象に残ったことがある。それは，成人式に関する語り方である。かれらは，成人式当日の写真に目を輝かせながら，「役所からはがきが届いた」「成人式が近づいたのでスーツを買った」「楽しかった」「（昔の写真を見ながら）みんな痩せている」「マドンナ的な存在だった女性と写真を撮ることができた」「2次会は○○に行った」「懐かしい」といった趣旨の語りを異口同音に語った。当時を懐かしむかれらの姿や表情は，他の調査協力者たちとも重なる。しかし，袴姿で参加した中間層の大介やユウヤたちとは，回顧されるエピソードの具体性や多寡が大きく異なっていた。

　すでに検討したように，大介やユウヤたちは成人式本番に向けて入念な準備を行い，本番当日も，お揃いの袴を着て，写真館で集合写真を撮り，調達した車で那覇に移動し，パフォーマンスを披露した。その後，いったん地元に戻り，家族との時間を過ごし，スーツに着替えて2次会に参加している。こうした一連の行為は，調査協力者たちの口から具体的に，かつ，豊富に語られた。それに対して，スーツ姿で式に参加した安定層の和樹たちは，当時のことをとても懐かしそうに語るものの，大介たちほどの具体性やエピソードの豊富さは見られない。たとえば，成人式当日の服装選びに限定しても，「他シマ」の袴の色を事前に調べて，そこと被らないようにメンバー間で協議し，お揃いの袴をオーダーしたと語る大介たちと，

紳士服売り場でスーツを購入したと語る和樹たちとでは，服装選択に至る経緯やプロセス，態度，熱量が大きく異なっており，その違いが，「語り方」に如実に表れているのである。

以上，中間層以外の男性を検討した。かれらの語りをふまえると，出身中学「間」の競争が強調されてきた従来の議論だけでは不十分であり，出身中学「内」の際にも目を向ける必要があることがわかる。つまり，男性の袴集団は一枚岩ではなく，多様で幅があった。一方，大学に進学した安定層にとって，袴を着るという選択肢はそもそも皆無であった。その背景には，地元の共同性との距離が影響している可能性が浮かび上がった。また，中間層と安定層の男性の語りを比較すると，成人式を回顧するその「語り方」に違いが表れていた。派手なパフォーマンスに参加した中間層の男性の場合，語られるエピソードはより具体的で，豊富であり，成人式をシンプルに語る安定層の男性とは大きく異なっていた。

6　女性たちにとっての成人式

本節では，女性たちの成人式を再構成する。まず，成人式当日を迎えるまでの経緯や当日の様子について検討する（6-1，6-2）。次に，晴れ着姿を親や親族に見せることの意味を考察する（6-3）。最後に，男性の語りからは聞かれなかった女性固有の経験について探っていく（6-4，6-5）。

6-1　成人式とのそれぞれの距離①──式参加を当然視する女性

調査協力者 20 名のうち 6 名が女性で，全員が振袖を着て成人式に参加した。また 10 代後半から 20 代前半に出産し，育児を経験

している点も共通している。この項では，大介やユウヤたちと同様に，「いつものメンバー」でお揃いの旗や鏡割りを準備した女性と，それほど深く関与しないものの式参加を当然視する女性をそれぞれ順番に見ていく。

　クミコは，大介たちと同じＡ中学出身で，下の学年である。中学卒業後はＧ高校に進学し，高卒後は化粧品店，土産店，工場，娯楽業，保育士と仕事を転々としてきた。その間，４人の子どもを育ててきた。クミコは，地元の出身中学の「いつものメンバー」に所属し，中心人物の１人であり，成人式の実行委員長も務めた。その「いつものメンバー」は，中学時代にヤンキーだった女子たちと，そのメンバーとつながりのある女子たちで構成されており，10人くらいの規模である。中学卒業後も定期的に飲みに行ったり，会ったりしており，成人式に参加したときは「久しぶり」という感じはまったくなかったという。そのメンバーと18歳に始めた模合が現在も続いているというエピソードからも，出身中学を基盤とした「いつものメンバー」であることがわかる。また，メンバーの多くが16〜18歳で子どもを産んでおり，「自分は20歳で産んだんですけど，遅かったんですよ」とクミコは語った。

　そんなクミコたちの「いつものメンバー」は，当然のように式に参加した。クミコから借りた式当日の集合写真には，２つの男性の袴集団と，クミコたちの「いつものメンバー」が一緒に映っている。男性たちの多くがリーゼントで，黒のサングラスをかけた人もちらほらいる。クミコたちのメンバーも非常に派手に着飾っており，振袖の色も，盛った髪も，首に巻きつけたファーも，男性集団に負けないくらいのインパクトがある。そしてクミコたちが用意した黒色の大きな旗は，写真の中央に位置し，地面にはたくさんの花束が横一列に綺麗に並べられている（FN.2023.9.30）。

第5章　「鏡」としての沖縄の成人式

成人式当日，クミコは那覇の化粧品店に勤めていたため，朝の4時に出勤し，12時まで式に参加する女性12名分のメイクを担当した。それが終わると職場で自分も着付けとメイクをし，式典に向かった。同級生の「うーまくー」（ヤンチャ）だった男子たちは，「魅せるための車」を準備したり，那覇で練り歩いたりしていたが，「そんなに暴れてなかった」という。その男子たちと一緒に，クミコたちの「いつものメンバー」は，それぞれが「魅せるための旗」を作った。女子の旗は，中央にX市の「X」が記された黒色の大きな旗で，14人全員の名前が記されている。那覇の旗屋で注文したその旗の費用は12万円で，14人で折半したそうだ。旗以外にも，多くの費用がかさんだことが次の語りからうかがえる。

　　筆　者：すごい熱量だね。旗作ったり。時間も相当かかったんじゃない？

　　クミコ：お金はかかったと思う。30万以上はかかってるんじゃない？

　　筆　者：どこから捻出したの？

　　クミコ：自分は仕事してたから，あったけどさ。

　　筆　者：あぁ。貯金してたの？

　　クミコ：ううん（否定），貯金もできないから，たぶん，給料をそのままボンって払ったんだと思う。（中略）たぶん，30万以上は使ってる。違うよ，だって，振袖で20万さ。旗。ドレス代……一式買うさ。なんだかんだ，それくらいいってるんじゃない？　いくら使ったか定かではないけど。

　　筆　者：でも相当使っていることには間違いないね。

　　クミコ：そうそう。旗とは別であれも作ったもん。鏡割り。

　　筆　者：鏡割りはどこに注文するの？

クミコ：酒屋に。酒屋というか，オリジナルボトルをつくって
いるところ。○○（泡盛の酒造会社）とか。そういうところに
お願いして。誰も飲まないよ。なんていうの，ただのパフォ
ーマンスさ。(2023.9.30，X市内)

振袖だけで20万円の費用がかかる。それ以外にも，旗，2次会
用のドレス，鏡割りと，合計30万円以上は使ったと話す。第4節
で大介たちの事前準備にかかった費用について言及したが，クミコ
の事例からもわかるように，女性の場合，準備にかかる費用が男性
よりも非常に高額であることがわかる。そしてそれらの準備には，
金銭だけでなく，時間もかかる。クミコによると，早い人で，成人
式当日の1年前から振袖の選定を始める。というのも，1つ上の代
の成人式が終わると，振袖が衣装レンタル店に戻ってくるからだ。
高価な振袖だと1日のレンタルで30万円くらいだという。振袖に
こだわりたい女性は，早くから動き，高価なものを狙う。

クミコ：こだわりがあればあるほど，要は，みんなと被りたく
なかったらそれなりに高いのしか（ない）。だいたいさ，安
い，10万円以下とかだったら似たような，同じようなもの
がいっぱいあるから。A中学でも，同じ振袖着てたの3人
いたわけ。(2023.9.30，X市内)

中間層の大介たちが「他シマ」と袴のテイストが被らないように
事前に情報を集め，こだわりを見せていたように，女性のなかにも
高額な費用を覚悟したうえで早めに成人式に向けて準備しているケー
スがあることがわかった。ただし女性の場合，「他シマ」ではな
く，「自分以外の女性」の振袖のテイストが強く意識されている点

が，中間層の男性たちとの違いとして見出せる。

　費用や事前準備以外でも，クミコの事例で興味深い点がある。那覇のパフォーマンスに参加した同級生の男子たちを「成人式はそんなに暴れてなかった」と認識していることや，自分たちの「鏡割り」のパフォーマンスを「誰も飲まないよ。なんていうの，ただのパフォーマンスさ」と表現していることである。4-4で大介たちも同様のことを語っていたが，「荒れる成人式」というセンセーショナルな言葉から想起される事態と，当人たちの意味づけの温度差がここから確認できる。

　次に，クミコのように旗や鏡割りといったパフォーマンスを披露したわけではないが，振袖を着て地元の成人式に参加した女性を紹介する。C中学を卒業し，F高校に進学したエリは，高校卒業後，福岡の専門学校に進学した。福岡ではホームシックとなり，休日があれば頻繁に沖縄に戻って地元の友人たちと会っていたそうだ。そんなエリにとって，地元の友人たちは大切な存在で，友人たちに会うために成人式に参加した。つまり，エリにとって「成人式に参加しない」という選択肢は皆無であった。成人式に参加すれば，地元の友人たちに会うことができる。だから参加する。こうした語りは，ほかの調査協力者である奈菜美と早苗からも聞かれた。

6-2　成人式とのそれぞれの距離②——式から距離をとる女性

　早苗と同じB中学を卒業し，当時から親交が深かった夏美は，これまでの女性の調査協力者とは状況が異なる。早苗とは別のB高校に進学した夏美は，高校卒業後，東京の大学に進学した。東京のキラキラした世界はすごく楽しかったという。高校の友人で仲がよかったメンバーのほとんどが県外の大学に進学した。その友人たちのほとんどが地元の成人式には参加しないと言っていたので，自

分も参加する気はさらさらなかった。久しぶりに地元に戻ることの気まずさもあった。しかし，母親に「帰ってきなさい」と言われたので帰ることにした。実家を離れて親のありがたみを感じていたので，母親の指示に従ったそうだ（FN.2023.9.30）。

　このように，クミコ，エリ，早苗とは異なり，夏美は成人式に参加する予定はなかった。県外の大学に進学した友人たちも参加していない。この点は，第5節で検討した安定層の男性たちの事例と通ずる部分だろう。つまり，大学進学と同時に地元の共同性と「距離」ができ，そこに多少の気まずさを感じつつ，成人式への参加動機が弱まっているのである。ただし夏美は母親の働きかけがあり，地元の成人式に参加した。

　最後に，成人式に参加しなかった女性のエピソードに触れておく。A中学出身のヤスシの友人のなかに，出身中学を卒業後，地元を離れ，県内有数の進学校に進学した女性がいる。その女性は高校卒業後，県外の大学に進学した。成人式には参加していない。ヤスシは，その女性から「友だちがいないから行きたいと思わない。気まずい」という語りを聞いたという。この事例からも，進学校や大学への「進学」が，地元との距離を広げることになり，結果的に成人式への参加動機が薄れていく状況が確認できる。ここから，男性だけでなく，女性の成人式を検討する際も，階層の視点が重要であることがわかる。

6-3　顔を見せる──家族・親族をめぐる共同体規範

　次に，晴れ着姿を親や親族に見せることについて言及する。4-4で検討したように，「荒れる成人式」に参加した大介やユウヤたちは，パフォーマンス後にいったん帰宅し，家族や親族に顔を見せた。それが終わると，スーツに着替えて2次会に参加した。女性の場

合はどうだろうか。

A中学の中心人物で，「いつものメンバー」と事前に旗や鏡割りを用意し，成人式当日は朝4時から忙しくしていたクミコは，隙間時間を見つけて，母親の職場に顔を出した。それは，母親と記念写真を撮るためである。早苗も同様に，式典が始まる前に，自宅の庭で親と記念写真を撮った。その足で祖母の自宅に行き，今度は祖母と記念写真を撮った。

> 早　苗：祖母に「沖縄の人は仏壇を大事に，だから。今日は成
> 　　　　人式だから報告しに来なさい」と言われて，お菓子を持って
> 　　　　報告しに行った。そこで，おばあちゃんと（写真を）撮るこ
> 　　　　とになった。(2023.9.30, X市内)

こうした事例は，家族や親族，そして先祖といった沖縄的共同性とそこに価値を置く沖縄らしい側面だといえる。中間層の大介たちやユウヤの事例，母親の働きかけを理由に成人式に参加することにした夏美の事例に鑑みても，沖縄の家族・親族をめぐる共同体規範の強さを読み取ることができるだろう。

6-4　女性固有の経験①——「振袖を着ること」に着目して

調査を進める過程で，男性とは異なる女性固有の成人式の経験があることが浮かび上がってきた。この項では，起床時間と身体動作の制限，「ママ振」[17]を着ることの意味について検討する。

17　第2章では，母や祖母が袖を通した着物を継承する「ママ振」の存在が指摘されている。ママ振は，母娘の私的な思い出や記憶の物語を強調するものとして位置づけられる。

エリの事例を参照しよう。エリは成人式当日，早朝3時に起床し，自宅から約6km離れた美容院に車で向かった。最初にヘアメイクをすませ，その後に着付けに着手した。準備が完了したのは早朝5時。式典開始の12時まで7時間もある。「しに眠い」（すごく眠い），「予約（するの）が遅かったから，頑張るしかない」と当時の心境を語った。いったん帰宅し，椅子に座ったまま仮眠をとった。トイレも大変で，「しにきつかった」（すごくきつかった），「しかも当日は雨だったから最悪だった」。式典が終わると自宅に戻って振袖をほどき，母親にクリーニングに出すようにお願いをして，2次会会場の那覇に向かった（FN.2023.9.30）。

中間層の大介やユウヤたちも，成人式当日は整髪や袴の着付けのために朝は早かった。とはいえ，どんなに早くても7時台である。そう考えると，成人式の朝は男性よりも女性のほうが早い。また，袴やスーツ姿の男性に比べて，振袖は身体動作が制限されるため，かなりの不便が強いられる。しかも振袖をほどくまで長時間その状態が続くことを考えると，女性固有の苦労があることがわかる。他の調査協力者の女性たちも，朝が早かったことと，身体動作が制限されることのしんどさを口々に語った。

それでは，「振袖を着ること」を女性たちはどう意味づけるのか。エリは，「振袖を着ること」について，「なんか，人生のなかの一大イベントというか。自分のお母さんの振袖があって，お姉ちゃんもそれを着て。自分もそれを着るって決めていたから」「振袖を着ることをすごく楽しみにしていた」と満面の笑みで語った（FN. 2023.9.30.）。母親や姉が着た振袖を自分も着る。それを楽しみにしていた。これらの語りから，母親から娘へ，姉から妹へと振袖をつないでいくことに特別な意味を見出していることが読み取れる。早苗もまた，同様のことを話してくれた。早苗は現在5人の子ども

を育てている。一番上の娘は 21 歳のときに出産した。早苗もエリと同様，母親の振袖を着て参加したが，成人式を間近に控える娘もまた，同じ振袖を着ることを強く希望しているという。

「荒れる成人式」論において，地元の上下関係に基づいて「伝統」が継承されていくことが繰り返し指摘され，本章でもそれを確認してきたが，エリや早苗の事例で明らかなことは，「家族の伝統」としての「ママ振」が母娘関係のなかで継承されている，ということだ。ここにジェンダーによる違いを読み取ることができる。

6-5　女性固有の経験②——出産と育児に着目して

最後に，出産や育児との関連で，成人式に参加する女性固有の経験を記述する。沖縄県は，全国で最も出生率が高く，とくに 10 代の若年出産の割合が高いことで知られている（澤田 2022: 225-7）。調査中，調査協力者の女性たちはたびたび妊娠や出産の話を口にした。男性の調査協力者からはまったく出てこなかった話題である。調査協力者から借りた写真のなかには，子どもを抱える女性たちの姿もちらほらあった。エリや早苗は，成人式に参加していない女性のなかには，妊娠や出産を理由に参加したくてもできない女性がいるのではないかと語った。そして実際，早苗の知り合いには該当する女性がいた。

早苗は成人式当日，6 時に予約した店で着付けをすませた後，中学時代から付き合いが続いていた「いつものメンバー」で写真館を訪れて，集合写真を撮った。その後，親や祖母とも写真を撮り，式典に参加した。式典終了後，那覇で開催される 2 次会に多くの友人たちが参加するなか，「いつものメンバー」はそこには参加せず，自分たちだけで食事会を開いた。メンバーのなかに，1 歳の娘を育てていた友人の佳奈子がいたからだ。早苗たちは加奈子が子どもと

ともに参加できることを優先し，出身中学のフォーマルな 2 次会には参加しなかった。

　加奈子は B 中学を卒業後，F 高校に進学した。卒業後すぐのタイミングで，当時つきあっていた男性との間に妊娠が発覚し，結婚した。しばらくして夫と離婚。出産費用を稼ぐために，出産 10 日前まで朝から晩まで働いた。出産後は父親と娘の 3 人暮らしで，父親に育児を支えてもらいながらの生活を送っていた。

　成人式当日，朝の着付けやヘアセットの予約は，自宅から歩いて「30 秒」の店で行った。その店は友人の親が経営している店だ。1 歳の娘にギリギリまで母乳をあげる必要があったため，予約も一番遅い時間帯にしてもらった。式典に参加中，2 階席から「マーマー」と手を振っている娘を見ながら，心配で仕方がなかった。搾乳は事前に準備していたが，それを飲まなかったため余計に心配だった。振袖をほどくまでは母乳を与えることもできず，式典中，「早く終わってくれー」と思っていた。

　式典終了後は，早苗たちとの「いつものメンバー」で食事に行った。会食後，早苗たちは那覇で飲んでいる同級生たちのところに合流したが，加奈子は娘と一緒に帰宅した。しばらくすると，那覇にいる同級生たちから飲みに誘う電話が頻繁に鳴った。行きたい気持ちと，今日 1 日頑張った娘と一緒にいたい気持ちとで心が揺れ動き，涙がとまらなかった。「那覇に行ったとしても，娘が心配で楽しめなかったと思う」と振り返る。

　加奈子は，時間をかけずに振袖を選んだことを後悔している。周りの友人たちは時間をかけて，店を何軒も回って，自分に合った振袖を選んで当日を迎えた。しかし加奈子は，妊娠中に増えた 20 キロの体重が元に戻っておらず，「お洒落すること」を完全に忘れていた。振袖も 1 軒目で，しかも 30 分で決めた。成人式当日は，友

人たちがお洒落でキラキラ輝いていて，少し恥ずかしくなった。

　成人式のときに1歳だった娘が，来年，成人を迎える。娘が振袖のパンフレットを見たり，友人たちと情報収集したりしている様子が，当時の自分の心境と重なってすごく嬉しく感じる。最終的にとても似合う振袖を娘は選んだ。振袖のレンタルと，写真撮影の費用等も含めて，40万円近くかかったが，20年前の自分の思いの分も込めてお金を出した。現在は，成人式に向けて，アクセサリーや化粧品など，たくさんの店で調べて，ネットで検索して娘と一緒に楽しんでいる。先日，娘の保育園の遊戯会，小学校から高校までの授業参観や運動会に必ず参加してくれた父親と3人で，成人式の前撮りの写真を撮った。孫の振袖姿を見た父親は，涙を流して喜んだ（FN.2024.4.30）。

　こうした加奈子の経験は，成人式に参加した女性のなかでも，とくに子育てしながら成人式に参加した女性の固有の経験であり，語りである。そしてシングルマザーであることが，成人式に関する葛藤をより大きくしていることも考えられる。沖縄が全国でも若年出産率が高い地域であることに鑑みると，加奈子の経験はけっして特殊なケースではないだろう[18]。

　以上，女性固有の経験として，起床時間と身体動作の制限，「ママ振」を着ることの意味，出産・育児との関連性について順番に検討した。男性とは異なる女性ならではの成人式の経験があることが

18　沖縄タイムスプラス（2020）では，2児を育てる非婚のシングルマザーの女性が，「大人がよってたかって20歳の子を可愛くする成人式プロジェクト」（発起人：上間陽子）の支援を受けて，一度は諦めた振袖を身にまとって式典に参加したことが報じられている。ほかにも上間（2024）では，上述のプロジェクトを結成した経緯と，そのプロジェクトの支援を受けた成人女性3人が，振袖を着ることがかなった様子が紹介されている。

明らかとなった。

7 「鏡」としての成人式とライフコース

　本章では、「中間層の男性」「中間層以外の男性」「女性」に焦点を絞り、調査協力者たちの語りから沖縄の成人式を再構成した。その結果、従来の「荒れる成人式」に関する議論が不十分であることは明らかだろう。「荒れる」というセンセーショナルな言葉は人びとの耳目を集めるために便利であるが、若者たちの多様で複雑な経験や語りを覆い隠すものとして機能してしまう[19]。沖縄の成人式を主題とし、研究するならば、まずは「荒れる」という言葉そのものを疑問視し、批判的にとらえ返したうえで、若者たちにとっての成人式の意味や意義を内在的に理解する必要がある。

　そこであらためて注目したいのが、地元の出身中学によって構成される沖縄的共同性との距離の問題である。本章の事例では、性別に関係なく、地元の出身中学を基盤とした集団との距離の違いが、成人式に対する関与の度合いを規定していた。沖縄的共同性に没入する人ほど、成人式に対する熱量や意気込みは強化され、派手なパフォーマンスとなって表れる。一方、距離が大きくなればなるほど、成人式への関与の度合いは弱化していく。多くの若者がその両極の間のどこかに位置づくのだろう。そして地元の沖縄的共同性との距

19　與那覇（2017; 2020）が、「荒れる成人式」という言葉を不用意に使用せず、「派手な」という言葉を用いているのは、「荒れる」という言葉が抱える問題性を強く意識しているからだと考えられる。なお紙幅の都合上、本章では取り上げられなかったが、調査協力者のほとんどが、「荒れる成人式」というメディア上の言葉に違和感を表明している。この点はあらためて別稿で論じたい。

離に影響を与える1つの変数が，階層であった。

　岸（2020b）は，安定層が進学校や大学への進学の過程で，地元の沖縄的共同性から少しずつ距離化していく点を指摘した。本章の事例からもその側面が確認できた。地元の共同性のなかに没入し，関係性を続けていくためには，当然ながら，その集団のメンバーと時間・場所・金銭・記憶を共有することが必要となる。中間層の大介やクミコたちの事例が示すように，小学生から続く地元の人間関係は，地元の青年会活動や飲み会，模合など，定期的に開催される「集まり」に参加し，思い出を共有していくなかで維持されてきた。

　その意味で，進学やそれにともなう地域移動は，地元の共同性との時間・場所・金銭・記憶を共有することを困難にする1つの要因となるのだろう[20]。その結果，少しずつ地元との距離が広がっていく。当然ながら，県外に生活の拠点を移したとしても，地元のメンバーとの関係性を維持する人もいる。本章で取り上げたエリは，福岡でホームシックを経験し，頻繁に沖縄に戻って友人と会い，関係を維持してきた。そしてごく自然に，友人たちと成人式に参加した。しかし，成人式への参加を躊躇した夏美のように，東京の大学

20　新谷（2007: 230-8）は，首都圏の私鉄駅に隣接する百貨店前でストリートダンスをする若者集団に着目し，そこに「地元つながり文化」を見出している。それは，近隣の中学の同級生，先輩・後輩などのつながりを基盤とした文化を指す。その特徴は，場所・時間・金銭の共有である。本章が取り上げた中間層の事例や，従来の「荒れる成人式」論が注目してきた若者たちも，この概念で一定程度は説明できるだろう。ただし，4-1でも述べたとおり，中間層の若者は，場所・時間・金銭だけでなく，「過去のやらかした話」など，「記憶」も共有している。そのため，新谷が指摘した3要素に今回「記憶」を追加した。また，新谷は，上昇移動・地域移動やそれにともなう職業的達成は，あくまでも個人としての移動であり，場所・時間・金銭の共有を不可能にし，「地元つながり文化」から離脱することを意味すると述べている。本章の調査結果も，新谷の主張と重なる部分がある。

に進学し，地元の友人の多くも県外の大学に進学した場合，地元との距離は大きくなり，地元で開催される成人式に参加することに「気まずさ」を感じることになる。中学卒業後，地元を離れて県内有数の進学校に通ったヤスシの友人女性が，友だちがいないために成人式に参加しなかったという事例は，その象徴だろう。大阪の大学に進学した筆者に「袴を着る」という選択肢がなく，袴姿の友人たちの成人式当日の様子を知らなかった背景にも，筆者と地元の共同性との距離が影響したと思われる。

　そう考えると，20歳時点における地元の共同性との距離を映し出す「鏡」として，成人式を位置づけることができる。であるならば，その鏡に映った共同性との距離が形成されていくプロセスを，ライフコースの観点からとらえ直していく作業が今後必要となるだろう。

　そして最後に，成人式以降のライフコースも視野に入れて成人式のあり方を問う必要があることを提起したい。今回は紙幅の都合上，取り上げることができなかったが，成人式の2次会がこれまでの人間関係の再編を促す機会となっていることが，これまでのフィールドワークから徐々にわかってきている。それまで話したこともなかった者同士が，成人式の2次会で接点を持ち，成人式以降，新たな関係性を紡いでいく。筆者が20代半ばのタイミングで大介たちの自治会から声がかかったのも，成人式の2次会がきっかけであった。そして大介たちとの関係性は現在も続いている。詳細な議論は別の機会に譲るが，成人式は，「20歳」時点での共同性との距離を映し出す鏡であるだけでなく，成人式後の関係性を再編する1つの「出発点」であるのかもしれない。

　実際，調査中に「成人式のこと」を質問しているにもかかわらず，調査協力者の多くは「30歳の同窓会」「40歳の同窓会」「大人の運

動会」「70代まで続ける野球大会」と関連づけながら成人式を語った。つまり，出身中学を基盤とした地元社会でのイベントは，成人式以降も続いており，今後も続いていくものとして想定されている。成人式は，成人式以後のさまざまなイベントと「1つの線」でつながっているのだ。そして，それまで分かれていた中間層，それ以外の層，女性といった関係性は，成人式以降，ゆるやかに再編されていく。

　そのように考えると，成人式に至るまでのライフコースだけでなく，成人式以降のライフコースにまで分析軸を広げたうえで，あらためて沖縄の人びとにとっての成人式の意味を再構成し，地域社会との関わりのなかで成人式を再定義していくことが今後必要となる。

■文献

新谷周平，2007，「ストリートダンスと地元つながり——若者はなぜストリートにいるのか」本田由紀編『若者の労働と生活世界——彼らはどんな現実を生きているか』大月書店.

朝木絵，2010，「『荒れる成人式』に関する歴史的考察」『日本史の方法』8: 37-54.

平野（野元）美佐，2023，『沖縄のもあい大研究——模合をめぐるお金，助け合い，親睦の人類学』ボーダーインク.

石岡丈昇，2016，「参与観察」岸政彦・石岡丈昇・丸山里美『質的社会調査の方法——他者の合理性の理解社会学』有斐閣.

————，2023，『タイミングの社会学——ディテールを書くエスノグラフィー』青土社.

岸政彦，2013，『同化と他者化——戦後沖縄の本土就職者たち』ナカニシヤ出版.

————，2016，「質的調査とは何か」岸政彦・石岡丈昇・丸山里美『質的社会調査の方法——他者の合理性の理解社会学』有斐閣.

————，2020a，「序文——沖縄にとって『地元』とは何か」岸政彦・打越正行・上原健太郎・上間陽子『地元を生きる——沖縄的共同性の社会学』ナカニシヤ出版.

───────，2020b，「距離化──安定層の生活史」岸政彦・打越正行・上原健太郎・上間陽子『地元を生きる──沖縄的共同性の社会学』ナカニシヤ出版.

岸政彦・打越正行・上原健太郎・上間陽子，2020，『地元を生きる──沖縄的共同性の社会学』ナカニシヤ出版.

草野泰宏，2020，「荒れる成人式消費に関する研究──消費文化理論（CCT）の応用」『熊本学園商学論集』24（1）: 89-106.

沖縄大百科事典刊行事務局，1983a，『沖縄大百科事典 上巻』沖縄タイムス社.

───────，1983b，『沖縄大百科事典 中巻』沖縄タイムス社.

沖縄タイムスプラス，2016，「『荒れる』成人式を変えたい！　リーゼント姿の新成人が国際通りを清掃」（2024年5月26日取得，https://www.okinawatimes.co.jp/articles/-/22631）.

───────，2020，「2児の母　晴れ舞台喜ぶ／非婚のシングルマザー／周囲が支援　振り袖用意」（2024年5月26日取得，https://www.okinawatimes.co.jp/articles/-/521119）.

澤田佳世，2022，「沖縄の子育て家族とジェンダー──性別役割分業の動向」上間陽子・川武啓介・北上田源・島村聡・二宮千賀子・山野良一・横江崇編『復帰50年　沖縄子ども白書2022』かもがわ出版，225-32.

打越正行，2019，『ヤンキーと地元──解体屋，風俗経営者，ヤミ業者になった沖縄の若者たち』筑摩書房.

───────，2020，「排除Ⅰ──不安定層の男たち」岸政彦・打越正行・上原健太郎・上間陽子『地元を生きる──沖縄的共同性の社会学』ナカニシヤ出版.

上原健太郎，2020a，「沖縄の階層と共同性」岸政彦・打越正行・上原健太郎・上間陽子『地元を生きる──沖縄的共同性の社会学』ナカニシヤ出版.

───────，2020b，「没入──中間層の共同体」岸政彦・打越正行・上原健太郎・上間陽子『地元を生きる──沖縄的共同性の社会学』ナカニシヤ出版.

───────，2020c，「沖縄の飲食業で働く若者たちと地元つながり文化」谷富夫・稲月正・高畑幸編『社会再構築の挑戦──地域・多様性・未来』ミネルヴァ書房.

───────，2022，「緊急事態宣言下における飲食店経営と『なんとかやってゆく』世界──沖縄の若者集団Yを事例に」『社会分析』49: 61-77.

上間陽子，2020，「排除Ⅱ──ひとりで生きる」岸政彦・打越正行・上原健太郎・上間陽子『地元を生きる──沖縄的共同性の社会学』ナカニシヤ出版.

───────，2024，「10代シングルマザー　言葉の奥の望み読み取る　成人式で振り袖着たい願い　よってたかってかなえる　琉球大教授・上間陽子さん」『沖縄タイムスプラス』（2024年5月26日取得，https://www.okinawa

times.co.jp/articles/-/1292011).

與那覇里子，2017，「なぜ沖縄の成人式は"ド派手"になったのか？」『沖縄タイムスプラス』（2024 年 5 月 26 日取得，https://www.okinawatimes.co.jp/articles/-/78781).

―――，2020，「沖縄の成人式，全国メディアの注目激減か "ど派手"話題から 20 年」『沖縄タイムスプラス』2024 年 5 月 26 日取得，https://www.okinawatimes.co.jp/articles/-/520648).

在日コリアン2大民族団体と「成人式」 第6章
同化を差異化で上書きする「自分たち」の行事
ハン・トンヒョン

1 エスニシティ論から考える

1-1 問題意識

　筆者は1968年，東京で生まれた在日コリアンであり，都内の朝鮮学校で教育を受け，朝鮮学校を運営する在日本朝鮮人総聯合会（総連）コミュニティで基本的には育った。1989年1月，20歳の

（提供）朝鮮新報社。

写真6-1　2024年1月7日，都内のホテルで開かれた総連東京都本部主催の「2024年に20歳を迎える東京朝鮮青年たちの祝賀会」の様子

筆者が参加した「成人式」は、卒業した地元の朝鮮初中級学校（いわば小中一貫校）の同級生単位でホテルの宴会場を借りて開いたものだった。地元の自治体から案内が届いた記憶はないが、それを差別や排除とは感じておらず、自分に関係ないものだという認識だったように思う。

　本書を企画するきっかけになった雑談もそうだったが（**終章**参照）、研究者をはじめとした友人知人らと成人式の話題になるたび、筆者は自分の思い出話を披露してきた。当時はバブル景気の絶頂期で筆者の「成人式」は赤坂プリンスホテルで開かれたこと、会費は4万〜5万円もしてそのために臨時のアルバイトをしたこと、ホテルでのパーティのあとは六本木で二次会が行われみんな一緒に徒歩で移動したこと、男子はスーツだったが女子は全員がきらびやかなチマ・チョゴリ姿だったこと……。

　しかし、そもそも成人式は日本発祥の、しかも基本的に行政主導の行事であり、在日コリアンのルーツのある朝鮮半島に現存する2つの国家——大韓民国（韓国）にも、朝鮮民主主義人民共和国（北朝鮮）にも、日本の成人式のような行事、風習はない[1]。つまり自主的に開催したものだとしても、日本で行われている行事の存在を前提にした場であることに変わりはない。

　思えば朝鮮学校コミュニティでも、その後は総連の地方本部などが主催する「公的」なものになった。その一方で、地方自治体も外国籍の新成人に対して案内を出すようになっていった。今回調べてみたところ、総連が新成人を祝う行事を制度化したのは1987年だった。また日本には、在日コリアンの2大民族団体として、北朝

1　両国の成人年齢も、韓国は19歳、北朝鮮は17歳である（ただし、韓国では2013年まで20歳だった）。

鮮を支持する総連とともに，韓国を支持する在日本大韓民国民団（民団）が存在するが，民団は1961年から成人式を開催していた。こうして筆者が今回，総連と民団の「成人式」の起点を確認することができたのは，両団体が自前の機関紙を持っているからだ。そこでは毎年，自らの団体が主催する「成人式」について報じていた。

　在日コリアンは，戦前の日本による朝鮮の植民地支配という歴史的経緯のもとで戦後の日本社会に定着した最大規模の移民グループであり，エスニック・マイノリティである。本章では，在日コリアンの2大民族団体——民団，総連の機関紙における報道から，日本社会においてエスニックなマイノリティ・グループのひとつである在日コリアンが，日本由来の行事を，自らのエスニック・アイデンティティとのかかわりでどのように位置づけてきたのかを探っていく。

1-2　方法と仮説

　日本でスタンダードな社会学の教科書といえる『社会学　新版』（2019年，有斐閣）の第13章「エスニシティと境界」は冒頭で，「焼肉は韓国・朝鮮のエスニック料理なのか？」という問いを投げかける。筆者の町村敬志は，「一般にエスニックとは，特定の国や地域の民族と密接に関連した社会的文化的事象をさすときに，形容として使われている」と説きつつ，「焼肉」について，植民地時代に海を渡ってきたコリアンたちがもともと身につけていた食習慣をそのルーツの一部としながらも，在日コリアンが生活のなかでつくり出した日本生まれ，いわば「日本」化された朝鮮料理というべきものであると指摘した。そのうえで町村は，1980年代以降，日本社会のグローバル化によるエスニックブーム，ニューカマー韓国人の流入によるさらなる変化などに言及し，「異なる文化の折衷や流

用こそが，食の現場における主要な文法となっている」と主張している（町村 2019: 408-10）。このように移民の／による「文化」を，かつての一方向的な同化理論で語ることは困難だ[2]。

　筆者は以前，朝鮮学校の女子チマ・チョゴリ制服と男子の変形学生服について研究したことがある。前者は1950〜60年代の朝鮮学校というコミュニティ内で，「祖国」という資源がもたらしたナショナルな呼びかけに応えて高揚したエスニックなアイデンティフィケーションを，在日コリアン2世の女性たちが学校制服というメディアを使って新たに表現したという事例だった。後者は1970〜80年代，日本人生徒とのけんかというマジョリティ・グループとの「コミュニケーション」を通じてアイデンティフィケーションを行っていた在日コリアン2世の男性たちにとって，日本由来の変形学生服がエスニシティやナショナリズムの記号として機能していたという事例だった（韓 2009）。いずれも，朝鮮学校というエスニック／ナショナルな資源を供給する強力なコミュニティのもと，移民のホスト社会への同化が一方的に進んでいくわけではないことを，かれらの文化実践におけるエイジェンシー[3]，とくに衣服とい

　2　社会学的な移民研究は1920年代のシカゴ学派から始まったアメリカ発の同化理論が主流だったが，近年では，影響を及ぼす要因の多さや偶然性を背景に，グループごとに異なっていたり一方向的ではない同化過程の複雑さを反映した「分節的同化理論」（Portes and Rumbaut 2001＝2014）が優勢になっている。一方，1960年代にイギリスで始まったカルチュラル・スタディーズは，狭義の具体的な文化の領域において，マイノリティがマジョリティの文化を「模倣」しつつもそれを主流文化への抵抗や新たな文化の再創造へと読み替えていく実践に着目し，それを読み解こうとしてきた（稲垣 2024）。

　3　社会学において「エージェンシー」は構造と対置されるものとして「個人が自由に意思決定し主体的に行為する能力」を意味し「主体的行為」などと訳されるが（柴田 2012:104），ここで筆者は「エイジェンシー」を，ポストモダンの議論を経て構造と主体の二項対立が相対化された状況のもと，とくに移民において，それぞれの個人や集団がそれぞれに固有の移動の経験を通じ，出身国とホスト国

うメディアの活用に着目して示したものだ。

　では本章で扱う在日コリアン民族団体の「成人式」はどうだろうか。もしかするとそれは一見，ホスト社会の行事の模倣のようでいて，その枠組みだけを借りて自らのものとして上書きし，読み替えるような実践だったのではないだろうか。それを可能にしたのはおそらく，「大人になる」ということの普遍性と，**序**章でも明らかにされているような成人式の「融通無碍さ」による容れものとしての利便性にあり，在日コリアン民族団体の成人式は，その融通無碍さの拡張といえるような事例なのかもしれない。

　以上のような仮説を検証するため，本章では2大民族団体の成人式について主に検討する。データとしては，民団および総連の機関紙による「成人式」報道を扱う[4]。民族団体の機関紙を対象にしたのは，本章が対象とする事例を通時的に追いつつ保存されている唯一の資料であるからだ。

　またそれぞれのキーパーソンについては，インタビューも行った。さらに後述するが，成人式を主催する地方自治体がいつから外国人の新成人にも案内を出すようになったのかについての資料を発見す

　　からの制約・影響と自律的に交渉し，相対化する実践の「主体性」を記述するための概念として使用している。

4　民団成人式については，民団機関紙『韓国新聞』縮刷版1964～69年，同製本1975～96年（1970～74年は欠落），『民団新聞』製本1997～98年，同ウェブ版1999～2023年および在日韓国青年同盟（当時，韓青）機関紙『韓国青年新聞』縮刷版1967，1969年を参照した（いずれも日本語）。総連成人式については，総連中央常任委員会機関紙『朝鮮新報』縮刷版1970～2002年（1984年欠落。1970年～朝鮮語のみ，1996年4月～朝鮮語・日本語），『朝鮮新報』ウェブ版2003～23年（2003～11年は日本語のみ，2012～23年は日本語，朝鮮語）を参照した（引用元が朝鮮語の場合，訳は筆者）。以上，縮刷版および製本については朝鮮奨学会図書館所蔵。なお，筆者は1991～2002年，『朝鮮新報』日本語版の記者だった。

ることができなかったため，SNS で在日コリアンの友人知人のつ
てを頼りに Google フォームを使った情報収集を行い，エピソー
ドについても募集した[5]。

2　前提と背景について

2–1　在日コリアンと民族団体

　1910 年の日韓併合後，日本の植民地支配による生活環境の変化
とアジア侵略を進める日本内地の労働力ニーズは，多くの朝鮮人の
渡日を促した[6]。1945 年に日本が敗戦し，朝鮮が植民地支配から
解放されると，200 万人以上になっていた在日朝鮮人の多くは帰
国する。しかし，北緯 38 度線を境に北半部にソ連軍，南半部には
アメリカ軍が進駐し，国家建設へのイデオロギー対立が東西冷戦に
巻き込まれていくなか，朝鮮半島の政情はかなり不安定だった。ま
たすでに日本で生活の基盤を築いていて故郷に身寄りのない人も少
なくなかった。さらに，帰還船を出していた米占領軍が財産持ち出
し制限をかけただけでなく，朝鮮人を敵視するようになるなか帰還
事業も早期に終了してしまったことなどから，結局，50 万～60 万
人前後が帰国を見合わせた。1950 年には朝鮮戦争も勃発し，こう
して戦後も日本に定着することになった朝鮮人とその子孫が，本章

5　2023 年 1 月，「かつて新成人を迎えたときに日本在住で日本国籍ではなかった
　　在日コリアンの方へ。当時，居住していた市区町村などの自治体から成人式のお
　　知らせが来ていたかどうか，教えてください！」と題した Google フォームの
　　リンクを公開した。1 カ月で，47 人の方から回答を得ることができた。
6　統計は各種あるが，森田（1996: 33）によると，在日朝鮮人人口は 1911 年の
　　2527 人から，1944 年には 193 万 6843 人に急増した。

が定義する在日コリアンである（水野・文 2015 など）。

　植民地支配により日本臣民となっていた朝鮮人は日本の敗戦後，1947 年 5 月に制定された外国人登録令の対象となった。だが当時は朝鮮半島に主権国家が成立する前で，登録の際の国籍欄には，出身地域として「朝鮮」と記入された。これが，今にいたる「朝鮮」籍である（李編 2021 も参照）。その後，1948 年 8 月に大韓民国（韓国），9 月に朝鮮民主主義人民共和国（北朝鮮）が建国された。

　1952 年のサンフランシスコ平和条約発効に際し，日本政府は在日コリアンに日本国籍の喪失を通達する一方，韓国と国交正常化交渉を開始し，1965 年には日韓条約が結ばれる。この過程で生まれた外国人登録上の「韓国」籍は事実上国籍化し，日本政府が韓国国籍取得者には日韓法的地位協定による永住資格（協定永住）を付与することにしたため，韓国国籍取得者は増加していった。一方で，国籍も在留資格も不安定なままだった「朝鮮」籍の在日コリアンには，日本で難民条約が発効した 1982 年になって，特例永住が認められることになった。協定永住と特例永住が統一され，子孫まで安定した「特別永住」という在留資格が付与されるようになったのは 1991 年の入管特例法施行からだ。

　法務省の在留外国人統計によると 2022 年末現在，日本で暮らす外国籍者の総数は過去最高の 307 万 5213 人となった。国籍・地域別で 15 位の「朝鮮」は 2 万 5358 人で，そのほとんどは本章の定義する在日コリアンだといえよう。一方，3 位の「韓国」は 41 万 1312 人になるが，ここには，戦後新たにやってきた人びとも含まれている。また，在留資格別で 5 位の「特別永住」は 28 万 8980 人だが，2022 年末までの在日コリアンの帰化許可者数累計は 39 万 218 人となる（在日本朝鮮人人権協会 2023）。こうした数字から，在日コリアンのおおよその輪郭をつかむことができるだろう

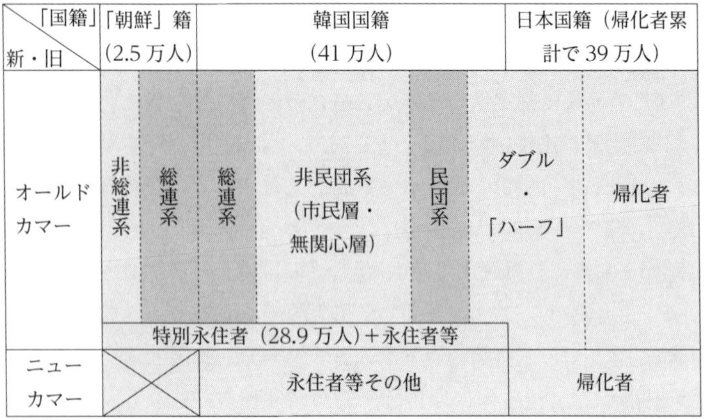

「国籍」 新・旧	「朝鮮」籍 (2.5万人)	韓国国籍 (41万人)				日本国籍（帰化者累計で39万人）	
オールドカマー	非総連系 ／ 総連系	総連系	非民団系（市民層・無関心層）	民団系	ダブル・「ハーフ」	帰化者	
	特別永住者（28.9万人）＋永住者等						
ニューカマー	✕	永住者等その他				帰化者	

（出所）김응기（2018）の〈表1〉をアレンジして筆者作成。数字は2022年末現在，法務省在留外国人統計。

図6-1 〈在日コリアン社会〉の見取り図

（図6-1）。

南北朝鮮の分断は在日コリアンにも分断を持ち込んだ。その象徴ともいえるのが，韓国を支持する民団，北朝鮮を支持する総連という2大民族団体だ。民団も総連も本国政府の事実上の代理機関としての役割を果たしつつ，同胞たちの権利獲得や生活向上に努めてきたこともあって，社会的，政治的な権利から排除され差別されていた多くの在日コリアンにとって，本国とのつながりの確保や日常生活に欠かせない存在となっていった。しかもそれは，双方にとって自らの組織および本国の正統性・正当性をアピールするイデオロギー競争の場ともなっていたため，在日コリアンも2つのコミュニティに分断されざるをえなかった。

ただし，在日コリアンのすべてが必ずどちらかの団体に所属しているというわけではない。またいずれかの団体と関係を持つかは個々人の思想信条の問題でもあったが，生活上のニーズや人間関係

によるものでもあり，それは複雑に入り組んでもいる。かつては思想的な優位性と組織力を持ち，朝鮮学校を全国に展開し，運営することで民族教育を軸に強いコミュニティを築いてきた総連が優勢だったが，本国の国力向上やビジネス面でのメリットなどで民団も根強い支持を持つ。とはいえそのような組織中心のコミュニティも，在日コリアンが世代を重ねつつ多様化するなか，薄れてきたのが現状だ。それぞれのコミュニティにおける「成人式」も，こうした文脈のもとにある。

2–2　在日外国人と成人式

現在，成人式を主催する各地方自治体は，外国籍新成人も対象と認識し，案内を出すのが通例だ。

2010年に行われた浜松学院大学と中日新聞東海本社の共同調査[7]によると，97.3%の自治体が外国籍の新成人にも成人式の案内を出していた。出していない自治体はたった2カ所で，またそのうち1カ所は日本国籍者にも出していなかった。

ただし，かつてはそうではなかった。冒頭で少し触れたが，少なくとも1968年生まれで，1989年に成人式を迎えた筆者に，当時，居住していた東京都小平市から案内が来た記憶はなく，地元である東京都足立区の同級生たちに聞いてみても同様だった。『朝日新聞』1985年1月16日付で足立区の安藤主事は成人式について，在日コリアンから参加の問い合わせはあり歓迎するとは答えている，今

7　「浜松学院大学・中日新聞東海本社　外国人新成人の成人式参加に関する共同調査」。外国人集住都市会議員都市（27市1町），政令指定都市（18市，浜松市は外国人集住都市会議員都市に分類），東京23区および東京26市の合計94の自治体に対し，成人式における外国人新成人の参加状況をアンケート調査し，79自治体からの回答を得た（津村・澤田 2011）。

は案内状を送っていないが将来は同じ地域社会の一員として扱う日が来るのではないか，とコメントしていた。

　ではいつから案内を出し始めたのか。前述した調査によれば，導入時期はいずれも不明だった。同様の調査はほかに見当たらなかったが，新成人式研究会編（2001）によると，東京都港区が1987年から外国籍の新成人を対象にし始めたらしいことがわかった。一方，47人の在日コリアンが情報を寄せてくれた筆者の独自調査では，京都市で1970年に案内が来た記憶があるという情報があった。ほかは1980年代以降だったので驚いて京都市の担当者に問い合わせてみたのだが，いつから案内を出し始めたのか，資料が存在していないとのことで確認できなかった[8]。前述した2010年調査でも導入時期はいずれも不明だったことと考え合わせると，なんとなく排除していたがなんとなく包摂するようになったとでもいえるような，そもそもあまり重要な問題だと思われていなかったような様子がうかがえなくもない。

　いずれにせよ筆者に寄せられた情報のなかでは，次に早かったのが大阪府泉大津市の1981年，東京都世田谷区の1984年，目黒区の1987年，埼玉県浦和市の1988年だった。以上を総合すると，成人式を主催する各地方自治体が外国籍の新成人も対象にし始めたのは，おおよそ1980年代くらいからだったということはできそうだ。「なんとなくの排除からなんとなくの包摂」とは述べたが，もちろん（いやだからこそ），それをうながす時代背景はあった。

　日本は1978年，翌年の初の東京サミットを前に，アメリカによ

　8　2023年7月9日，担当の京都市子ども若者はぐくみ局子ども若者支援課に電話で問い合わせたところ，同局育成推進課の担当者が調べてくれ，2日後の11日に電話があった。担当者によると，現在は住民票ベースで外国籍新成人にも通知しているが，それがいつからなのかは記録がなく不明とのことだった。

る外圧を中心とした内外からの要請の高まりを受け，1975年のベトナム戦争の終結を前後して大量に発生したインドシナ難民の一部を受け入れた。これは，戦後日本の外国人政策にとって大きな転換点となった。

1979年に国際人権規約，1982年に難民条約に加入した日本は，条約を履行するための国内措置として同年，出入国管理法を出入国管理及び難民認定法に改定し，それにともない社会保障制度関連の「国籍条項」の多くが撤廃されることになった。なおこの「恩恵」を受けたのは，当時，在日外国人のほとんどを占めていた在日コリアンだった。またこの時期，1981年からは中国残留邦人等の帰国事業が本格化している。

1985年に世界一の債権国となった日本では，1986年からバブル景気が始まり，1986年の外交青書には「内なる国際化」，1989年には「日本社会の国際化」という言葉が登場するなど，上からのかけ声だとしても多文化社会への流れが現れ始める。実際，好景気で人手不足の日本に，中東などから仕事を求めてやってきて，非正規滞在で働く外国人が急増したのもこの時期だ。

こうした状況を受け1990年に入管法が改定され，現行制度上では定住者（日系人）と技能実習生というカテゴリーを通じ，名目としては偽装しつつも事実上の非熟練労働者受け入れに舵を切ることになる。このように1980~90年代は，日本で一気にニューカマー外国人が可視化され，存在感を増していった時期だった。

一方，3世の時代を迎えようとしていた在日コリアンにおいてはこの間，社会保障制度の国籍条項撤廃や在留資格の相対的安定化，また自助努力による生活水準の向上により，定住化，永住市民化が進んでいく。それにともなう具体的な民族差別撤廃運動として象徴的なのが，1970年代に起きた日立就職差別事件[9]や，1980年代

第6章　在日コリアン2大民族団体と「成人式」＿221

の指紋押捺拒否運動[10]だろう。

　以上をまとめると，一言でいって1980年代は，経済成長を遂げ先進国の仲間入りをしようとしていた日本に，多文化共生へのベクトルが生まれ始めた時期だった。

　あらためて成人式に目を向けてみよう。新聞記事を見てみると[11]，1990年代後半から，とくに日系ブラジル人などのニューカマー集住地域で，なかなか参加してくれない外国籍の新成人に来てもらおうと，さまざまな工夫を重ね努力する地方自治体の姿が見えてくる。前述した2010年調査も，製造業が盛んで日系人が集住する東海地方の大学と新聞社が実施主体であり，こうした多文化共生のベクトルによる包摂の文脈上にある。

　また2000年代に入ると，自治体の成人式にチマ・チョゴリで参加する在日コリアンの新成人を扱う記事が散見されるようになる。

9　1970年，日立製作所の入社試験を，日本名と日本の出生地を本籍として受け，いったんは採用された韓国籍の在日コリアン2世，朴鐘碩さん（当時19歳）が，「嘘をついた」という理由で採用を取り消されたことを不服とし，日立を相手に提訴した。支援の輪が広がるなか1974年，横浜地裁は不当な民族差別だと明言し，日立製作所の採用取り消しを認めないとする判決を出した。

10　外国人登録法（1952年施行）は14歳以上の新規登録，再交付，切替に指紋押捺を義務づけた。1980年9月，東京都新宿区役所で韓宗碩さんが押捺拒否を宣言し，警察に告発され裁判になったが，2～3世を中心に拒否者が続出した。政府は1982年，切替期間を3年から5年に，初回登録年齢を14歳から16歳に緩和する一方，罰金を3万円以下から20万円以下に，押捺拒否者への再入国許可申請を認めない報復的措置を開始，1983年には初の逮捕者まで出たが，拒否者，留保者の総数は1985年のピーク時には1万人を上回った。運動への支持は日本社会にも広がり，告発を行わず新しい外国人登録証を発給する地方自治体も登場，指紋押捺1回制（1988年），特別永住者・一般永住者の押捺義務廃止（1992年）などの改定を経て2000年，外国人登録法による指紋押捺制度は全廃された（鄭 2010: 221-2）。

11　朝日新聞クロスサーチで「外国人」＋「成人式」で検索したなかからピックアップし，概観した。

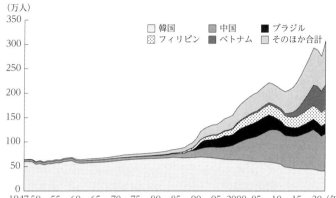

(注) 2011年までは短期滞在なども含み、国籍・地域別の「韓国」に「朝鮮」が、「中国」には「台湾」が含まれている（2012年から法務省の集計方法および在留カード等の「国籍・地域」欄の表記に変更があったため）。
(出所) 法務省「在留外国人統計（旧登録外国人統計）」をもとに筆者作成。

図6-2　在留外国人数の推移

2002年の日韓ワールドカップを前にした時期という時代背景によるものだろう。一方で、2010年代半ばから在日コリアンらに対するヘイトスピーチが問題化し、それは2016年のヘイトスピーチ解消法に帰結していくのだが、このような状況への問題意識から、民団の成人式を扱ったメディアもあった（「在日コリアン成人式 "変わる若者の意識"」2022. 3. 9. NHK名古屋）。

さらに2018年になると、東京23区で新成人の8人に1人が外国人、新宿区では半数、といった報道が多数あった。2017年末の統計で在留外国人の数は250万人を超え（**図6-2**）、名実ともに「移民社会」となった日本社会を問い直すような議論が広がっていた時期だ[12]。

12　「移民社会」をめぐる議論は、この間、指摘されてきた技能実習生や入管の収

表 6-1　1960 年代以降，背景のおおまかな時期区分

	日本社会・在日外国人	在日コリアン
1960～ 70 年代	高度経済成長 成人式の大衆化・定着	1 世から 2 世へ 日韓条約，北朝鮮帰国事業
1980～ 90 年代	先進国化・バブル経済 在日外国人の多様化・増加と 「多文化共生」 外国籍新成人も成人式の対象に	2 世から 3 世へ 下からの具体的な差別撤廃運動 と定住化・永住市民化
2000 年 代～	少子高齢化 「移民社会」 「荒れる成人式」と成人式の形 骸化，成人年齢の引き下げ	3 世から 4 世へ 国籍法改定，W 杯共催と韓流 ブーム，拉致問題，ヘイトスピー チ，組織離れ・朝鮮学校離れ

(出所)　筆者作成。

2-3　時期区分

　ここまでの記述をふまえ，1960 年代以降の，成人式をめぐる日本社会および在日外国人，在日コリアンの文脈におけるおおまかな特徴を，見取り図としてざっとまとめてみると**表 6-1** のようになる。

　第 3～5 節では，こうした時期区分に沿って在日コリアン 2 大民族団体——民団，総連の成人式について見ていきたい。

　容をめぐる人権問題，長期的な「移民社会」へのビジョンづくりからは目を背けつつ，なし崩し的に非熟練労働者の受け入れをはかる 2019 年の入管法改定へと帰着していく。詳しくはハン（2019: 527-57）参照。

3　2大民族団体の「成人式」①──1960〜70年代

3-1　1960年代から開催していた民団傘下の青年団体

民団機関紙『民団新聞』2005年1月19日付の「社説」は，次のように指摘している。

> 日本で「成人の日」が祝日になったのは1948年。各地の民団が成人式を恒例化するようになったのは，60年代に入ってからだ。民団傘下の青年団体が61年に初めて開催して以降，順次全国化していった。その青年団体が63年，「関東一円で今年成人を迎えた僑胞男女325名に祝い状をおくった」との記事が当時の民団中央の機関紙にある。
>
> そこにはまた，日本社会は成人をあらゆる面でもてなし，また励ましたりして前途を祝うが，僑胞青年らはこのようなところでも冷遇されているため，せめては一人ひとりの前途に福多からんことを祈って祝い状を送ったとある。

この記述に従うと，当時の「民団傘下の青年団体」，つまり「在日韓国青年同盟」（韓青）[13] が1961年に開催したのがはじめての成

13　現在，民団傘下にある青年団体は「在日本大韓民国青年会」（青年会）だが，1972年までは「在日韓国青年同盟」（韓青）だった。その前身は1945年結成の「朝鮮建国促進青年同盟」（建青），それが1950年に改編された「在日大韓青年団」だが，1960年，大統領選の不正に反発した韓国の学生や市民らが当時の李承晩大統領を下野に追い込んだ「4月革命」を支持して同年10月，韓青に改編された。韓青は翌1961年，のちの朴正熙大統領による5.16クーデターを支持した民団と対立することになり，1972年7月，民団から傘下団体認定を取り消された（この社説に名称がないのは，おそらくこうした経緯からだろう）。それに代わって1977年に結成されたのが，現在の青年会である。

第6章　在日コリアン2大民族団体と「成人式」　225

紙面6-1　『韓国青年新聞』1967年3月20日付

人式ということになる。それが各地に広がり全国化していったようだ。

筆者が資料で確認できたのは1964年からであるが，民団および1972年までその傘下団体だった韓青の機関紙を見ると，1967年から毎年成人式の報道があった。

民団中央機関紙『韓国新聞』1967年1月28日付の見出しは「中央での成人式に300人」，韓青機関紙『韓国青年新聞』同年3月20日付の見出しは「これからは一人前の韓国人／韓青の成人式／我等は祖国の礎え」となっていた（**紙面6-1**）。

また同紙1969年2月15日付は，「恒例の韓青成人式」が1月15日，東京，大阪，京都，愛知，福岡など各地で盛大に開かれ，合わせて「1500人の同胞青年が成人を祝賀され」，女性はチマ・チョゴリ姿だったことなどを報じたうえで，「異域日本に在って，日本的環境の中で成人を迎えた同胞青年が，民族的雰囲気の中で，成人を祝賀される事の意義は深い」と指摘している。

なお同紙はこれに先立ち1月15日付に，韓青中央委員長のメッセージを掲載していた。この時期，かれらが成人式をどのように位

置づけ，開催していたのかがよくわかるので，以下，一部を引用したい。

　全国各地で，韓青主催の成人式が盛大に開かれていますが，みなさんも御存知のように私達の祖国では，日本で行なわれているような成人式はありません。にも拘らず，私達韓青が，成人式を開催するのは，単に，日本の成人式に，同胞青年が心よく招かれないからという理由だけではありません。成人式は，みなさんが民族的自覚と素養を身につけ，韓民族の一員となったことに対する祝福の場であります。

　こうした記述からうかがえるのは，同胞青年たちが日本の成人式からは疎外されているというかれらの認識と，とはいえ単にその代替としてではなく，そのような日本社会においても，民族的自覚と素養を身につけた一人前の韓国人としての同胞青年たちの前途を，同胞たち自らが祝う意義深い場として，成人式が位置づけられていたということだ。

　1970～74年の分は資料欠落のため確認できなかったが，1975年は東京で150人，1976年は180人が参加したという比較的軽い扱いの記事だった（韓国新聞.1975.1.18; 1976.1.24）。これは，民団にとって青年組織が不在の時代だったからだろう。1960年代に熱い民族心で成人式を主催し，自らの機関紙で大々的に取り上げていた傘下の青年団体，韓青は，1972年，政治的な対立から民団の傘下団体認定を取り消される（注13参照）。

　民団中央は青年組織の立て直しを図り，1977年に在日本大韓民国青年会（青年会）中央本部が結成された。成人式報道もそれに連動し，1977年から突然，扱いが大きくなる。『韓国新聞』1月22

日付は「全国で成人式盛ん／若い人は民族の将来／韓民族の自信と誇りもて」という見出し、「男女ほぼ同数で女性のほとんどがチマ・チョゴリ、男性は童顔ながらもパリッとしたスーツ姿、ただ一人のパジ・チョゴリ［筆者注（以下同）：男性用のパンツタイプの民族衣装］がほほえましかった」という書き出しで、3面トップの扱いだった。記事によると新成人代表は「日本人は成人になれば選挙権を与えられるが、私たちは、日本には選挙権がない。かといって韓国にあるわけでもない。しかしこれをさみしく思うことなく、わが民族の未来を背負うものとして自覚と責任ある人となります」と述べていた[14]。東京の参加者は約160人だった。1975年の成人式報道（韓国新聞. 1975. 1. 18）の見出しが「青年のエネルギーを民団は切実に求む」だったことからも、青年組織を失った民団中央が、青年組織の立て直しを図っていたこと、また成人式がそれを可視化するための場となっていたことがうかがえる。

なお1978年の見出しは「民族的自覚と矜持を」。東京で160人、大阪では350人が参加したと報じられた（同紙. 1978. 1. 21）。1979年は「僑胞社会の担い手に育て」で、東京で200人、大阪で500人が参加し、大阪ではチマ・チョゴリ姿のほか、「数人のきもの姿の女性」も見られたと指摘されていたのが目を引いた（同紙. 1979. 1. 20）。

3-2 地域組織から始まった総連系の祝賀行事

総連コミュニティでの新成人を祝う行事は1970年代半ばに地域

---

14 なお韓国では2009年2月の公職選挙法改正により在外選挙制度が導入され、在日韓国人など永住在外国民も韓国の大統領選挙や国会議員選挙の選挙権を行使できることになり、2012年の国会議員選挙、大統領選挙から投票が可能になった。

から広がったようだ。

　総連中央の機関紙『朝鮮新報』を見ると，新成人を祝うことについての最初の報道は1977年，総連傘下の青年団体である在日本朝鮮青年同盟（朝青）の三多摩（当時。現在は西東京）本部中部支部における新年の集いに関する地域発の短信で，「（新年の集いには）20歳を迎えた21人の同胞青年たちの姿もあった」「記念品を受け取りとてもうれしそうだった」「20歳を迎えた青年代表が討論」といった記述とともに，新成人男性の「真新しいスーツ姿」についての言及もあった（朝鮮新報. 1977. 1. 19）。以来，こうした地域発の短信が出てくるようになる。

　翌1978年には，やはり朝青三多摩とともに，東京の荒川支部，福岡支部が20歳を迎えた青年たちを祝う集いを開いていた。三多摩の写真を見ると，女性たちはチマ・チョゴリ姿だった。また朝青群馬では，新年の集いのなかで「満18歳になった14人の男女青年に花束と記念品」を贈った（いずれも朝鮮新報. 1978. 1. 19）。今回，調査したなかで唯一の「18歳」祝賀であり，経緯は不明だが興味深い事例だ。1979年は三多摩で54人，1980年は埼玉で60余人，1981年は（朝青ではなく総連の）滋賀県大津支部で新年会とあわせて150余人，1982年には京都で120人が参加し同様のイベントが行われたようだ（同紙. 1979. 1. 18; 1980. 1. 17; 1981. 1. 19; 1982. 1. 22）。

　『朝鮮新報』1983年1月18日付に掲載された朝青埼玉の新年祝賀会の記事には，埼玉では7年前から毎年この時期，20歳を迎えた青年たちを祝賀する会を行ってきた，そうした成果にもとづき今年も行われた，といった記述があった。つまり埼玉では1976年から行われていたと推測できる。総連埼玉県本部で長く活動をしていたある方は，「埼玉ではじめてやったのは，成人式発祥の地だと

主張する蕨市の影響もあったんじゃないかな。当時，市長がリベラルで関係がよかったから」と語っていた。その真偽については確かめようがなかったが，より興味深かったのは，「埼玉ではじめてやって，当時は組織に批判されたと聞いた。日本の行事だから」という発言だ。1960 年代に，熱い民族心の発露，その確認の場として成人式を開いていた民団との温度差が際立つ。

　このように，当初は批判もあったようだが，20 歳を迎えた同胞青年を祝う動きは各地に広がっていく。主催は，各地の朝青本部や支部，総連支部，地域の青年商工人協議会などだった。

4　2大民族団体の「成人式」②——1980〜90 年代

4-1　民団成人式，最盛期から過渡期へ

　『韓国新聞』1980 年 1 月 19 日付は，「立派な韓国人になります」という見出しのもと，「新成人の門出を祝って民団をはじめとする各地の同胞機関では，大は数百人の新成人を送り出す大阪地区のような同胞集住地域から 3〜4 人の新成人しかいない同胞まばら地区に至るまで，若者達の今後に期待をこめてそれぞれ盛大な成人祝賀式典を開いてその門出を祝った。世代交替を迫られている同胞社会で彼らが民族意識を自覚し，同胞社会の一員として立派な韓国人となるよう祈願し，同胞社会の担い手となってくれることを期待しながら……」というリードで各地の成人式を報じた。

　記事によると，東京では新成人 200 人が参加し，青年会東京地方本部会長は，「ここに和服姿の女性もいますが，別にかまいません。それがいけないのならスーツやドレスの洋服姿もいけないことになります。ただ何を着ようと韓国人であることの自負心を持って

ほしいのです」とあいさつした。また別立てで，参加者らの「日本
の友人もたくさんいますがよく理解し合っています。名前も表札も，
もちろん本名を使っています。子供にも少なくともウリマル［母国
語］は話せるようにしたい」「弟が本国に"留学"するということ
があって，このことから祖国に関心を持ち始めたんです」「韓国語
も自分で勉強しています。今はほとんど聞き取れます」「民族意識
を基盤にして国際舞台で祖国を証しうる活躍をしたいと思います」
といったコメントが，顔写真入りで紹介されている。

　同紙1981年1月24日付によると，大阪の成人式に参加した
500人の新成人の多くは3世であり，祝辞で民団大阪本部団長は，
「日本人社会においては日本人に負けない，模範的な人間となり，
一方では，全員が青年会に入会してください」，また副団長は「日
本当局が発表している今年の新成人数158万のうち，こちらに参
加している皆さまは入っていません。この意味を深く考慮し，韓国
人としてのより一層の自覚を期待します」と述べた。

　このように，1980，81年の報道からは，状況の変化をうかがわ
せつつも1960～70年代からの継続性があるようにも感じるが，
その後，『韓国新聞』は成人式を大きく扱う一方で，見出しなどに
おいて「祖国・民族」への言及を徐々にトーンダウンさせていく。
内容的にも，1982年，東京においては参加者が楽しめるものに工
夫したといったエピソード，大阪では，豊かな時代に育った新成人
に1世の苦労を忘れないためだという元プロ野球選手，張（本）勲
氏の記念講演といった企画から，時代と世代の変化が見て取れる
（韓国新聞. 1982. 1. 23）。

　1983年の兵庫では，「終了後は青年会各支部によって新成人の
祝福会を行うため，チマ・チョゴリ姿も晴れやかに街にくり出し
た」「成人式終了後，皆んなで民族衣装の姿で街に出ていくのは，

第6章　在日コリアン2大民族団体と「成人式」__231

ここ 2，3 年恒例になっている」との記述が目を引いた（韓国新聞.
1983. 1. 22）。

　1984 年の愛知では，「本名宣言」[15] をテーマにしたドキュメンタ
リー映画が上映され，青年会長が「本名宣言の意義」と題して講演
している（韓国新聞. 1984. 1. 21）。1985 年の東京では，中央団長
が「民族社会の一員として，さらに地域社会の構成員として」と新
成人に祝辞を述べ，指紋押捺廃止運動に言及した（同紙. 1985. 1.
19）。

　1986 年の報道には，同胞過疎地域では参加者ゼロもあり，「2・
3 世の民族意識高揚が叫ばれているなか，その必要性が急務である
ことをうかがわせた」という記述があった。また東京で参加した新
成人の抱負には，「青年会からの通知で成人式のことを知り，是非
参加しようと思いました。僕自身，ウリマル（韓国語）もできない
し，母国についてもあまり知らないので，これを機に自分のルーツ
をみつめなおそうと思っています」「友達を通じて成人式のことを
聞き，参加しようと思いました。今まであまり同胞の人とのつきあ
いがなかったので少し不安でしたが，友達もすぐにでき，こんなに
たくさんの同胞がいるのを見て心強さが。将来は同じ韓国人の優し
いパートナーを見つけたい」「今まで民団や青年会の行事には参加
したことがなく，また，同胞の友人もいなかったので友達をつくる
いい機会だと思い，思い切って参加しました」といったものがあっ
た（韓国新聞. 1986. 1. 18）。世代交代が進むなか，成人式が同世代
の同胞との出会いの場になっていることが強調されている。なお，

　15　民族名を名乗ることによって朝鮮人であることを宣言する実践。在日朝鮮人
　　の多くが通称名を名乗り日本の公教育を受けている現場で，1960 年代から関西
　　の教師らによって取り組まれた（伊地知 2010: 393）。

掲載された写真には，チマ・チョゴリ姿に混じって振袖姿の参加者も写っていた。

　ただし筆者が情報収集したなかで，1961年生まれで1982年に横浜市で成人式を迎えたというある方は「民団主催の成人式があることすら知りませんでした。出席したのは偶然です。東京の同い年のいとこの家に遊びに行ったところ，その翌日が成人式で，いとこが東京での民団の成人式に出席すると言うので，ただついていきました」，1966年生まれで1987年に民団目黒支部の祝賀会に参加したという方は「同胞の友人ができるかと期待しましたが，そこではできませんでした。当事者は全体的に白けていました」と教えてくれた。

　1988年の報道ではソウル五輪の年であることが強調される一方（韓国新聞. 1988. 1. 19），1989年の報道には，在日同胞社会という言及はあるが，韓国人とか民族意識・民族的な自覚とかいった言葉はなかった（同紙. 1989. 1. 21）。

　総じて，1980年代の民団成人式報道に表れていた変化を，「祖国・民族」から「同胞・地域」へとまとめることができるかもしれない。その背景には2–2で述べたような2世から3世への世代交代と，日本への定住化，永住市民化という流れがある[16]。

　1991年，大阪ではおそらく過去最大の1000人が参加したが（韓国新聞. 1991. 1. 16. **紙面6–2**），これ以降，各地で「成人式離れ」が始まり，参加者獲得への模索が始まったように見える。1994年の報道には「最近では地域役所の成人式に参加する同胞も

16　なお蛇足だが，1987年は丙午（ひのえうま）の影響で対象者が例年に比べて3割減ったこと，また翌1988年はその反動で2割増えたと報じられていたことを記しておく（韓国新聞. 1987. 1. 17; 1988. 1. 19）。

第6章　在日コリアン2大民族団体と「成人式」

紙面6-2 『韓国新聞』1991年1月16日付

多く,あえて15日を避けて開催する地方も増えている」との記述があり(同紙. 1994. 1. 18),地方自治体の成人式が外国籍新成人を包摂するようになったなか,その多くが日本の学校に通う民団コミュニティの新成人たちが,自治体の成人式に参加するようになっていること,またそれが民団成人式にとってネックになっている様子がわかる。

筆者が情報収集したなかにも,1971生まれで1992年の成人式は「たしか練馬区と民団の成人式をハシゴした気がします」という声を寄せてくれた方がいたが,1972生まれで1993年に成人式を迎えた,元青年会中央会長の曺壽隆(チョウ スユン)さんは,筆者のインタビューに対し,次のように答えた。

　　民団が開催する成人式も1月15日だったのですが,この日は同級生たちと過ごす約束をしていたこともあり,川崎市の成人式から中学の同窓会に行こうと考えていました。早朝からこっそり家を出ようと準備していましたが,なんとしても民団の式典に参加させようとアボジ[父親]が玄関で待ちかまえてお

234

り，怒鳴り合いの末，無理やり民団のほうに連れて行かれた嫌な思い出があります。のちに，当時の関係者から日程がバッティングしていた理由が「来るやつは来るから」だと聞いて，あらためて，大切な友人との思い出づくりの時間を奪われたことに怒りを覚えました。（自身が青年会中央会長を務め，成人式を開く側を経験してみて）民団の成人式は，多くの参加者にとって親族以外の在日同胞に触れる最初の場だし，大切にしなくてはいけないと思っています。在日の人と知り合うなかで，自分がどうやって生きていくかを考え，自分を位置づける自己確認の場にもなる。それが一番のニーズだと思います。（2023. 7. 18. 東京都内）

1994 年，1 月 15 日に開かれた民団東京主催による成人式の参加者は 60 人で，本部団長は「グローバルな角度を持った韓国人として在日同胞社会をはじめ，日本，世界で活躍できる青年に」と祝辞を述べ，新成人代表は「責任ある在日韓国人として自己のアイデンティティを確立し，自覚と誇りを持って在日同胞社会の発展と誰もが平等である日本社会建設に努力していく」と「力強いウリマル」で決意を語った。このころから，新年会と兼ねる地方も現れ始めた（韓国新聞. 1994. 1. 18）。

1995 年の見出しは，「一足早く，各地で成人式／参政権への夢乗せて…／たったひとりの地方も」（同紙. 1995. 1. 11）。「一足早く」というのは，自治体の成人式との競合を避けるためだ。また「参政権への夢」からは，当時，民団が全国的に展開していた地方参政権運動 [17] をアピールする場にもなっていたことがわかる。実

17　1990 年 11 月，11 名の在日韓国人が，選挙人名簿に登録されていないこと

際，別立てで民団中央団長のメッセージも掲載されている。

　東京では80人が参加し，トゥルマギ［男性の民族衣装の一種］で参加の韓国留学中の新成人の姿という言及があった。3世がほとんどとなったこの時期から，民団コミュニティでは韓国への留学も増え始めたようだ。大阪では250人が参加し，「色鮮やかなチマ・チョゴリの中にパヂ・チョゴリの男性も。時代の表れか，着物姿も目立った」（韓国新聞. 1995. 1. 18）。女性だけでなく男性が民族衣装を身につけること，また以前から見られてはいたものの，民族団体の成人式に着物姿で参加すること，そのいずれも，時代と世代の変化の表れといえるだろう。

　その後，1999年の東京での参加者が30人だったということが象徴的だが（民団新聞. 1999. 1. 13），1990年代は少子化や求心力の低下，自治体の成人式との競合などにより徐々に減少し，日にちをずらしたり，地方では地方本部の新年会と兼ねるのが通例になっていった。

　1980〜90年代は，民団の成人式にとって最盛期から過渡期へと移行していくような時期だった。

　などを不服として，大阪市など3市の選挙管理委員会に異議申し立ての裁判を起こし，日本に永住する外国人が地方参政権を求めた最初の裁判として注目される。1993年6月の大阪地裁では棄却されたものの，1995年2月の最高裁判決で，「自治体と密接な関係をもつ定住外国人の意思を地方行政に反映させるために，法律によって地方参政権を与える措置を講じることを，憲法は禁じているとはいえない。ただしそのための措置を講じるかどうかは，国の立法措置にかかわることがらである」という判断が下され，議論の場は司法から国会に移ることになった（朴 2010: 211–2）。その後，与党内でも法案が検討され，民団を中心に運動も広がったが，現在は下火となっている。

4-2 総連，1987 年に「在日朝鮮青年の日」制定

前述したように，総連コミュニティでの新成人を祝う行事は1970 年代半ばに地域組織から広がった。おそらくこうした動きを受けたものだろう，総連は1987 年，当時の成人の日である1 月15 日を「在日朝鮮青年の日」と定め，以降，公式に祝賀することにした。『朝鮮新報』1987 年1 月15 日付に掲載された，金学守・朝青中央委員長名義の声明「20 歳を迎えたすべての朝鮮青年を熱烈に祝賀する」は，次のように宣言した。

> 総連中央では，総連組織を，異国の地で在日同胞青年たちが頼りにする，祖国に代わる母なる懐として大切にみなせるようにするために，毎年1 月15 日を「在日朝鮮青年の日」と定め，この日を全同胞的に祝賀することにしました。

日本の法にもとづく国民の祝日を，その日にかぶせて移民コミュニティの民族団体が「在日朝鮮青年の日」と定めたのだ。興味深いのはこのネーミングだ。「祖国指向」の路線をとる総連としては，かぶせているにもかかわらず，「成人」という表現は避けたかったのだろう。また実際のニーズはさておき，この声明からは，総連が何を大義名分にこの日を公式化したのかがよくわかる。

実際の祝賀行事が本格化し，定着し始めたのは翌1988 年からだ。総連の各都道府県本部単位で，公式的に新成人を祝う行事が開催されるようになった。それらをまとめて報じた『朝鮮新報』の見出しは，「成人の自覚を抱き愛国の代，民族の代をしっかりと継承しよう」(朝鮮新報. 1988. 1. 21)。ここでは「成人」と言いつつも，やはり愛国，民族なのである。

なお冒頭で触れたが，1968 年に東京都足立区で生まれ，地元の

第6 章　在日コリアン2 大民族団体と「成人式」＿237

朝鮮学校に通い，総連コミュニティで育った筆者は，1989年に成人式を迎えた。当時，筆者は東京都小平市にある朝鮮大学校の2年生で，構内のホールで大学主催の祝賀会があった。思えばやはり，1987年に「在日朝鮮青年の日」が制定されたためだろう。

『朝鮮新報』の記事を見たところ当時，総連の都道府県地方本部別の祝賀会も行われていたはずだがまったく記憶にない。筆者たちはそちらには行かず，出身中学別に自分たちで開催した成人式に参加した。また朝鮮大学校は全寮制のため筆者の当時の住所は小平市だったが，小平市から成人式の案内は来なかった。

前述したように，筆者の出身校である東京朝鮮第4初中級学校同窓会の成人式会場は赤坂プリンスホテルで，会費はたしか4万〜5万円だった。二次会は，赤坂から徒歩で六本木の繁華街に繰り出したが，女子はみな華やかなチマ・チョゴリ姿で，とても目立ったはずだ[18]。これ以上の詳細がわからなかったので，当時の幹事だった同級生の中心人物，李良成氏にインタビューした。

　　地元別にやるのが東京の伝統だった。第4（初中級学校）の1つ上の先輩たちはオークラだったから，俺たちは赤プリだと。1年前から予約して準備した。二次会は六本木で，みんなで赤坂から歩いた。同期の女子はかわいいから，チョゴリで歩いたらさぞかわいいだろうなと思っていた。日本の成人式は眼中になかったし，やっていたのも知らなかった。総連東京都本部主催の成人式もあったが，日程がかぶってたから第4［の同級生］

18　個人的には楽しみだったというよりも，そういうものだから，行かないと男子がうるさいから行った，という感じだった。チマ・チョゴリは母親が親族か誰かから受け継ぎ保管していた生地で業者にオーダーしてくれたが，まったく好きな色ではなく，かなり不本意だった。

は行かなかった。ずらせと言われたが，こっちは 1 年前から
予約して準備していたわけで……。そういう意味で，組織の成
人式はまだ定着していなかったんじゃないかな。（2023. 7. 14.
東京都内）

　では東京で，出身学校別の自主開催はいつから恒例化していたの
だろうか。筆者には 1959 年生まれで 1980 年に成人式を迎えた 9
歳上の兄がいて，同じ東京朝鮮第 4 初中級学校の卒業生なのだが，
兄の時代にはすでにやっていたようだ。

　　第 4 ハッキョ［学校］に集まり写真を撮って，なぜか浅草寺
　に行き，それから梅島［足立区の地名］の中華に戻って宴会を
　した。先生は抜きで同級生のみ。女子はチマ・チョゴリを着て。
　きらびやかなチマ・チョゴリで浅草を歩いたので，恥ずかしい
　ほど目立っていた記憶がある。一種のデモンストレーションか
　な。（Google フォームの自由記述）

　かたちは違うが，きらびやかなチマ・チョゴリで繁華街を歩いて
目立っていた，というのは共通する。兄の言うとおり，一種のデモ
ンストレーションだったのだろう[19]。
　話を戻そう。以後，特徴的な内容を見てみると，1990 年，埼玉
の新成人は 2000 円ずつ出し合って母校である埼玉朝鮮幼稚園・初

19　1970 年代，日本の高校生や暴走族と日常的にけんかを繰り広げていた東京朝
　鮮高校卒業生たちのインタビューでも，銀座の歩行者天国や浅草の三社祭にわざ
　わざ出かけるという話があり，「学ランこんな感じの（丈の長い，いわゆる長ラ
　ン）で，200 人くらい。……いわゆる一種のデモ行進だよね，あれは。朝高生
　が来たぞと」と振り返っていた（韓 2008: 354）。

第 6 章　在日コリアン 2 大民族団体と「成人式」＿239

中級学校に記念品を贈ったり（朝鮮新報. 1990. 1. 17），1992年には神奈川の新成人も，母校に体育用品を贈呈し，かつての学校生活のスライドを上映するなど（同紙. 1992. 1. 17），朝鮮学校卒業生が中心となった総連コミュニティの成人式らしさがよく表れている。

　1992年，総連大阪・東大阪南・北・東支部恒例の新年会を兼ねた成人祝賀会であいさつした新成人は，「多くの同胞の祝福を受け幸せです。仕事と朝青活動に力を注ぎます」と決意を述べた。また参加した同胞女性の「若者も年寄りも一緒に過ごせるいい機会。隣の子も自分の子も区別なく成人を祝ってやれる仲間意識が快いですね」という発言からは，コミュニティの濃密さが感じられる（朝鮮新報. 1992. 1. 17）。

　1993年の報道には，埼玉の成人式に寄せた38歳男性の次のようなコメントが別立てで掲載されていた。

　　　今の新成人たちは本当に幸せです。私たちの時代は，二十歳を祝う同胞青年の日はなく，近所の市役所で簡単に行うくらいで，それも自分たちの名簿なんてなく，寂しいものだった。
　　　でも最近は，こうしてイベントを催してくれて，新成人を交え父母・同胞たちが1つの場所に集まり祝福できることは，本当に良いこと。これもすべて祖国と組織があるからだと思う。
　　　（中略）最近の若者たちは，無気力，無感動，無関心と言われているが，私が見るかぎり，朝鮮青年たちはそれとは反対にいつも活気があり明るく，大きなエネルギーを持っている。
　　　（朝鮮新報. 1993. 1. 18）

　機関紙に掲載されたコメントなので若干差し引いて考える必要もありそうだが，本来は日本の祝賀行事である成人式を自分たちの行

事として換骨奪胎し，さらにはそれを日本の若者たちと差異化している のだ。

その一環ともいえるだろう，報道では日本の学校に通っていた参加者たちのコメントがたびたび紹介される。1994年，千葉の参加者は「日本学校に通っているから，朝青員たちが大勢集まる場に来るとやっぱり心が和むし，うれしい」と述べ（朝鮮新報. 1994. 1. 19），1995年，220人が参加した東京の参加者は「こんなに大勢の朝青員と場をともにするのは初めてだが，同じチョソンサラム［朝鮮人］だから親しみやすい。チョゴリを作って，参加したかいがあった。成人を迎え，今年こそはウリマルをマスターしたい」（同紙. 1995. 1. 18），1996年，千葉の参加者は「大勢の同胞仲間と成人式を迎えられたことが何よりもうれしい。こうしてチマ・チョゴリを着ていると，自分は本当にチョソンサラムなんだなという気になる。民族の自覚を忘れずに歩んで行きたい」（同紙. 1996. 1. 17）と感想を語っている。

総連による「在日朝鮮青年の日」制定10周年の1997年からは，『朝鮮新報』の紙面がリニューアルされたこともあり，事前の告知記事が出るようになった（朝鮮新報. 1997. 1. 10）。また「30歳の先輩から」という欄には，「運動の代も1，2世から3，4世へと移り，各総聯本部などで行う二十歳を迎える集いも10年前にくらべ，年々工夫され華やかになっている。これは新しい世代への期待の表れだと思う」というコメントが寄せられていた（同紙. 1997. 1. 21）。

1997年，東京の行事には，自治体の「成人の日の集い」の帰りに着物姿で参加した日本の学校出身の短大生がいた。朝青荒川支部の青年学校で朝鮮語を学習中だという短大生は，「チョゴリを着て参加したかった。みんな初対面なのに話しかけてくれ，笑顔で接してくれる。私もチョソンサラムなんだとあらためて実感した」と語

第6章　在日コリアン2大民族団体と「成人式」 __241

っていた（朝鮮新報. 1997. 1. 21）。

同年の1月，『朝鮮新報』朝鮮語版では10周年を迎えた「在日朝鮮青年の日」に際した「二十歳の鼓動」という連載記事が掲載された（同紙. 1997. 1. 23; 1. 24; 1. 27）。全3回の連載記事には，神奈川の祝賀会実行委員となった専門学校生や栃木の朝鮮初級学校卒業後，朝鮮学校の同級生との縁が切れていた医大生らが登場したが，いずれも声高に祖国，民族を訴えるものではなく，成人祝賀行事を通じて地域の同胞コミュニティとつながることの意味や意義が強調されていた。

筆者が情報収集したなかでは，1998年に総連広島の成人式に参加した方が，「広島は中学が1校だけなので特別感はとくになく，何となく同窓会のようなイメージでした」と話していた。

5　2大民族団体の「成人式」③──2000年代〜

5-1　模索し再帰化，拡散していく民団成人式

1990年代を通じて参加者が減っていた民団成人式。2000年代は呼びかけの強化や内容の工夫など，多くの参加者を集めるための模索の時期となった。またそこでは民団が1960年代から成人式を開催してきた意義が強調され，いわば再帰的な色合いも帯びていく。一方で韓国の国力向上や韓流ブームを背景にした，「本国」イシューの増加も特徴だろう。

2000年1月15日に開かれた大阪の成人式には150人が参加し，大阪本部団長は「地域住民としての果たすべき役割を各自が考えてください。そのことが日本社会の国際化につながります」とあいさつした。愛知の成人式にはプロ野球の地元チームである中日ドラゴ

ンズの韓国人選手がゲストとして花を添えたが，やはり大都市以外
では，新年会を兼ねて行われた（民団新聞. 2000. 1. 19）。

2001 年，1 月 14 日に開かれた東京の成人式の参加者は 32 人
だった。はじめて同胞の集いに参加した新成人は，「初めはビック
リ。自分の意識が日本人化していたことがわかった」として，同胞
の仲間をつくりたいと話していた（民団新聞. 2001. 1. 17）。

2002 年から『民団新聞』のウェブ化が整備されたこともあり，
2003 年からは事前の告知記事が出るようになった。そこには 34
カ所のスケジュールと会場一覧とともに，以下のような文章が添え
られていた。

> 1 月 12 日の成人の日を前後して，各地の民団や青年会でも
> 在日同胞の新成人を対象とした成人式を開く。
> 　会場は，民団本部のホールを利用するところが多いが，地方
> によってはホテルなどで開催するところもある。早いところで
> は 1 月の 4 日や 5 日に開催するところもある。例年，新成人
> の男性はスーツ姿，女性はチマ・チョゴリというのが多い。
> 　これら民団などが開催する成人式は，在日同胞として生まれ
> た青年が，同胞社会の一員として活動する第一歩として，多く
> の先輩とともに祝いたいと解放直後から行われてきた。地域同
> 胞のお年寄りや先輩が見守る中での式典は，日本の成人式とは
> ひと味違った雰囲気があり，多くの先輩が歩んだ道でもある。
> （同紙. 2002. 12. 25）

『民団新聞』2005 年 1 月 19 日付は，**3-1** でも一部引用した
「同胞新成人の皆さんへ」と題した社説と，曹壽隆・青年会中央会
長による「同胞新成人への手紙」を掲載した。

第 6 章　在日コリアン 2 大民族団体と「成人式」__243

以下ではまず，社説を一部引用する。

　　日本の自治体が主催する成人式はここ数年荒れ気味で，式典
　廃止論も取沙汰されてきた。民団の場合は，少子化や民族離れ
　などの影響による参加者の減少傾向に頭を痛めてきた。しかし，
　相当数の地方本部では，戸別訪問などを通じて団員とのつなが
　りを深め，あるいは式典のあり方に工夫を凝らすことで，減少
　傾向に歯止めをかけることに成功している。
　　　　　　　　　　　　　　（中略）
　　同胞の国際結婚が急増するなかで，日本の国籍法が「父系主
　義」から「父母両系主義」に改定（84年。施行は翌年1月）さ
　れたため，今後は新成人の対象者の多くが韓国籍を持たない現
　実がある。
　　民団は成人式に格別な思いを込めてきた。わが子を育て上げ
　た団員父母を慰労し，新成人を激励したいだけではない。大学
　生や社会人となった同じ地域の新成人どうしが知り合い，民団
　と繋がりをもつことを機に，意識の上でも在日同胞社会の仲間
　入りを果たす門出にしてもらいたいからだ。
　　　　　　　　　　　　　　（中略）
　　民団の成人式は多くの同胞にとって，在日同胞社会の一員と
　して自己実現の出発点になり得ただけでなく，それぞれの人生
　で忘れ得ない記念になってきた。

次は，「同胞新成人への手紙」から一部引用したい。

　　民団主催の成人式に参加して以来，私は在日の歴史に興味を
　持ち，抱いていた疑問の答を探すようになりました。在日の

人々との出会いは，多くのことを考えさせ，とても刺激的なものでした。

（中略）

民族団体への参加は，同胞が多くの隘路を克服しながら，祖国と日本の狭間でどう暮らしてきたのかを知り，また「どのような自分になりたいのか」，目標を見つける機会ともなりました。

（中略）

1985年の国籍法改定により，それまでの「父系主義」から「父母両系主義」に変わったことで，国際結婚をされた方々の間に生まれた子どもたちの多くが韓国籍を持たない状況があります。しかし，国籍は違っても同じルーツを持つことに変わりはありません。私たちが存在するに至った歴史を学び，それぞれの家庭にあるエスニックカルチャー（民族文化）の面白みを知り，それを深めていくことの大切さを考えたいものです。

この年の『民団新聞』がなぜこのように力を入れたのか，元青年会中央会長の曺さん本人もよくわからないと話していた。ただ，「荒れる成人式」などといわれる日本社会の危機感と，民団での参加者減少という危機感を重ねながら，また国籍法改定による日本国籍同胞の増加を前提とした在日コリアン社会を見越しながら，そのようななかで「在日同胞社会の一員として自己実現の出発点」となりうる成人式の意義を，1960年代からの歴史に位置づけ再帰的に強調し，テコ入れすることの意味は理解できる[20]。

20　青年会は1993年，名簿を活用して大規模調査を実施したが，名簿と関連し，「在日韓国青年会において名簿を追加・更新する作業は，多くのばあい，登録者

実際に 2005 年は，都市部を中心に前年より参加者が増えている。神奈川と愛知でチョゴリのレンタルを始めたり（翌年以降，各地でも），大阪では対象者に直接電話で勧誘をしたりハガキも 2 回出すことで 129 人が参加した。例年の 1 桁から 12 人に増えた栃木では，「いまは韓国人であることがかっこいい。一昔前と違って隠す必要もなくなった」という声も聞かれた。静岡の「韓流で，これまで在日に無関心だった新世代まで面白いじゃないかと思うようになったのでは」，奈良の「今年はあまり動員の苦労がなかった。韓流効果は確かにあるでしょうね」といった関係者のコメントも目を引く（民団新聞．2005.1.19）。

　2002 年にサッカーのワールドカップ日韓共催があり，2003 年に日本で初放送されたテレビドラマ『冬のソナタ』をきっかけに第 1 次韓流ブームが起きていた。関係者らの努力もあるが，こうした動きのポジティブな面が追い風になっていたのも確かなようだ。

　2006 年の事前告知記事の見出しは，「国籍法改正の影響じわり／成人式対象者が減少」だった（民団新聞．2006.1.1）。対象者そのものの減少に危機感を募らせていた様子がうかがえるが，大阪では 130 人を動員し，「友人に会えるから」「チョゴリが着られるから」といったカジュアルな感想が聞かれた。実際にチョゴリのレンタルは，「荷物にならず，帰りにほかへ遊びにいける」と好評だった。新成人代表は，「後輩たちや在日全体の地位向上につなげるためには，私たちが堂々と本名で生きていくことが大切」とあいさつ

の成人式に備えて実施される。そして，登録者あるいはその親族から自発的な届出がないかぎり，成人式以外の契機で新規に登録がおこなわれたり，移転などが追跡されることは少ない」という説明があったという（福岡・金 1997: 8）。青年会および民団という組織における現実的な意味での成人式の重要性を浮き彫りにしているといえよう。

している（同紙. 2006. 1. 18）。

『民団新聞』2007年1月17日付に掲載された，鄭進・民団中央団長による「新成人祝辞」は，次のように指摘した。

　　　各自治体が主催する成人式は，年々参加率が低下してその本来の意義を風化させ，縮小や中止の動きも広がっています。
　　　民団の成人式も参加者が漸減しています。少子化や民団への関心の薄さだけが理由ではありません。日本の国籍法が「父系主義」から「父母両系主義」に改定（84年。翌年1月施行）され，韓国籍を持たない同胞子弟が増えたことも大きな要因です。
　　　しかし民団は，このような状況だからこそ，成人式に格別な思いを注いでいます。民団社会の一員としての自覚と，ルーツを同じくする地域同胞としての仲間意識を育んでもらい，民団も新成人の皆さんの自己実現をサポートする，そうした良好な関係を築く出発点にしたいからです。

京都の参加者は「民族団体と京都市の成人式，2つの式典に参加できてうれしい」「この晴れ着で京都市の成人式にも出ます」（民団新聞. 2007. 1. 17），京都国際高校の卒業生は「私たちが先頭に立って韓日両国をつなぎ，在日同胞社会並びに日本社会に一層の貢献を果たしたい」と感想を語った（同紙. 2007. 2. 7）。大阪でも，建国高校や金剛学園高校の卒業生が多数参加していると報道され（同紙. 2007. 2. 21），韓国系民族学校[21]の存在感が強調されていた。

21　朝鮮学校が28都道府県に64校（休校3校）で幼・初・中・高級部（併設のパターンはさまざま）を展開している（2020年現在，文部科学省）のに対し，韓国学校とカテゴライズされるのは学校法人数としては4つ，ここで高校が言及されている関西エリアの京都国際学園（京都国際中高），白頭学院（建国幼小

2010年の事前告知記事は，「在日同胞3〜4世たちにとって，民族や同胞どうしとのふれあいがきわめて少ないのが現実。この成人式をきっかけに，同い年の同胞の仲間と出会うことで，在日韓国人としての『新たな発見と決意』の場となっている」と意義づけした（民団新聞．2009. 12. 23）。栃木では「（日本の成人式と）なにか違う。気を許してなんでも話せる」，神奈川では「式に参加して初めて自分は韓国人だなとあらためて実感した」といった声が聞かれた（同紙．2010. 1. 27）。

『民団新聞』2017年1月19日付によると，民団東京本部は8日，はじめて駐日韓国大使館の大講堂で成人式を開催した（翌2008年からは共催に）。「本国」の存在感の拡大と，民団がいわゆる狭義の在日コリアンだけでなく，戦後来日したいわゆるニューカマー韓国人の組織にもなりつつあることがうかがえる。実際，35人の新成人が参加した2018年の東京では，来日して1年目の新成人も出会いを喜んだと報じられていた。一方で，千葉では団長が「両親への感謝の気持ちを忘れないように」と祝辞を述べ，大阪の団長と新成人代表も「感謝の気持ち」を口にしていて，「世俗化」も感じられる（民団新聞．2018. 1. 17）。2019年の大阪には72人が参加したが，年々参加者が減少するなか，翌年からは新定住者も対象にすることが報じられていた（同紙．2019. 1. 16）。

2021年からは，コロナ禍のもと縮小や中止などが相次いだ。2023年，民法改正により成人年齢が18歳に引き下げられたが，多くの自治体では引き続き「二十歳のつどい」として祝賀行事が実

中高），金剛学園（金剛学園小中高）のほか，東京韓国学校（小中高）がある。朝鮮学校と東京韓国学校が他の外国人学校やインターナショナルスクール同様，学校教育法上の「各種学校」認可であるのに対して，関西の韓国学校3法人は，普通の学校同様の「一条校」だ。

施された。民団の成人式も同様で，コロナ禍以前同様，東京，大阪，愛知，兵庫，京都，神奈川，埼玉など各地で，20歳を迎えた同胞青年を対象にした「成人式」が行われた（民団新聞．2023．1．18）。愛知でははじめて韓国からの留学生にも参加を呼びかけたところ，参加者17人のうち5人が留学生だったという。

5-2　同窓会化，身内イベント感強まる総連成人式

　2000年，総連コミュニティにおける埼玉の成人式は，ほとんどの参加者の母校である埼玉朝鮮初中級学校で「手作り，アットホーム」な雰囲気のなか，開催された。ホテルなどでの開催が恒例になっていたなか，母校に目を向ける機会にしてほしいと，当事者たちからなる実行委員会が企画したという（朝鮮新報．2000．1．19）。

　前述したように，『民団新聞』も2005年の成人式を前にした社説で「日本の自治体が主催する成人式はここ数年荒れ気味で」と指摘していたが，『朝鮮新報』2002年1月18日付の面の「在日朝鮮青年の日」特集も，「日本の社会では『荒れる成人式』が話題だが，各地の同胞社会では父母，恩師らも交え和気あいあいとした雰囲気の中で行われた」というリード文で始まる。差異化への強い欲望を感じるが，濃密なコミュニティの和気あいあいとした行事なのは事実だろう。実際に2007年，宮城の成人式は新年会を兼ねて「恒例の1泊2日」で行われ（朝鮮新報．2007．1．17），2011年の大阪は，事実上の同窓会として，大阪朝鮮高級学校在学当時の生徒会役員らが準備したという（同紙．2011．1．14）。

　2012年，東京では初のチョゴリファッションショーが行われた（朝鮮新報．2012．1．10）。同年，岐阜での成人式に高山市から片道約3時間かけて駆けつけたジュエリー販売員は，「どうしてもチマ・チョゴリを着て成人式を迎えたかった」と語る。朝鮮学校に通

第6章　在日コリアン2大民族団体と「成人式」　249

ったことはなく，周囲に在日だと明かしていないが，「すごく楽しかった。1週間前に日本の成人式にも参加したけど，やっぱり同じ在日朝鮮人が集まる場が，格段にいい。どこか懐かしく感じたし，言葉じゃなく心が通じ合えた気がした」「また同級生や同胞たちに会いたいから，少し無理をしてもこれからはこういった行事にもっと参加していきたい」と話していた（同紙. 2012. 1. 17）。

　2013年は37カ所で開催するという日程一覧の告知があったが，その会場はほとんどがホテルや宴会場で，一部が総連や関連団体の施設，朝鮮学校だった（朝鮮新報. 2012. 12. 26）。2014年は27カ所で開かれ（同紙. 2013. 12. 23），奈良での祝賀会には，自分自身の子どもは海外留学中だが，「小さな奈良同胞社会の中で，わが子のように育った娘の同級生たちの門出をお祝いしたかった」と参加した女性がいた。なお奈良の朝鮮初中級学校は2008年から休校中だが，「母校と呼べるのは奈良初中だけ」「奈良同胞が久しぶりに集まることができたのがうれしかった」という声が聞かれた（同紙. 2014. 1. 14）。

　2015年は19カ所で開催され（朝鮮新報. 2014. 12. 23），東京で参加した専門学校生は，「自分の『土台』が朝鮮学校にあることを今一度見つめなおせた」と語った（同紙. 2015. 1. 14）。2016年は34カ所で開催されたが（同紙. 2015. 12. 14），『朝鮮新報』2016年1月20日付のコラム〈春夏秋冬〉は，次のように書いている。

　　各地の成人式は単独行事ではなく，新春後援会と新年会を抱き合わせて行うケースが一般的になっている。新年から大勢の同胞老若男女が集い，新年の新たな希望を抱き，新成人を祝い，飲んで歌って笑って盛り上がる。同胞パワーの源でもある。

2017 年は 32 カ所で開かれたが（朝鮮新報. 2016. 12. 22），総連地方本部主催のそうした祝賀行事とは別に，東京朝鮮第 1 初中級学校卒の新成人が 15 日，学校講堂で謝恩会を行い，親と恩師たちを招待したという記事があった。記事によると，16 年前から毎年行ってきたという（同紙. 2017. 1. 19）。

2018 年は 30 カ所で開かれた（朝鮮新報. 2017. 12. 21）。2019 年，埼玉では新成人が集めたカンパを埼玉朝鮮初中級学校の校長に寄付した（同紙. 2019. 1. 15）。北海道では，「北海道同胞青年成人祝典」と「新春ウリマダン 2019」が同時開催され，9 人の新成人と還暦を迎える 7 人の同胞がともに祝福されたという（同紙. 2019. 1. 16; 1. 25）。

2021 年は，コロナ禍で中止・延期が相次ぐなか，大学生たちの組織である在日朝鮮留学生同盟（留学同）西東京本部が 2 月にオンライン上で新成人祝賀・交流企画を行い，戸別訪問でプレゼントを贈呈したという報道があった（朝鮮新報. 2021. 3. 7）。2022 年は東京，長野，大阪，岡山，長野，滋賀などで再開されたと報道じられた（同紙. 2022. 1. 10; 1. 11; 1. 13）。

日本の成人年齢が 18 歳に引き下げられた 2023 年，東京では「2023 年 20 歳を迎えた東京同胞青年祝賀会」が開かれ，「20 歳を迎えた青年や保護者をはじめとする同胞たち 180 余人」が参加した（同紙. 2023. 1. 10）。広島では「2023 年度広島同胞新春の集い・20 歳同胞青年祝賀会」というかたちで開催され，「13 人の 20 歳を迎えた成人者とその親族など，135 人の同胞たち」が参加した（朝鮮新報. 2023. 1. 12）。『朝鮮新報』の固定見出しは，以前の〈成人式 20 ○○〉といったものから〈20 歳青年 2023〉に変わっていた。コロナ禍を経ての再開にもかかわらず，苦肉の策ともいえるだろうか。なお全国的に開催はしていたようだが，記事になって

第 6 章　在日コリアン 2 大民族団体と「成人式」__251

いたのは東京と広島のみだった[22]。

2000年代以降，総連の成人式は，総じて朝鮮学校の同窓会，謝恩会（教員らも参加，学校への寄附や贈物など），親孝行の場（感謝の手紙の朗読，親子ゲーム），家族・親族も込みの地域同胞コミュニティのひとつの行事として定着したように見える。

6　同化と差異化のはざまで

6-1　「成人になる」という儀式の普遍性と利便性

以上第3～5節で，2大民族団体の「成人式」のおおまかな特徴とその変遷を追ってきた。いずれの行事も——そもそもそれが「日本の行事」を取り込んだものであるにもかかわらず——民族との接点，組織との接点，同胞社会との接点として意味づけられており，時に日本社会との差異化がはかられる場ともなっていた。

1960年代に始まった民団の成人式も，80年代に始まった総連の成人式も，ネイションの一員であることの自覚やネイションとのつながりを，参加者に感じてもらう場として始まったものだった。それは当時の民族団体が，在日コリアンどうしを結びつけ祖国や民族とつなげる媒介であろうとしたことの表れであり，成人式という場は，そもそも日本の風習から来た日本の行政主導のイベントであ

22　2024年，『朝鮮新報』の固定見出しは〈2024成人式〉になっていたが，各地方ごとの行事の名称はだいたい「20歳を迎える○○（地域名）同胞青年たちの祝賀会」といった感じで，長野，西東京，東京，宮城，京都，福岡，愛媛などでの開催が報じられていた。ちなみに『民団新聞』は2023年7月以降，ウェブ版の更新がストップしているものの新聞自体の発行は行われており（2024年6月30日確認），アップされている紙面のPDFファイルで確認したところ，1月24日付3面に東京，大阪，愛知，兵庫での成人式の様子が報じられていた。

ったにもかかわらず，そのためのツール，場として活用された。

「成人になる」という儀式が持つ普遍性は，民団，総連という在日コリアンの民族団体にとって，対象とする若者たちにネイションの一員，コミュニティの一員としてのアイデンティティを抱かせる契機として有効だとみなされたのだ。またそれを可能にしたのが，**序**章でも指摘しているような日本の成人式の空虚さ，曖昧さであったのはおそらく事実だろう。

このように自ら再定義して始めた成人式という儀式が自分たちのものとして違和感なく定着してからは，その時期ごとの課題が反映されるような，いわば両団体にとって一般的で日常的な行事のひとつとなった。また 2000 年代に「荒れる成人式」が社会的な問題となったときには，日本社会と自らのコミュニティとの差異化をはかるような言及もあった。

くどいようだがそもそも日本発祥，日本由来のイベントである以上，民団の成人式も総連の成人式も，同化と差異化のはざまに成立していたのは間違いない。とはいえそれは，成人式という枠組みを換骨奪胎して取り込み，同化を差異化で上書きしてしまったようなかたちだったといえよう。成人式という容れものの「融通無碍さ」がそれを可能にした。

でもだからこそ，総連のようにコミュニティの強力な母体であり，同化圧力を無化，弱体化できるような朝鮮学校という装置を持たず，組織や同胞とはじめて出会う重要な場として成人式を位置づけ（やすかっ）た民団にとっては，1980 年代に入って各自治体が外国籍新成人を包摂したことが，自前の成人式との競合関係となり，動員においてネックとなった。それは再帰的な模索を招き，さしあたりは大使館のバックアップや新定住者の参加など，本国志向的なシフトに帰着しているように見える。

一方で総連はそのような自前の装置を持っていたから 1980 年代まで成人式を活用する必要がなかったともいえるし，成人式を開くようになってからは，事実上，朝鮮学校の同窓会，身内の親睦会のような性質を強く帯び，かつて日本の成人式において批判されていたような部分がむしろ本質化した[23]。ただし，朝鮮学校卒業生あっての行事であり，少子化とともに学校数や生徒数が減少しているなか，またこれは総連に限らず民団もだが，元をたどればやはり日本の成人式あっての行事でもあるため，今後の行方は不透明といえるかもしれない。

6-2　差異化するツールとしてのチマ・チョゴリ

　同化を差異化で上書きすることで主体化をはかる場として位置づけられていたのが，在日コリアンにとって「自分たちの成人式」という場であったのだとしたら，民団の成人式でも，総連の成人式でも，またそれらに参加せず自治体の成人式に参加した在日コリアンの一部にとっても，その重要なツールとなったのが，民族衣装としてのチマ・チョゴリである。

　1960 年代に始まった民団成人式でも，80 年代に始まった総連成人式でも，多くの女性参加者たちはチマ・チョゴリを身につけていたし，90 年代に入ると，パジ・チョゴリやトゥルマギを着用する男性も登場する。2000 年代になるとレンタルサービス（民団）やファッションショー（総連）といったチョゴリを目玉にした企画も登場し，成人式という場が，民族衣装との結節点になっているこ

23　「そのあり方をめぐっては，着物コンテスト状態である，同窓会化して式典の意味が失われているといった批判が，かなり前から繰り返されている」（**序章**，1～2 ページ）。

とがよくわかる。機関紙報道でも，筆者に寄せられた情報でも，チョゴリに言及する参加者のコメントは多い。

『民団新聞』1983 年 1 月 22 日付は，兵庫ではイベント後にチマ・チョゴリ姿で街に繰り出すのが恒例化していると報じていた。また同紙 2010 年 9 月 29 日付によると，地元の中学生を対象に講演した青年会滋賀本部の李昌恵副会長はチマ・チョゴリ姿で，「成人式などで民族衣装を着るのは，在日の存在を知ってもらいたい気持ちがあったから」と述べていた。

1980 年，地元の同級生たちと自主的な成人式を開いた 9 歳上の兄（1959 年生）も，浅草の街を一緒に歩いた女子たちが「きらびやかなチマ・チョゴリ姿」だったことについて，「恥ずかしいほど目立っていた記憶がある。一種のデモンストレーションかな」と語っていた。1989 年，地元の朝鮮学校の同級生たちと自主的な成人式を開いた筆者（1968 年生）も，赤坂，六本木という東京の盛り場をみんな一緒にあの姿で歩いた。とくに強く意識していたわけではないが，おそらく自らの存在，そしてエスニック・アイデンティティのようなものを誇示していたのだろうと思う。

1981 年に大阪・泉大津市で成人式を迎え，「自分たち 4 人でチマ・チョゴリを着て，[当時，高級ホテルとして有名だった梅田の] ホテルプラザのレストラン『ベルベディア』にフランス料理を食べに行った。注目の的だった」と教えてくれた方もいた。

筆者と同じ 1968 年生まれで，1989 年に成人式を迎えた埼玉朝鮮初中級学校出身の同級生は，「浦和市主催の成人式に幼馴染と 2 人でチョゴリを着て参加した。他にチョゴリの人はおらず，2 人で歩くと同窓会気分で大騒ぎの人たちの群れが割れて道ができる感じ」だったという。また「留学同の成人式は，朝鮮人であることを表に出すことを親に反対されているような子もチョゴリを先輩に借

りて着ていた。朝鮮学校出身者がオッコルム［チョゴリの前の帯の部分］結んであげたりして着替えた」という話もあった。同年，宮城県の総連主催の成人式に参加したあと，「チョゴリを着たまま国分町（仙台の繁華街）を歩き飲み屋へ」行ったというエピソードもある。

　日本社会において振袖を着るのが通例化している成人式という枠組みは，振袖の対応物としてのチマ・チョゴリを招来する。つまり成人式は，それが民族団体主催の場であろうが自治体主催の場であろうが，違和感なくチマ・チョゴリが着用できる空間だ[24]。またそれは，一方で視覚的に最大の差異化が可能なツールであり，見せつけ，見られることは自身のアイデンティティをかたちづくるアイデンティフィケーションと強く結びつく（韓 2006）。

　とはいえもちろん，1995 年の成人式に際し，「私は日本名で中学校に通っていて，その人たちに成人式で会うので，着物を着ました。なつかしい思い出です。ちなみに私たち親戚はみな代々着物を着ました」といった声もあった。自治体の成人式が一部の在日コリアンにとっては差異化を見せつける「デモンストレーション」のような場であった一方，多くの在日コリアンにとってはよくも悪くもやはり同化のベクトルが強く働く場であり，いずれにせよ成人式が，

　24　とはいえ 1940 年代に始まった日本の成人式において，女性たちが着物をまとうようになったのは，第 2 章でも指摘されているように 1960 年代からだ。ここで興味深いのは，当初から女性たちがチマ・チョゴリをまとっていたという民団の成人式がそのころ始まったという事実だ。第 2 章ではまた，とくにレンタル振袖が主流になってからの「コスプレ」化についても示唆されているが，（たとえそれがエスニック・アイデンティティと関わっているとしても，いやだからこそ）成人式でチマ・チョゴリやパジ・チョゴリをまとう在日コリアンにも，当然ながらそのような側面はあるだろう。それが，（着脱可能な）着衣という行為に着目するおもしろさでもある（韓 2006，2009）。

同化と差異化のはざまにあるイベントであることがうかがえる。

　また 2007 年の成人式の際，「地元への帰属意識も，民族団体への愛着もなかったので，仲のいい友人と USJ でお祝いした。新成人は当時無料だったので」という声もあった。日本人同様，在日コリアンもみなが成人式を重視し，それに参加するわけではないという当たり前のことも最後に指摘しておきたい。

■文献

鄭雅英，2010，「指紋押捺拒否運動」『在日コリアン辞典』明石書店.

福岡安則・金明秀，1997，『在日韓国人青年の生活と意識』東京大学出版会.

ハン・トンヒョン，2019，「外国人・移民――包摂型社会を経ない排除型社会で起きていること」小熊英二編『平成史【完全版】』河出書房新社.

韓東賢，2006，『チマ・チョゴリ制服の民族誌（エスノグラフィー）――その誕生と朝鮮学校の女性たち』双風舎.

――，2008，「社会的関係と身体的コミュニケーション――朝鮮学校のケンカ文化から」『思想地図』1: 345-375.

――，2009，「朝鮮学校の制服文化――表現への希求，交渉という必然」成実弘至編『コスプレする社会――サブカルチャーの身体文化』せりか書房.

伊地知紀子，2010，「本名宣言」『在日コリアン辞典』明石書店.

稲垣健志，2024，「黒い暴動――移民たちはなぜ踊り始めたのか」稲垣健志編『ゆさぶるカルチュラル・スタディーズ』北樹出版.

李里花編，2021，『朝鮮籍とは何か――トランスナショナルの視点から』明石書店.

町村敬志，2019，「エスニシティと境界」長谷川公一・浜日出夫・藤村正之・町村敬志『社会学 新版』有斐閣.

水野直樹・文京洙，2015，『在日朝鮮人――歴史と現在』岩波書店.

森田芳夫，1996，『数字が語る　在日韓国・朝鮮人の歴史』明石書店.

朴一，2010，「参政権獲得運動」『在日コリアン辞典』明石書店.

Portes, Alejandro and Rubén G. Rumbaut, 2001, *Legacies: the Story of the Immigrant Second Generation*, University of California Press.（村井忠政訳者代表，房岡光子ほか訳，2014，『現代アメリカ移民第二世代の研究――移民排斥と同化主義に代わる「第三の道」』明石書店.

柴田悠，2012，「エージェンシー」見田宗介編集顧問，大澤真幸ほか編集委員『現代社会学事典』弘文堂.

新成人式研究会編，2001，『新しい成人式の創造』新風書房.

津村公博・澤田敬人，2011，「多文化共生社会における外国人のシチズンシップと生涯学習――成人式参加に関する全国調査を踏まえて」『日本学習社会学会年報』7: 16-20.

在日朝鮮人人権協会，2023，「在日同胞帰化許可者数統計」『人権と生活』57号.

김웅기，2018「조선적자의 다양성과 문재인 정부의 입국 허용정책을 둘러싼 쟁점」『일본학보』114: 193-214.

奇妙なものにあふれたこの社会で

終 章

「成人式」という対象と
「社会学」という方法

ハン・トンヒョン

1 「狭くて広い」本書成立の経緯

　執筆者ごとの振り幅の大きな本になった。当然ながらどの章も，成人式という同じ主題を扱っているにもかかわらず。もちろん想像していなかったわけではないが，原稿が出そろい終章を書く段になってあらためて実感している。とはいえ，どの章もまごうことなき「社会学」であり，本書は正しく「成人式を社会学する」になっているはずだ。そのあたりについては後述するが，まずは本書が企画されることになったきっかけについて書いておきたい。

　2022年1月，共編著者の元森絵里子（以下，人名については敬称略）の同僚でもあり筆者も面識のある稲葉振一郎が自身のFacebookで，「東京のイケてる私立一貫校卒業生は成人式にクラブ貸し切ってパーティーするのが風習→その理由が自治体の成人式に参加しにくい，というものだった」というTogetter[1]をシェアした。

　毎年1月，「成人の日」の様子が季節の風物詩的にメディアで報

---

1 https://togetter.com/li/1834640（2024年8月20日確認）。Togetterとは，Twitter（現X）上での投稿を誰でも任意でまとめることのできるウェブ上のサービス。

じられる時期になると，それぞれの「成人式」を経験してきた人びとの間から，（主には報道される「現在の成人式」との異同について）思い出語りを披露する人たちが現れる。SNS 普及以降，そのような語りは友人知人はもちろん見知らぬ他人をも巻き込み，また広がりつつ，ときに Togetter といったまとめサイトなどを通じてさらに拡散される。

　稲葉の投稿のコメント欄に筆者は，自治体が外国籍の新成人を対象としておらず，ホテルで自主的にパーティを開いていた自分たちのころの朝鮮学校卒業生と構図的な類似性があるのではないかと書き込んだ。もちろんこれも思い出語りではあるが，そこには，在日コリアンとしての自らの経験を社会学的にとらえようとしている筆者のスタンスがあったように思う。また元森も，成人式のこのような大同窓会化は 21 世紀に入ってからだとコメントした。これもまた，「子ども」をめぐる言説の歴史と現在を描く試みを続けてきた社会学者としての知見にもとづく応答だったはずだ。

　とはいえその時点ではよくある雑談にすぎなかった。だが，こうして始まったコメント欄のやりとりを見ながら筆者が思いつきで，「成人式の社会学」で編著本を企画してくれたら自分も在日コリアンのことを書きたいと提案したところ，元森がその場でさっと目次案をつくった。同じ大学院の博士課程で出会いその後もつきあいはあるが，分野も対象も手法も異なるため研究上の直接のつながりはほとんどなかった元森と，「成人式」という主題を媒介にした協働が始まったのはその瞬間だった。

　専門は異なるものの，2 人とも自らの関心のもと，2022 年 4 月からの成人年齢引き下げにともなう成人式の行方が気になっていたところで，「成人式を社会学すればおもしろい」という確信があったのかもしれない。そして専門が異なるからこそ，その時点で 2

人の頭のなかにはそれぞれの関心と持ち場の範囲で，すでに数人の執筆者の顔が浮かんでいた。実際，本書の目次も執筆者の顔ぶれも，そのときのアイデアからそう大きく変わってはいない。というわけで，そうと決まったら早かった。その翌月には2人で企画書を作成し，やはり，同じ大学院でともに学んだ有斐閣の編集者，四竈佑介を交えて打ち合わせを行っていた。

本書はこうして始まった。このように，同じ社会学を専攻しつつも手法や対象においては専門の異なる2人の編著者が協働したからこそ，「成人式」という一見「狭い」主題を扱いつつも「広い」射程を持つ，本書の企画が成立したのだと思う。

2 「社会学」とは何か

2-1 自身がかかわる社会事象を正面から

どの章もまごうことなき社会学だと前述した。ではいったい，社会学とはどのような学問だろうか。さまざまな答え方がありうるだろうが，共編著者2人と編集者の恩師のひとりでもある佐藤俊樹によると，社会学は「自分自身がかかわる社会事象を正面から扱う学である」（佐藤 2011: 33）。

これは他の学問とは異なる社会学の特徴ともいえるだろう。私たちは社会の外に逃れることはできない。つまり私たちは社会を外から俯瞰して眺めることはできず，だからこそ社会事象を正面から扱うためには，そのなかにいる者として，自覚的に内部観察者にならざるをえない。つまり，社会学者は社会事象を自分とは無関係なものとして扱うことはできず，つねに「適切な距離」をはかりつつ，とりつつ，扱うことになる。

終章　奇妙なものにあふれたこの社会で__261

社会の外に逃れられないがゆえに，個々人の行為は社会の文化や規範，それらを含む社会構造の影響を受ける。その一方で，そのようなものとしての社会構造は，個々人の行為の集積によってかたちづくられてもいる。だが，だからこそ，このようないわば循環構造は不変で固定的なものではない。歴史的に変化したり，その属性集団や階層，地域といったそれぞれの「社会」ごとに異なっていたりする。それぞれの視角で，それぞれの方法で，こうした循環構造を明らかにしてきたのが社会学者たちであり，社会学における社会とは，ひとことでいうとこのようなものだ。

また佐藤によれば，社会学の基本的な考え方は「常識をうまく手放すこと」だ（佐藤 2011: 7）。社会学者は，前述したような循環構造のどこかに照準して何らかの具体的な事例——社会事象を扱い，因果や過程を説明しようとする。その説明は社会がこうした循環構造をなしているからこそ，「常識をうまく手放す」という結果に帰結するし，またその説明は，「常識をうまく手放す」ことによって可能にもなる。つまり，社会学者はここでいう常識——社会の文化や規範の「揺れ」や「ずれ」を，時間的・空間的な変化や異同を観察し，分析し，記述することによって明らかにする。

ただしそれは，かつてよくいわれたような「常識を覆す」といった威勢のいいものではない。「うまく手放す」にはそのような含意がある。なぜなら，前述したように社会学者もまた社会の内部にいる存在で，その分析や記述も内部観察の結果であり，またその妥当性は「常識」によって担保される。だからこそ，その結果はまた社会に差し戻されていく。

2-2 「常識をうまく手放す」ために

このような社会学的な観察の方法として，量的調査と質的調査と

いう大きくふたつの流れがある。

　前者の計量社会学を専門とする筒井淳也は，高校生向けのインタビューで「ぼくは社会学を，長期的な観点から社会の変化を説明したり，空間的に広い視野で社会について説明したりする学問だと考えています」と述べたうえで，社会の近代化を「分業」のあり方から説明したデュルケムの議論について紹介した。筒井はまた計量社会学的な発想とは何かと問われ，学生にはよく「行動を『性別・年齢・学歴・職業』で説明できるかどうか」を考えるようアドバイスすると答える。「たとえばある学生が恋愛について研究をはじめたとします。恋愛というと，いかにも『心』の動きに焦点を当てたくなるものですが，そこで一歩踏みとどまって，『性別と恋愛観には関係があるのか』『学歴によって恋愛行動や恋愛についての考え方は変わるのか』を検証してみる。すると，とたんに社会学っぽい研究になります。それは，『性別・年齢・学歴・職業』が社会全体の構造に結びついているからなんです」(筒井 2013)。

　岸政彦は同じシリーズのインタビューで，後者の質的調査のうち，「一人の生い立ちやいまの暮らしをじっくり聞く」ライフヒストリーが自らの専門だと前おきしたうえで，いろんな人の話を聞くと，世の中にはさまざまな属性を持つ人がいることに気づくことができると話す。「自分とは違う人間がいることに気が付けるのかどうか。そういう存在に気づけるということが，知性というものなんだと思います。社会学を 100 年前につくったマックス・ウェーバーは，『社会学の役割はひとの合理性を理解することだ』と言っています。ひとが何かをする場合には，外からは不思議に見えても，そこにはそれなりの合理性があるということです」，「じっくり話を聞くと，それぞれみんな，いろんな事情や理由があることが分かります。その事情や理由を理解するのが社会学の役割の一つだと思います。だ

から，私たちは調査をする。自分たちとかけ離れた存在を理解しようと現場に行ってインタビューをする。数字を使うひともいます」（岸 2015）。

　重要なのは，2つに大別したこれらの調査法がけっして相反しているわけではないということだ。社会学者たちは「自分自身がかかわる社会事象を正面から扱う」ため，対象や好みや適性やさまざまな事情に応じて自らが選択した方法論を洗練，発展させつつ，ときに融合させ，また互いに影響を受けたり与えたりしながら，「常識をうまく手放す」ための努力を重ねてきた。

3　「成人式を社会学する」

3-1　差異と変化を追う

　前述したような社会学という学知を持つ複数の社会学者たちが，それぞれの立場から，それぞれの方法論で，1948年の祝日法制定と1949年の文部次官通達を機に始まり，戦後日本社会に定着した「成人式」という共通の主題に取り組んだのが，本書だ。

　元森は**序章**で，「社会学は，人びとの行為を構成する社会的事象のしくみを明らかにする学問である」と述べたうえで，「『一人前』『大人』などのこの社会の規範が，一方で強化・再生産され，一方で排除や包摂，差異化や抵抗といった力学にさらされるさまを，ジェンダー，階層，学歴，エスニシティ，国籍，年齢階梯といった属性に分けて照らし出す社会学的視角は有用だろう」と説いた。続く各章は，こうして示された「お題」に，それぞれの立場から，それぞれの方法論で，応えている。

　第1章で元森は，歴史学や社会学がこれまで蓄積してきた近現

代日本社会の青年・若者観に関する知見を下敷きにしつつ，成人式言説の来歴とその変遷を追った。そこから見えてきたのは，階層やジェンダー，エスニシティといった，その内部の差異から目をそらし続けてきた戦後日本社会の若者・青年観そのものだった。

　元森によれば，成人式のあり方もそれをめぐる言説も，当初より着地点が見出せず模索を続けていた。だが，中卒者が多数派だった敗戦後の 1950 年代前半までは，階層化・ジェンダー化された「青年」イメージのもと，ノンエリート層の教化と非行予防の場にしようという戦前由来のベクトルは存在していた。とはいえ，そもそもあいまいな「成人，おとな，青年」の定義にもとづき具体的な内実を示さなかった 1948 年の祝日法と 1949 年の通達によって始まった儀式であり，戦後民主主義由来の普遍化された「青年」イメージとの緊張関係もあったなか，設計時からの迷走は必然だったのかもしれない。

　その後，中卒が激減した 1970 年代前半までの高度経済成長期を経て，2000 年代前半までの間の安定成長期〜過渡期において高卒と大卒が拮抗するようになるなか，企業と家族が支えた「標準的ライフコース」が急速に普及し，階層化・ジェンダー化された青年イメージは失われ，普遍的なものとして成人式は定着する。そして，「子ども・若者」内部の差異を捨象しつつ，かれらへの批判や反省といった社会の側のまなざしにもとづくさまざまな議論を呼び起こしながらも，惰性として続いていくことになる。2000 年代後半以降は，「子ども・若者」間の格差が可視化され，「標準的ライフコース」にも揺らぎが生じるなか，成人式言説においてもささやかな再編が始まっていることが見て取れるという。

　第 2 章で小形道正は，社会意識論，社会記述を志向する立場から，ファッションや衣服という文化的，根源的な営みから社会の状

況や人間の欲望について思考してきたと自身の視角を示す。そのうえで，今では常識化している成人式と着物の結びつき，また人びとがそこに向けてきたまなざしと付与してきたイメージを，投稿欄をはじめとした新聞や着物雑誌の記事，市場規模に関するデータから，「欲望」を切り口にして読み解いた。

　小形によると，1949年に始まった成人式において女性たちの服装は洋服だった。非日常の盛装だった着物が成人式と結びつき始めたのは，成人式への関心が高まり始める1960年代に入ってからだ。その後，人びとの日常着が洋服となるなか，冠婚葬祭とともに着物が活路を見出す非日常の場のひとつとして成人式も定着していく。また成人式のようなハレの機会に着物を買えることが当時の女性たちにとって幸福の象徴となっていく一方，それは同時に買えないことが不幸だという認識を生み出し，一部の女性たちに大きな苦悩をもたらした。

　こうしたなか，成人式と着物の結びつきに見直しを迫る動きも出たが，1990年代になると状況そのものが大きく変化する。冠婚葬祭などのハレの場で着物を着ることが完全にすたれ，着物は新調して購入し，所有する対象ではなくなった。だが，祖母や母親から受け継いだ「ママ振」という物語性と，レンタルという新たな手段を通じて，成人式と着物の結びつきは生き残り，それは今も続いている。

　この両者を，階層的な差異を可視化／不可視化するものとしてとらえることも可能だが，小形は，成人式と着物をめぐる関係と人びとの欲望が大きく変貌を遂げたことの証左だとして後者をとくに強調する。所有でも継承でもない借りるという行為は，ただ「衣服を着ることで，何者かになるという最も原初的な行為」であり，いわばコスプレにも通じる「着ることによる変身」という，人間とモノ

266

との関係の現在的かつ根源的な欲望のかたちを教えてくれるのだという。

　成人式と着物の結びつきを延命させている人びとの欲望は，つねに差異化と同一化のはざまにある。衣装に着目すること，ひいてはファッション研究のおもしろさのひとつはここにあり，その意味では後述する第6章のアイデンティティ・ポリティクスの話にも通じる。第2章はその歴史的な変化を追うことで，社会の本質に近づこうとする試みだったといえよう。

　計量分析を扱った第3章で林雄亮は，成人期への移行が複雑化した現代社会において，人びとの「大人である」という認識にも相違が生じ，画一的ではないさまざまな様相が見られるはずだという問題意識にもとづき，東大社研若年・壮年パネル調査（JLPS）のデータを使い，日本社会において，①どのくらいの人が自分を大人だと思っているのか，②人びとは何を「大人であることの条件」だと考えているのか，③誰が自分を大人だと考えているのか──について分析した。

　分析によるとまず，20代半ばから50代半ばまでの人びとのうち，自分を「大人である」と考えているのは約半数にすぎず，諸外国に比べて年齢による認識の違いは小さい[2]。人びとの思い描く「大人」像において，成人年齢に達することや年齢を重ねること自体はさほど重要視されていないようだ。また，現代日本社会における「大人」像は階層性を帯びている。さまざまな「大人」像が，ジェンダーや学歴，働き方といった社会的属性によって規定されており，社会階層間でコンセンサスのない「大人」像が成立しているの

2　個人的にこの点は，日本のポップカルチャーの特徴としてよく指摘される「未熟さ」との関連を示唆するような気もして興味深かった（周東 2022）。

終章　奇妙なものにあふれたこの社会で＿267

だ。さらに，自分を「大人である」と考えるか否かには，働き方や婚姻状況，ライフイベントの経験がかかわっており，年齢よりも学歴の影響が強い。それぞれの「大人」像と自分を照らし合わせたときの自己認識にも，社会的属性やライフイベントの経験が重要な役割を果たしている。

林は分析をふまえ，「成人式の参加者たちは，見かけ上は同質な人びとの集まりであっても，実際には社会的属性やライフイベントの経験によって，それぞれが異なる『大人』像を描き，その『大人』像への進み具合も異なる人びとの雑多な集まりである」と指摘した。こう書くと当たり前のように見えるかもしれないが，その「主観的評価と客観的条件」を計量的に可視化することの意味はけっして小さくない。

つまり，成人式の意味的な存立要件ともいえる「大人になるということ」は，人びとにとって一様ではなく，そこにはさまざまな条件がかかわっているということだ。それを法律が 20 歳や 18 歳で区切って「祝いはげます」と定め，行政が儀式を開いて祝うということ，また第 1 章が指摘したように差異を捨象してきた戦後日本社会の若者・青年観を改めて問い直すうえでも，重要な知見と言えるだろう。

3-2　イメージとリアリティに迫る

第 4 章で赤羽由起夫は，2001 年に突発的に社会現象となった「荒れる成人式」がどのようなメカニズムで生まれたのかについて，記事分析という方法論とモラル・パニック論という視角で解き明かす。

赤羽は分析に入る前に，1990～2000 年代は少年犯罪，いじめ，援助交際，ひきこもり，ニートなど，日本社会で青少年問題をめぐ

る一連のモラル・パニックが起きており，「荒れる成人式」もその文脈のもとにあると指摘した。これらは青少年をひとくくりにして「大人になれない」かれらの心理的な問題として扱っていたが，赤羽がその背景としてあげたなかには，第3章の問題意識の前提である現代社会における成人期への移行の複雑化や，第1章でも言及されたような青少年内部の差異を捨象できた時代状況もある。

赤羽によれば，2001年1月8日，高知県高知市で演説中の知事への「帰れ」コールが起き，香川県高松市で市長めがけてクラッカーが鳴らされたことがテレビなどで繰り返し報道されたことをきっかけに，「荒れる成人式」という言葉が生まれた。実際にはこの年，問題視されるような事例は10件前後に過ぎなかったが，多くのメディアでは新成人に対する厳しい意見が相次いだ。「荒れる成人式」は，「荒れる新成人」への懸念や敵意が人びとに共有された典型的なモラル・パニックだった。

翌2002年には多くの自治体が対策を取ることになった。成人式報道を見ても，一部は「大荒れ」というものもあったが「荒れ」を想定したからこそ「荒れなかった」というものも多く，社会問題としての「荒れる成人式」は2002年の時点で終焉に向かっていた。その理由として赤羽は，そもそも「荒れる成人式」がとても少ないめずらしい現象であったことをあげる。にもかかわらず，その後も強い印象を残すことになったのは，全国的なモラル・パニックから那覇市における毎年恒例のニュース・イベントへと変貌したからだというのが，第4章の見立てだ。

第5章で上原健太郎は，このように，全国的なモラル・パニック終焉後も「荒れる成人式」として語られ続けた沖縄の成人式を，その内部の差異に目を向けつつ，現地でのフィールドワークを通じて丁寧に検証した。上原は，2000年代に成人式に参加した世代の

終章 奇妙なものにあふれたこの社会で__269

16 人のインタビューデータをもとに，典型的な沖縄の「荒れる成人式」を過ごしたかのように見える若者たち，またかれらとは異なる成人式の過ごし方をした若者たちにとって，成人式がどのようなイベントであったかを内在的に明らかにする。

　上原によると，「荒れる成人式」を過ごしたように見える，出身中学校を単位とし，揃いの羽織袴を着て成人式に参加した「中間層」[3] の男性たちは，先輩後輩の上下関係や家族・親族関係を軸とする地元の共同性のもとで生活している。式典後の那覇での「派手なパフォーマンス」やその後の家族・親族へのあいさつもそこにもとづいた「伝統」だが，あくまで前者は形式的なもので後者が重視されていた。また同じ「中間層」であっても「派手なパフォーマンス」に参加しない人びともいる。さらに，スーツで参加した「安定層」の男性たちは，大学進学や就職で県外に出て行った人びとで，そもそも羽織袴を着る選択肢がない。「中間層」と「安定層」のこのような違いには，地元の共同性との距離が影響しており，それは，成人式に対する語り口の具体性や豊かさの違いに表れていた。

　一方，とくに 10 代の若年出産の割合が高いことで知られる沖縄の女性たちの，男性とは異なる成人式のリアリティも浮かびあがった。ここで言及された「ママ振」については，第 2 章を参照するとさらに興味深い。

　調査を踏まえて上原は，地元の出身中学によって構成される沖縄的共同性との距離——それは階層を重要な変数とする——に注目する必要性を提起した。なぜなら，それがかれらの成人式への熱量や

　3　ここでの「中間層」は，一般的な階層論におけるそれとはやや異なり，上原も執筆した『地元を生きる』による，沖縄において「高校や専門学校などを卒業して，県内の地域社会のつながりのなかでサービス業などに従事する人びと」のことを指す（岸ほか 2020: xvii）。

270

意気込み，関与の度合いを規定していたからだ。そのうえで上原は，20歳時点における地元の共同性との距離を映し出す「鏡」として，成人式を位置づけることができると結論づけた。

第6章で筆者は，1980年代まで行政主催の成人式から排除されていた在日コリアン——その2大民族団体——が，エスニックな伝統文化とは無関係な日本の行政由来の行事であるにもかかわらず，自前の「成人式」を開催してきた経緯や，時代ごとの特徴とその変遷を，民族団体の機関紙報道を主なデータとし，エスニシティ論，エスニック・アイデンティティ研究の観点から描き出した。「地元の共同性」との距離によってコミュニティ内部の差異を見きわめようとした第5章に対し，それと機能的等価な共同性を持つエスニック・コミュニティと，外部との異同に焦点を合わせたのが第6章だといってもいいだろう。

在日本大韓民国民団は1961年から成人式を開いてきた。在日本朝鮮人総聯合会は，自主的に開催されていた地域発の行事を包摂するかたちで1987年から開催している。いずれもその始まりは，民族団体が，在日コリアンどうしを結びつけ，祖国や民族とつなげる媒介であろうとしたことの表れであり，成人式という場は，そのための機会として活用された。「成人になる」という儀式が持つ普遍性は，在日コリアンの民族団体にとって，対象とする若者たちにネイションの一員，コミュニティの一員としてのアイデンティティを抱かせる契機として有効だとみなされたのだ。それを可能にしたのは，**序**章でも指摘されているような日本の成人式の空虚さ，曖昧さであった。

ただし日本由来のイベントである以上，これら民族団体の成人式も，同化と差異化のはざまに成立していたのかもしれない。とはいえそれは，成人式という枠組を換骨奪胎して取り込み，同化を差

終章　奇妙なものにあふれたこの社会で＿271

異化で上書きしてしまったようなかたちだったといえよう。成人式の「融通無碍さ」がそれを可能にした。（とくに移民にとっての）ネイションの虚構性，エスニック・アイデンティティの構築性は，成人式のそのような性質と「相性がいい」のかもしれない。2000年代，第4章で扱ったような「荒れる成人式」に対して，「日本社会とは違う」という差異化への言及があったことは，示唆的だ。

　一方，そこで重要なツールとなったのは，民族衣装としてのチマ・チョゴリだった。民族団体の成人式で多くの女性参加者たちはそれを身に着けていたし，1990年代に入ると男性のパジ・チョゴリ着用者も登場，2000年代になるとレンタルサービスやファッションショーなどの企画も登場する。民族衣装を身に着けて自治体の成人式に参加する在日コリアンもいた。第2章が読み解こうとした着物との強固な結びつきによって，成人式は違和感なく民族衣装を着用できる空間ともなった（一方でそれは成人式という場のバイナリーなジェンダー規範を強める効果を持ってもいる）。差異化を視覚的に操作可能にする衣装というメディアは，強力なアイデンティティ・ポリティクスのツールとなる。

4　社会の「鏡」としての成人式

　以上見てきたように，成人式という共通の主題とはいえ，扱っている具体的な対象はさまざまで，執筆者たちの方法論やアプローチ，対象との距離感もそれぞれ異なっている。にもかかわらず，読んでいただければわかると思うが，読後感は総じてどこかエモーショナルだ。思い出語りであったり，またそれを誘発するような空気をまとっていたりはしつつも，思い出語りに終わらない，終わらせない

272

真摯さ——自らがかかわる社会事象と正面から向き合う姿——がお
そらくそこにある。

　一方で，成人式という共通の主題を扱っているからこそ，各章は
緩やかなつながりを持ちながら相互補完，相互連関していて，それ
は一冊の本としての豊かさをもたらしているように思う。

　以下は，最初の打ち合わせ後，社内会議にかけるために編集者の
四竈が作成した企画書からの引用だ。

　　毎年，成人式の様子が風物詩のようにニュースで取り上げら
　れる。なかには沖縄や北九州のように特徴的な様子が取り沙汰
　される地域もあり，いまや誰もが見知った光景であろう。また，
　国の制度として成人年齢が引き下げられることが決まってから
　は，成人式をいつどのように執り行うかが，しばらく議論の的
　になってきた。

　　他方で成人式が「なぜ必要なのか」と問われても，口滑らか
　に返答できる人も少ないだろう。どうやら似たような慣習は海
　外においても散見されるようだが，制度レベルでここまで大々
　的に行われる国はないらしい。とすると，大多数が特に必要だ
　とは思っていないのにもかかわらず，多くの人間が真剣にそれ
　を執り行い，真面目にそれについて考えてしまっている（ある
　いは考えないようにしている）という，奇妙な現象がそこにあり
　そうである。

　　こうした一見どうでもいいこと，取るに足らない奇妙さを扱
　うことは，社会学が本来得意とするところである。むろん社会
　学は社会問題に対して真摯に取り組むことを重要なテーマとす
　るものの，それだけでは人間社会の文化的な襞のふくよかさを
　すくい取ることはできない。むしろ，成人式のような社会的な

終章　奇妙なものにあふれたこの社会で__273

事物や出来事に対して，その歴史的な経緯や意味的な現象の面から調査をおこない，アプローチができることこそ社会学のおもしろさの一つであり，本書は初学者にその「アプローチのおもしろさ」に触れてもらうための入門書になる。

こうした企画意図のもと，成人式というテーマに，それぞれの執筆者——社会学者——たちがそれぞれのアプローチで正面から取り組んだ結果が，本書だ。各章とも，内実のないまま始まり，だからこそだらしなく続いてきた，にもかかわらず強固な，このつかみどころのない「成人式」という現象を，さまざまな角度から照射している。

第5章で上原は「鏡」と表現したが，これは現代の成人式が，出身地やジェンダー，エスニシティといった生得的なもの，またキャリアやライフコースといった獲得したり出会ったりするものという，人びとにとってその生を規定する重要な2つの要素が交差しつつ現出する場となっているということを示唆している。また第4章で赤羽は，「荒れる成人式」を通じて，成人式のしぶとさ——「大人になる」ことをめぐる人びとのさまざまな思いを投影できる象徴的な場としての安定性——が見えたと指摘しているが，そのような意味でも成人式を「鏡」と言うことができるかもしれない。

共編著者の元森は，序章で以下のように述べた。

　　成人式は必要か否か，どうあるべきかという規範的な議論から距離をとり，そのような議論を繰り返し織り込みながら，75年以上も毎年全国各地で行われ続けているこの行事の奇妙さを，まず事実として浮かび上がらせる。そしてその先に，その奇妙さを支えるこの社会のしくみを多角的に描き出してみた

い。それは，自明化した社会のしくみの襞を浮かび上がらせる
ことを得意とする社会学的アプローチの，恰好の実践例ともな
るだろう。

　なぜ続いているのかよくわからないのになぜかとても強固なもの，
因果や過程を説明できたと思った瞬間，私たちの手をすり抜けてい
ってしまうようなもの……。何も成人式だけではない。私たちの社
会は，このような「奇妙」なものにあふれており，それは私たちの
社会を映し出す「鏡」になっている。
　「鏡」が映し出すもの，その「奇妙」さを支えるこの社会のしく
みを描き出す──それは社会学そのものの使命だろう──というと
ころまでたどりつけたかどうかはわからない。もちろん，盛り込め
なかった論点もたくさんある。だが，自明化した社会のしくみの襞
を多少なりとも浮かびあがらせることはできたのではないだろうか。
そして，何よりもその恰好の実践例という意味で，とくに学生をは
じめとする初学者に，「社会学する」ことのおもしろさを感じても
らえたのなら幸いだ。

■文献
岸政彦，2015，「他人を理解する入口に立つ──ライフヒストリーに耳を傾け
　て：社会学者・岸政彦先生インタビュー（2015.05.13）」シノドスウェブサイ
　ト（2024年8月20日取得，https://synodos.jp/opinion/info/14020）.
岸政彦・打越正行・上原健太郎・上間陽子，2020，『地元を生きる──沖縄的共
　同性の社会学』ナカニシヤ出版.
佐藤俊樹，2011，『社会学の方法──その歴史と構造』ミネルヴァ書房.
周東美材，2022，『「未熟さ」の系譜──宝塚からジャニーズまで』新潮社.
筒井淳也，2013，「わたしたちが生きる社会はどのように生まれたのか──計量
　社会学者・筒井淳也氏インタビュー（2013.03.04）」，シノドスウェブサイト
　（2024年8月20日取得，https://synodos.jp/opinion/info/352）.

索 引

■ア行

アイデンティティ　17, 103, 170, 173, 182, 235, 253, 256, 271

アイデンティティ・ポリティクス　267, 272

アノミー　49, 51, 58

荒れる成人式　14, 16, 129-164, 172, 181, 185

　沖縄の——　167-169, 172-174, 270

　社会問題としての——　159

安定成長期　24-26, 47, 51, 54, 265

一人前　3, 6, 16-18, 264

逸脱行為　131, 136

イベント　1, 2, 14, 16, 27, 28, 33, 37, 39, 58, 60, 67, 68, 82, 87, 91, 95, 96, 98, 126, 127, 152, 153, 169, 186, 187, 201, 208, 229, 240, 249, 253

　ニュース・——　160-163

飲酒・喫煙（年齢）　1, 5-9, 87, 96, 129, 181, 186

インタビュー　175, 215, 234, 264

エイジェンシー　214

エスニシティ　17, 18, 213, 214, 264, 274

エスニック・アイデンティティ　213, 255, 256, 271, 272

エスニック・マイノリティ　213

沖縄的共同性　169, 170, 174, 188, 205, 270

沖縄の成人式　161, 171, 269

大　人　4, 6, 10, 15, 17, 18, 22, 23, 27, 33, 39, 47, 48-50, 53, 54, 57-58, 60, 95, 102-105, 126, 145, 180, 264, 267, 268

　——である　101, 104-126, 267, 268

　——になる　18, 23, 26, 31, 33, 34, 36, 38, 48, 51, 60, 61, 98, 108, 139, 163, 164, 215, 274

　——になれない　139, 163,

164, 269

——のメルクマール　7

■カ行

外国人　56, 97, 215, 217–219,
221–224, 235, 247

——の成人式　97

外国籍　15, 49, 212, 217, 219,
220, 222, 224, 234, 253,
260

階　層　17, 18, 21, 33, 35, 40,
43, 47, 49, 52, 66, 122, 123,
126, 140, 167, 169, 170,
174, 199, 206, 262–267,
270

階層化　39, 265

格　差　6, 7, 15, 23, 41, 43,
52, 60, 61, 101, 104, 140,
162, 265

格差社会　24, 55, 58

学　歴　17, 18, 21, 23, 40,
126, 264, 267

家　族　38, 45, 46, 51, 52, 56,
61, 73, 95, 102, 104, 105,
113, 117, 123, 148, 170,
174, 186–188, 193, 199,
200, 202, 252, 265, 270

——の多様化　17

型　92, 97, 98

学　校　17, 24, 28, 30–38, 44,

51, 52, 55, 56, 60, 102, 105,
113, 118, 123, 138, 139,
148, 170, 172–174, 179–
181, 184, 185, 188, 189,
198, 199, 204, 206, 207,
234, 241

朝鮮——　211, 212, 214,
219, 224, 238, 240, 242,
247, 249, 250, 252, 253,
255, 260

民族——　247

家　庭　30, 32–37, 41, 42, 52,
54, 55, 75, 81, 101, 148,
245

企　業　37, 40, 41, 45, 46, 51,
55, 60, 61, 95, 265

記事分析　132, 268

基準化　18

帰属意識　173, 182, 186, 187,
257

北九州の成人式　16, 94, 98,
161, 172

規範化　17, 18

着物のレンタル　→レンタル

共同性　170, 174, 192

地元の——　192, 194, 199,
206, 207, 270, 271

共同体規範　188, 200

計量分析　106, 267

高度経済成長期　7, 21, 23, 24,

26, 39, 41, 43, 104, 140

国　籍　15, 17, 18, 49, 97, 212, 216-224, 234, 244-247, 253, 260, 264

コスプレ　97-99, 256, 266

コミュニティ　174, 211, 212, 214, 218, 219, 228, 234, 236, 237, 239, 240, 242, 249, 252, 253, 271

■サ行

差異化　17, 18, 241, 249, 252-254, 256, 264, 267, 271, 272

再帰化　242

在日コリアン　49, 211-256
　　──の成人式　215
　　──の青年団体　225, 227, 229
　　──の定義　216-218

在日本大韓民国民団（民団）
　　213, 218, 219, 223, 224, 226, 233-236, 242-245, 248, 249, 252-254, 271

在日本朝鮮人総聯合会（総連）
　　211, 218, 219, 224, 228, 237-242, 249-254, 271

ジェンダー　17, 18, 21, 23, 39, 40, 126, 167, 169, 170, 174, 202, 264, 265, 267, 272, 274

質的調査　175

社　会　261, 262

社会学　259, 261-264, 275

社会記述　66

社会教育　13, 28-30, 35-37, 40-42, 44, 49, 58

社会的属性　18, 105, 106, 117, 126, 268

社会問題化　14, 21, 37, 44, 49, 50, 54, 55, 129, 131, 158

社会問題の命名　142

就　職　54, 59, 61, 93, 102, 103, 113, 118, 123, 138, 139, 150, 179, 184, 221, 270

祝日法（国民の祝日に関する法律）　10, 12, 22, 27, 58, 67, 68, 148, 164, 225, 237, 264, 265

出身中学　171-174, 182, 185-195, 199, 203, 205, 208, 238, 270
　　──内の差異　189, 190

少年法　5, 7-9, 37, 38, 40, 96

消　費　67

職　場　38, 41, 42, 49, 73, 75, 118, 196, 200

所　有　92, 96

進学率　24, 31, 41, 44, 75

索　引　279

新成人　14, 15, 22, 25, 28, 40, 41, 47–50, 57, 59, 61, 90, 91, 97, 129, 130, 132, 136, 141, 143–153, 157, 158, 163, 164, 171, 212, 215, 216, 219, 220, 222–224, 230–237, 240–244, 246–251, 253, 257, 260, 269

青少年問題　32, 52

成　人　2, 3, 6, 10, 17, 18, 22, 27, 41–43, 49, 50, 58, 95, 102, 237

成人期への移行　102–104, 113

成人形成期　103

成人式　1, 3, 11–15, 18, 22, 23, 25, 27, 29, 30, 36, 39–41, 57, 58, 60, 65, 67, 81, 82, 87, 92, 95, 96, 144, 147, 164, 168, 169

　　——と着物　67, 71, 75, 95, 266

　　——のルーツ　29, 30, 44

　　——の歴史　21, 23, 28

　　——をめぐる報道　17

成人式言説　21, 23, 25–28, 33, 39, 47, 49, 54, 57, 265

成人年齢　8, 58, 59, 126, 224, 260, 273

　　——の引き下げ　1–3, 5–10,

14, 22, 96, 113, 117, 125, 248, 251, 267

成人の日　1, 2, 10–13, 25, 28, 31, 32, 58, 67, 68, 71, 73, 77, 96

　　最初の——　27

成　丁　5

青年団　11, 12, 29, 30, 35, 36, 44, 50, 59, 174

性別役割分業　33, 34, 46

選挙権　6, 8, 9

選挙年齢　8, 58

戦後日本型循環モデル　46, 60

戦後日本型青年期　45, 47, 49, 51, 55, 60, 139

■タ行

大衆教育社会　45

多項ロジスティック回帰分析　119, 122, 123

脱標準化　103

多様性　16–18, 21, 23, 60, 133

地　域　17, 34, 36, 40, 42, 44, 53, 102, 133, 145, 148, 151, 170, 173–175, 178, 179, 186, 188, 204, 206, 208, 213, 217, 220–223, 228–233, 237, 242–244, 247, 251, 252, 262, 270–273

地域格差　41

チマ・チョゴリ　212, 214,
　222, 226, 228, 231, 233,
　236, 238, 239, 241, 249,
　254–256, 272

中間集団　170, 188

徴　兵　3–8, 12, 30, 33, 35,
　36, 48, 69

チョゴリ　228, 236, 238, 241,
　246, 249, 254–256

抵　抗　18, 264

丁　年　3–5

デモンストレーション　239,
　256

同一化　267

同　化　214, 253, 254, 256,
　271

東大社研若年・壮年パネル調査
　（JLPS）　105, 107–109,
　112, 267,

■ナ行

二項ロジスティック回帰分析
　114, 119

ネイション　252, 271, 272

ネットワーク　170, 171, 174,
　175

■ハ行

排　除　17, 18, 51, 58, 61,

170, 173, 174, 189, 212,
　218, 220, 264, 271

袴（羽織袴）　16, 65, 86, 168–
　173, 178–184, 186–197,
　201, 207, 270

はたちのつどい　2, 59, 65, 87,
　248

ハッピーマンデー　10, 14, 51

派手なパフォーマンス　167–
　171, 174, 178, 179, 181,
　183–185, 187–190, 194,
　205, 270

パネル調査　107

晴　着　13, 15, 22, 40, 72, 73,
　77, 80, 82, 91, 95

非　行　32, 43

標準的ライフコース　45–47,
　51, 60, 61, 265

貧　困　21, 33, 52, 55, 56,
　104, 169, 170
　　子どもの――　55

ファッション　18, 19, 66,
　249, 254, 265, 267, 272

フィールドワーク　175, 207,
　269

振　袖　13, 15, 21, 40, 57, 65,
　70, 71, 73, 75, 77–94, 171,
　194, 195, 197–204, 233,
　256

不良（不良化）　16, 32, 37, 38,

43, 174

ヘイトスピーチ　223

変　身　97, 98, 100, 266

包　摂　17, 18, 37, 39, 44, 56,
58, 220, 222, 234, 253, 264,
271

方法論　18, 264, 272

ポスト青年期　56, 104

■マ行

マス・メディア　131, 132,
136

ママ振　87-90, 96, 99, 200,
202, 204, 266, 270

民族衣装　16, 21, 228, 231,
236, 254, 255, 272

民族団体　216, 224, 236, 237,
257, 271, 272

モノ語り　89, 90, 99

モラル・パニック　51, 57,
131, 135-138, 141, 143,
145, 150, 151, 160-163,
268, 269

諸塚村　29, 30

■ヤ行

ヤンキー　16, 172-174, 189,
190, 195

欲　望　66, 68, 87, 96-100,
266, 267

ヨーヨー型の移行　103, 126

■ラ行

ライフイベント　102, 113-
115, 118, 119, 123-126,
268

ライフコース　78, 85, 104,
205, 207, 208, 274

ライフステージ　102

レンタル　21, 90-99, 183,
197, 204, 246, 254, 256,
266, 272

■ワ行

蕨　町　11, 29

成人式を社会学する
Doing Sociology on Coming-of-Age Ceremonies

2024 年 12 月 10 日 初版第 1 刷発行

編　者	元森絵里子／ハン・トンヒョン
発行者	江草貞治
発行所	株式会社有斐閣
	〒101-0051 東京都千代田区神田神保町 2-17
	https://www.yuhikaku.co.jp/
デザイン	吉野　愛
印　刷	株式会社理想社
製　本	大口製本印刷株式会社
装丁印刷	株式会社亨有堂印刷所

落丁・乱丁本はお取替えいたします。定価はカバーに表示してあります。
©2024, Eriko Motomori and Ton-Hyon Han.
Printed in Japan. ISBN 978-4-641-17500-6

本書のコピー，スキャン，デジタル化等の無断複製は著作権法上での例外を除き禁じられています。本書を代行業者等の第三者に依頼してスキャンやデジタル化することは，たとえ個人や家庭内の利用でも著作権法違反です。

[JCOPY] 本書の無断複写（コピー）は，著作権法上での例外を除き，禁じられています。複写される場合は，そのつど事前に，（一社）出版者著作権管理機構（電話03-5244-5088，FAX03-5244-5089, e-mail:info@jcopy.or.jp）の許諾を得てください。